AF339246

LE
PRÉTEUR PÉRÉGRIN

PAR

Charles DE BOECK

Lauréat de la Faculté de Droit de Paris

(2e Prix de Droit romain, 1er Prix de Droit français, Concours de Licence 1877).

THÈSE POUR LE DOCTORAT

I

L'Acte public sera soutenu le Jeudi 9 Mars 1882, à midi.

Président : **M. DUVERGER**, *Professeur.*

Suffragants : MM. GARSONNET, RENAULT — *Professeurs.*
LAINÉ, ESMEIN — *Agrégés.*

PARIS
A. DURAND ET PEDONE-LAURIEL, ÉDITEURS
Libraires de la Cour d'Appel et de l'Ordre des Avocats
G. PEDONE-LAURIEL, SUCCESSEUR
13, RUE SOUFFLOT, 13

1882

LE

PRÉTEUR PÉRÉGRIN

PAR

Charles DE BOECK

Lauréat de la Faculté de Droit de Paris
(2ᵉ Prix de Droit romain, 1ᵉʳ Prix de Droit français, Concours de Licence 1877).

THÈSE POUR LE DOCTORAT

I

L'Acte public sera soutenu le Jeudi 9 Mars 1882, à midi.

Président : **M. DUVERGER**, *Professeur.*

Suffragants :
MM. GARSONNET
RENAULT } *Professeurs.*
LAINÉ
ESMEIN } *Agrégés.*

PARIS

A. DURAND ET PEDONE-LAURIEL, Éditeurs
Libraires de la Cour d'Appel et de l'Ordre des Avocats
G. PEDONE-LAURIEL, Successeur
13, RUE SOUFFLOT, 13

1882

A MES CHERS PARENTS

A LA MÉMOIRE VÉNÉRÉE DE MON ONCLE

M. LE PASTEUR BASTIE

MODÉRATEUR DU XXX⁰ SYNODE GÉNÉRAL DE L'ÉGLISE RÉFORMÉE

A M. L. LAROCHE

PROFESSEUR AGRÉGÉ DE L'UNIVERSITÉ, OFFICIER D'ACADÉMIE

A LA MÉMOIRE DE NOTRE MAITRE SI REGRETTÉ

M. P. GIDE

« Meminisse juvat... »

INTRODUCTION

L'antiquité romaine a connu une sorte de droit international privé, c'est-à-dire un droit régissant les rapports des pérégrins entre eux et avec les citoyens romains ; elle a vu le droit romain dans son ensemble s'élargir et se transformer progressivement, et revêtir un caractère d'universalité de plus en plus marqué.

Ces deux faits sont connexes, et pourtant bien distincts.

Le premier est plus particulièrement l'œuvre du préteur pérégrin, c'est-à-dire du préteur chargé de dire le droit dans les procès entre pérégrins et entre romains et pérégrins. C'est ce magistrat qui, investi de la mission de résoudre les problèmes juridiques nés de relations auxquelles il ne pouvait appliquer le *jus civile*, fut amené par la force même des choses à constituer, avec le secours des prudents, ce qu'on peut appeler une sorte de droit international privé. On ne saurait prétendre, en effet, que l'antiquité ait eu un droit international privé proprement dit. Un tel droit suppose des nations indépendantes qui s'opposent les unes aux autres, c'est-à-dire un état de choses incompatible avec la domination universelle de Rome. A l'époque où cette domination n'existait pas encore, un droit international privé proprement dit aurait pu se constituer ; il n'en eut pas le temps. S'il l'avait eu, il aurait dû changer de caractère après coup, lorsque tous les peuples furent courbés sous le joug de Rome : de même qu'alors au point de vue du droit public il n'y eut plus de relations internationales, mais des relations purement administratives (1), de même, au point de vue du droit privé, ce n'étaient plus les membres d'États différents qui pouvaient se trouver en pré-

(1) Egger, *Etud. hist. sur les trait. publ. chez les Grecs et chez les Rom.*, nouv. éd., Paris, 1866, p. 189.

sence, mais des individus soumis à des titres différents à une même et unique souveraineté. Toujours est-il que, si l'antiquité romaine posséda quelque chose de comparable à un droit international privé, elle le doit principalement au préteur pérégrin. Cette espèce de droit international privé ne comprit pas seulement le *jus gentium*. Au premier abord, on pourrait croire le contraire. Mais en allant au fond des choses autant que le permettent les documents qui nous sont parvenus, on voit que certaines relations des pérégrins entre eux sont en dehors de la sphère du *jus gentium* et que les relations mêmes entre citoyens et pérégrins ne se contentent pas toujours des institutions du *jus gentium* : ainsi, à défaut du *jus gentium*, qui est parfois insuffisant, et du *jus civile*, qui reste fermé aux pérégrins et s'annonce d'ailleurs comme bien plus insuffisant encore, il a fallu accueillir le droit propre des pérégrins (1). Dans quelle mesure a-t-il été accueilli ? C'est ce que nous essayons de marquer dans le corps même de cette étude. Dès à présent, nous pouvons dire que Rome n'admit jamais le droit d'États souverains étrangers ; tant qu'il en exista, elle posa et maintint inébranlable le principe de l'exclusion des droits pérégrins ; elle n'admit que le *jus provinciale* et le droit des *liberæ civitates* comprises et englobées dans l'Empire Romain.

Le préteur pérégrin a une part moins directe et bien moins apparente dans l'avénement du second fait. Mais quel rôle considérable ne faut-il pas lui attribuer dans la marche ascendante du droit romain vers l'universel ? Si le droit romain, sans perdre son originalité, s'est transformé insensiblement, sans secousses, par une évolution lente et sûre, au point de devenir un droit universel, qui a pu survivre au milieu où il était né et s'était développé, n'est-ce pas, avant tout, grâce à l'édit du préteur urbain, du préteur chargé de dire le droit entre les citoyens ? Or, l'édit du préteur pérégrin a dû plus d'une fois inspirer l'édit de son collègue, le préteur urbain. Les deux préteurs se sont fréquemment remplacés : dans l'exercice des fonctions du préteur pérégrin qui lui incombait très-souvent, le préteur

____

(1) Le sens exact de cette expression sera expliqué au chap. III.

urbain ne trouvait-il pas des idées nouvelles dont il enrichissait sa jurisprudence et son édit (1) ? Mais même en supposant chacun des deux préteurs cantonné dans la sphère de sa compétence propre, qui était fixée, sinon en droit, du moins en fait, d'une manière assez stable, le préteur urbain ne pouvait manquer de connaître à fond la teneur de l'édit du préteur pérégrin ; qu'est-ce qui l'empêchait de faire passer dans son édit telle disposition de l'édit de son collègue, qui lui semblait plus humaine ou mieux appropriée aux exigences de la vie sociale ? A vrai dire, toute conquête de l'un des préteurs était une conquête au moins possible et éventuelle, pour l'autre préteur de la ville.

L'influence du préteur pérégrin sur le droit applicable aux rapports des citoyens entre eux, dut être d'autant plus grande que son Édit n'était pas autre chose que l'organe et l'écho fidèle de la conscience du peuple romain : lui-même en est l'incarnation vivante, au même titre que le préteur urbain ; tous deux marchent appuyés sur l'opinion publique et sont la personnification du génie juridique de Rome.

On conçoit par là tout l'attrait et toute l'utilité que peut présenter, au point de vue historique et philosophique, l'étude de la préture pérégrine. N'y a-t-il pas aussi, dans cette étude, un enseignement pour les temps modernes, surtout pour les tribunaux contemporains qui se sont montrés souvent si réservés dans les contestations dont ils étaient saisis par des étrangers (2) ?

Or, c'est précisément pour la partie la plus intéressante de cette étude que la disette de documents est grande. Rien ne nous est parvenu du texte même de l'Édit du préteur pérégrin. Parmi les fragments que nous possédons des nombreux commentaires dans lesquels les jurisconsultes exposèrent et développèrent l'Édit, pas un seul ne se réfère spécialement à l'Édit du préteur pérégrin. Les inscriptions font plutôt allusion à cet Édit qu'elles ne nous en révèlent

----

(1) Accarias, *Préc. de Droit rom.*, I, 2ᵉ éd., p. 39.
(2) Rodière, *Du prét. pérégr., Acad. de Lég. de Toul.*, 1868, p. 340-341.

la teneur. Les données sont plus nombreuses sur la juridiction de notre préteur, sans laisser d'être bien incomplètes. En revanche, on peut déterminer d'une manière suffisante ses attributions de l'ordre politique et administratif. Les faits abondent, et on peut en tirer des règles certaines.

En classant les documents dans un ordre à peu près rationnel, nous sommes arrivé à une division de cette étude en six chapitres, dont l'étendue dépend moins de l'importance du sujet que du nombre et de la valeur des documents :

Chapitre I. Origine de la préture pérégrine. — Esquisse de l'histoire externe de cette magistrature.

Chapitre II. Attributions d'ordre politique et administratif du préteur pérégrin.

Chapitre III. Juridiction du préteur pérégrin.

Chapitre IV. Édit du préteur pérégrin.

Chapitre V. Influence du préteur pérégrin sur le développement du droit romain.

Chapitre VI. Des institutions analogues à celle de la préture pérégrine chez d'autres peuples de l'antiquité.

Ces six chapitres seront suivis d'une Conclusion, dans laquelle nous chercherons à préciser et à résumer les résultats acquis, et nous nous demanderons quelle utilité on peut en tirer pour nos sociétés modernes.

Il va de soi que cette étude n'est qu'un essai, une ébauche bien imparfaite, qui demanderait à être reprise et complétée un jour. Pour entreprendre une pareille tâche, il ne fallait qu'un peu de courage ; pour la mener à bonne fin, il faudrait plus que cela.

LE

PRÉTEUR PÉRÉGRIN

CHAPITRE PREMIER

ORIGINE DE LA PRÉTURE PÉRÉGRINE. — ESQUISSE
DE L'HISTOIRE EXTERNE DE CETTE MAGISTRATURE.

1. — Le plébiscite de Licinius, de l'an 387 de Rome, en
créant la préture, avait donné aux consuls un collègue,
auquel ils avaient dû céder une partie de leur omnipotence :
à ce collègue, placé à côté, mais un peu aú-dessous d'eux,
fut assignée plus particulièrement la juridiction civile ; les
consuls, sans en être dépouillés en droit, gardèrent surtout
les autres attributs inhérents à la magistrature supérieure, et
le préteur fut associé à ces attributs. Un siècle et demi ne
s'était pas écoulé, que le collége des magistrats supérieurs
s'augmenta une fois de plus : un quatrième membre y fut
ajouté dans la personne d'un second préteur (1). A quelle
date ce nouveau venu prit-il place à côté de ses trois
collègues? Quels sont les motifs qui amenèrent la création
de ce magistrat? Quel fut son titre exact et officiel? Quelle
place et quel rang occupa-t-il, au juste, parmi les magistrats romains? Quelles furent les vicissitudes de cette
magistrature à travers les siècles, et quand prit-elle fin?
Telles sont les cinq questions auxquelles nous allons essayer
de répondre successivement.

(1) Mommsen, *Romisches Staatsrecht*, tom. II, 2ᵉ éd., Leipsig, 1877,
p. 185, note 1-2 ; p. 187. Cet ouvrage fait partie de l'*Handbuch der
Romischen Alterthümer* Marquardt-Mommsen.

I

2. — On peut affirmer que la création de ce second préteur
— nous l'appellerons le préteur pérégrin, sauf à expliquer et à
justifier cette dénomination, — est postérieure à l'an 460 de
Rome. Zimmern, qui fait cette remarque, la justifie du
même coup en constatant que les dix premiers livres de
Tite-Live qui nous mènent jusqu'à cette date et que nous
possédons intégralement, ne mentionnent pas la création
de notre préteur : son silence sur un événement de cette
importance est tout à fait inadmissible (1). On peut faire un
pas de plus en toute assurance et placer l'origine de la préture pérégrine dans les premières années du VI⁰ siècle.
Mais ici commence le domaine de l'incertain : heureusement le doute est circonscrit dans un espace de cinq
années (2).

Les auteurs hésitent surtout entre quatre dates : 507,
510, 511 et 512 (3). S'il en est ainsi, il faut, à quelque date
qu'on se rallie, entendre, dans le texte bien connu de Pomponius (D., 1, 2, 2, 28) : « *Post aliquot deinde annos* (après
l'origine de la préture urbaine) *non sufficiente eo prætore,
quod multa turba etiam peregrinorum in urbem veniret,
creatus est et alius prætor, qui peregrinus appellatus est
ab eo quod plerumque inter peregrinos jus dicebat* », par
aliquot anni un espace de cent-vingt à cent vingt-cinq ans.
Disons, avec Mylius, que Pomponius se trompe, ou, à tout
le moins, manque de précision ; Mylius ajoute que c'est
une habitude des jurisconsultes d'employer pour marquer

(1) Zimmern, *Geschichte der Romischen Privat-Rechts*, II, Heidelb.,
1826, § 13, p. 49, note 13.

(2) Quelques auteurs, par exemple Hugo, admettent, sans rien préciser, une date antérieure. Hugo. *Hist. du Dr. rom.*, trad. sur la 7⁰
éd. par Jourdan, Paris, 1822, I, § 158, p. 248.

(3) M. Dupond, *De la Constitution et des Magistratures romaines sous
la Rép.*, Paris, 1877, p. 161, admet la date de 508 = 146, ainsi que
Mackeldey, *Man. de Dr. rom.*, trad. Beving, 3⁰ éd., Brux., 1846, p. 14.
—Gravina et Campanius admettent indistinctement 510 ou 508, au choix
du lecteur. Gravina, *Opera seu Originum juris civilis libri tres*, Leipsig,
1737, p. 34 ; Campanius, *De Officio et potestate Mag. rom.*, Genève,
1725, p. 209.

un long intervalle des expressions qui, sous une autre plume que la leur, en indiquent un court (1).

Les auteurs qui admettent la date de 507 invoquent surtout le témoignage de Joann. Lydus, *de mag.*, I, 38. 45. Cet auteur dit au ch. 38 et répète au ch. 45 que deux cent soixante-trois ans après l'institution du consulat il fut créé un second préteur. C'est bien l'année 244 + 263 = 507, qu'il entend indiquer par là (2). Seulement, comme l'ont fait observer Becker et M. Mommsen (3), Lydus a une manière de compter à lui : Fabius fut, en effet, dictateur en 537 U. C. ; Lydus donne l'année 534 comme celle de sa dictature. Si donc on veut s'en rapporter au témoignage de Lydus, c'est en 510, non en 507, qu'il faut placer la création du préteur pérégrin (4). L'*epitome* de Tite-Live, *lib.* 19, contient, immédiatement après le récit d'un fait qui a lieu en 507, et immédiatement avant le résumé de l'an 512, la mention : « *Duo prœtores tum primum creati sunt.* » On ne saurait donc en tirer aucun argument décisif : Conradi a cru cependant pouvoir le faire en faveur de l'an 507 ; mais tout ce qu'il réussit à établir, à l'aide d'Aulu-Gelle, *Nuits Attiq.*, 10, 6, c'est que 507 est bien la date du fait qui dans l'abréviateur de Tite-Live précède la phrase relative à la création d'un second préteur.

Les anciens interprètes adoptaient le plus communément

(1) Mylius, *De prœtore peregrino*, § 3, *Theophil. Paraphr.*, éd. Reitz, tom. II, p. 1082, avec autorités à l'appui.

(2) Le passage de Lydus est reproduit dans Mommsen, *Rom. Staatsr.*, II, 2° éd., p. 187, note 5, et plus complètement dans Becker-Marquardt, *Handb. der rom. Alt.*, II, 2, par Becker, Leipsig, 1846, p. 183, note 422.

(3) Becker, *l. c.*, p. 183, not. 421-422 ; Mommsen, *l. c.*

(4) Parmi les auteurs qui tiennent pour 507, on peut citer : Conradi, *Parerga*, 1740, *De prœt. peregr.*, p. 3-4 ; Rein, *Real-Encyclopadie der classischen Alterthumswissenschaft*, de Pauly, VI, 2, Stuttg., 1852, p. 23, v° *Prœtor* ; Puchta, *Institutionen*, 8° éd., par Paul Krüger, Leips., 1875, I, p. 205 ; Sell, *Die Recuperatio der Romer*, Braunschweig, 1837, p. 406 ; Accarias, *Précis de Droit romain*, 2° éd., Paris, 1874, I, p. 37 ; Maynz, *Cours de Droit romain*, 4° éd., Brux., 1876, I, p. 112, note 17 ; Humbert, *De la condition des pérégrins chez les Romains*, Acad. de Législ. de Toulouse, 1870, tom. XIX, p. 13 ; Alglave, *Des juridictions civiles chez les Romains*, Paris, 1868, p. 26 ; Walter, *Gesch. der Rom. Rechts*, 3° éd., Bonn, 1860, I, n° 115, p. 162. — Lange, *Rom. Alterthüm.* Berlin, 1856, I, § 63, p. 564, se borne à dire qu'on commença à élire deux préteurs entre 507 et 512 ; Cf. Kuntze, *Cursus*, 2° éd., p. 105. 114,

l'an 510 : c'était leur date préférée ; ce n'est pas à dire pour cela qu'ils allèguent toujours des raisons à l'appui de cette date ou qu'ils en allèguent de bien bonnes. Tout ce qu'on peut dire de mieux, c'est qu'elle est la date que peut-être Lydus a voulu indiquer: si, pour lui, l'an 537 est l'an 534, il se peut bien qu'en mentionnant l'année 507 il ait en vue l'année 510 (1).

Les auteurs les plus récents n'hésitent plus guère aujourd'hui qu'entre 511 et 512.

En 512, l'un des consuls, A. Postumius Albinus, ne put quitter Rome en sa qualité de *flamen Martialis*, et le préteur Q. Valerius Falto fut envoyé contre les Carthaginois avec l'autre consul C. Lutatius Catulus. N'est-il pas naturel d'admettre que ce Q. Valerius Falto fut le premier préteur pérégrin, et que la nouvelle magistrature avait été créée en l'an 511 pour 512? Mais voici que Zonaras, *Ann.*, 8, 17, (éd. Bonn, 1844, p. 161), désigne ce préteur sous le nom d'ἀστυνόμος (2). N'est-ce pas à dire que ce personnage fut préteur de la ville, et qu'en 512 il n'y avait encore vraisemblablement qu'un seul préteur, car sans cela on n'eût pas manqué d'adjoindre au consul C. Lutatius Catulus le préteur pérégrin? M. Mommsen le pense, et croit vraisemblable que

(1) Ont admis la date 510 notamment : Hotman, *De magistratibus Romanorum eorumque institutione*, *Opera*, III, 1600, col. 262 ; Bretus, *Ordo perantiquus judiciorum civilium eorumque solemnia*, Parisiis, 1604, p. 17ᵃ ; Nieupoort, *Rituum qui olim apud Romanos obtinuerunt succincta interpretatio*, Argentorati, 1743, p. 112 ; Mylius, *op. cit.*, *Paraphr. Theophil.*, II, p. 1082 ; Bachius, *Historia jurisprudentiæ romanæ quatuor libris comprehensa*, Leips., 1765, p. 70 ; Selden, *De Synedriis et Præfecturis veterum Ebræorum libri duo*, tom. II, Londres, 1653, p. 84 ; Pighius, *Annales Magistratuum et Provinciarum S. P. Q. R.*, Anvers, 1599-1600, I, p, 263 ; II, p. 63-64 : on cite généralement Pighius comme admettant la date 511 ; c'est bien 510 qu'il adopte; croyons-nous : en 510 on créa deux préteurs pour 511, dit-il, II, p. 64 ; Poncelet, *Cours d'hist. du Dr. rom.*, Paris, 1843, p. 130-131 ; M. Voigt, *Das jus naturale, æquum et bonum und jus gentium der Romer*, II, Leips., 1858, p. 583, note 738, semble admettre 510 ; mais, suivant lui, la destination originaire du préteur pérégrin n'était pas la juridiction, et la constitution d'une *provincia peregrina* indépendante ne peut avoir eu lieu qu'en 513, après la paix punique ; de Baulny, *Des Mag. judic.*, 1858, p. 29-30.

(2) Il l'appelle d'ailleurs Flaccus au lieu de Falto. Mais peu importe : l'erreur peut être attribuée à un copiste ou à Zonaras lui-même.

la nomination du premier préteur pérégrin eut lieu en 512 pour 513 (1).

Un assez grand nombre d'auteurs ne se sont pas laissé arrêter par l'expression sous laquelle Zonaras désigne Q. Valerius Falto. Pighius admet que cette expression s'adresse au préteur pérégrin et la qualifie d'impropre en faisant remarquer — ce qui ne manque pas de gravité — que Zonaras l'emploie bien des fois à propos du préteur pérégrin (2). Becker, qui reproduit le passage de Zonaras, dit néanmoins qu'on peut admettre comme certain que la création d'un second préteur est antérieure à 512, et il incline à accepter 511 de préférence à toute autre date : suivant lui, on envoya en Sicile l'un des deux préteurs, et non point le seul et unique préteur qui existât alors (3).

Laquelle de ces deux dates adopter? Et, tout d'abord, est-il bien nécessaire d'en choisir une? Cela semble préférable : si l'on accepte la date 512, il est difficile de ne pas assigner un but essentiellement ou exclusivement politique à la création du préteur pérégrin, tandis qu'en admettant que ce préteur fut créé en 511, on peut croire qu'il était originairement destiné à rester à Rome pour y rendre la justice, et qu'il n'alla en Sicile que parce que l'empêchement de l'un des consuls l'exigeait. — Au point où nous en sommes, tout dépend de la question de savoir si, en 512, le préteur envoyé en Sicile, qui était Q. Valerius Falto, fut, oui ou non, préteur pérégrin : si oui, ce sera le premier, à nos yeux, et l'origine de la préture pérégrine se placera en 511. Or, avant M. Mommsen, personne, croyons-nous, n'avait douté que Valerius Falto n'eût été préteur pérégrin : beaucoup

(1) Mommsen, *Rom. Staatsr.*, II, 2° éd., p. 186, note 4; p. 187, note 5.— Admettent 512 entre autres : Zumpt, *Das Criminal-Recht der Romisch. Republik*, Berlin, 1865-1869, I, 2, p. 108, note 33 ; Willems, *Le Droit public romain,* 3° éd., Louvain, 1874, p. 261.

(2) Pighius, *Annales*, I, p. 263. Seulement Pighius place en 511 le consulat de Postumius Albinus et de C. Lutatius Catulus : sans cela, il amettrait, comme date de la création du préteur pérégrin, 511 au lieu de 510.

(3) Becker, *op. cit.*, p. 183-184, note 421-423 ; M. Labatut, *Histoire de la Préture*, Paris, 1868, p. 46, admet la date 511. M. Faure, dans son *Essai historique sur le préteur romain*, Paris, 1878, p. 92, ouvrage très-remarquable que nous aurons bien des fois occasion de citer, se borne à signaler les principales opinions sans se prononcer.

croyaient qu'il n'avait pas été revêtu le premier de cette qualité, mais personne ne la lui avait contestée. Est-il bien vrai de dire que le titre d'ἀστυνόμος, donné par Zonaras, signifie préteur urbain ? Le traducteur de Zonaras ne l'a point pensé : il traduit ce mot par *prætor*, toutes les fois qu'il le rencontre sous la plume de Zonaras (1). Il est vrai que, par ce mot, employé substantivement, ou comme adjectif et joint à στρατηγος, Dion Cassius désigne souvent le préteur urbain (2). Mais, quant à Zonaras, il emploie l'expression αστυνομος comme synonyme de *prætor*. Tout ce qu'il nous dit dans le passage dont il s'agit ici, c'est que Valerius Falto fut préteur : Valère-Maxime nous le dit aussi, mais ne nous en dit pas davantage. (Val. Max., 2, 8, 2 : « *C. Lutatius consul et Q. Valerius prætor circa Siciliam insignem Pœnorum classem deleverant*). » De la mission guerrière qui lui fut confiée, on peut induire que ce personnage fut préteur pérégrin ; avant lui, personne à qui l'on puisse attribuer cette qualité. De là, la date de 511, que nous assignons, comme la plus probable, à la création de la préture pérégrine.

II

3. — Quelle est la cause, unique ou multiple, de la création du préteur pérégrin ?

Le seul témoignage de l'antiquité qui puisse fournir une réponse à cette question, est celui de Pomponius : le jurisconsulte, dans le texte précité, rapporte qu'un seul préteur ne suffisant pas à l'expédition des procès à cause du grand nombre d'étrangers qui affluaient à Rome, on en créa un second, qui fut appelé le préteur pérégrin. Suivant Pomponius, c'est donc un motif purement pratique, qui amena la création de la nouvelle préture, et le préteur pérégrin fut originairement destiné à dire le droit à Rome entre pérégrins et romains ou entre pérégrins seuls.

---

(1) Zonaras, *Annal.*, 8, 17, p. 161 ; *Id.*, 8, 18, p. 167. : « *In Sardiniam P. Cornelium prætorem miserunt.* »
(2) *Dictionn. grec* d'Henri Estienne, I, 3, col. 2278-79.

Sur la foi du jurisconsulte, on admettait autrefois couramment comme incontestée et incontestable, cette explication de l'origine de la préture pérégrine, sans méconnaître pour cela le fait indéniable que bien souvent le préteur pérégrin avait été détourné de sa destination essentielle dans un but d'ordre politique ou administratif (1).

Aujourd'hui cette opinion, à laquelle Niebuhr a porté le premier coup, a été attaquée et rejetée comme invraisemblable par bon nombre d'auteurs. D'après Niebuhr, la principale cause de la création du préteur pérégrin fut la nécessité où se trouvait Rome d'avoir un général toujours prêt à prendre en main le commandement d'une armée de réserve constituée en vue d'empêcher un débarquement en Italie : au début, le préteur pérégrin fut destiné non à la juridiction, mais à la guerre ou au gouvernement de la Sicile ; ce n'est que lorsque le nombre des préteurs a été de nouveau augmenté que notre préteur est devenu le préteur des étrangers (2). D'autre part, quand le préteur pérégrin fut principalement chargé de rendre la justice aux étrangers, l'affectation de cette magistrature à ce soin ne fut point déterminée par la multitude des affaires du préteur, comme par exemple, en Angleterre, la création de la charge de vice-chancelier, mais par la crainte qu'inspirait la clientèle des grands : ceux-ci étaient indispensables aux étrangers et notamment aux confédérés italiques qui ne pouvaient ester en personne devant les tribunaux ; en donnant un préteur spécial aux étrangers, on songeait à anéantir cette clientèle et la puissance qui en résultait (3).

Dans sa dernière partie, l'opinion de Niebuhr est restée sans écho : on s'est refusé à voir dans la préture pérégrine une arme dirigée contre la clientèle, par la raison bien simple que celle-ci avait disparu ou du moins avait cessé d'être inquiétante pour les plébéiens avant la création de cette magistrature (4).

____

(1) Hotman, *op. cit.*, *Opp.*, III, col. 262 ; Campanius, *op. cit.*, p. 209 ; Bachius, *op. cit.*, p. 105 ; Mylius, *l. c.*, p. 1082 ; Conradi, *op. cit.*, p. 3-4.
(2) Niebuhr, *Hist. Rom.*, trad. de Golbéry, Paris, 1837, VI, p. 411-12.
(3) Niebuhr, *Hist. Rom.*, VI, p. 401, note 532-533.
(4) Faure, *op. cit.*, p. 93, note 19.

Elle a eu meilleure fortune, dans sa première partie, surtout en ce qu'elle a de négatif. Gottling a bien admis l'hypothèse d'une destination primitive essentiellement militaire du préteur pérégrin (1). Mais c'est principalement la négation de l'exactitude du motif de Pomponius, qui a trouvé faveur auprès des auteurs contemporains. Il serait inconcevable, a-t-on dit, que ce fût précisément pendant la première guerre punique que le nombre des étrangers eût augmenté à Rome au point de nécessiter la création d'un préteur spécial. N'est-il pas bien plus vraisemblable que le second préteur fut institué uniquement pour un emploi public facultatif, soit la guerre ou toute autre mission politique, soit, mais subsidiairement et lorsqu'on n'avait pas besoin de lui pour autre chose, la juridiction sur les étrangers ? Cela ne ressort-il pas de ce que, dès l'an 512, il est envoyé en Sicile, pour y combattre les Carthaginois (2) ?

Sans être aussi négatif, au moins en la forme, M. Mommsen voit dans le fait que l'un des consuls de l'an 512 ne put quitter Rome étant *flamen Martialis*, l'occasion la plus immédiate de la création du préteur pérégrin (3). Mais cette opinion attribue à l'origine de la préture pérégrine une cause plus profonde, qui n'est autre que la nécessité où se serait trouvée Rome d'avoir un magistrat supérieur de plus.

D'autres auteurs, même parmi les plus récents — et c'est encore l'opinion la plus commune, — admettent purement et simplement la raison pratique indiquée par Pomponius (4).

---

(1) *Gottling, Romische Staatsverfassung*, 1832, p. 362.

(2) Voigt, *op. cit.*, II, p. 593, note 738.

(3) Mommsen, *Rom. Staatsr.*, II, 2° éd., p. 186, note 4 ; p. 185, note 5. — Pighius paraît aussi voir dans cet événement l'occasion de la création d'un second préteur (*Annal.*, II, p. 63). Mais, p. 64, il attribue à la fois cette création à l'affluence des étrangers à Rome et à l'accroissement des affaires extérieures. Il avait au tom. I, p. 262, admis purement et simplement le motif de Pomponius.

(4) Zimmern, *Gesch. des Rom. Privat-Rechts*, I, p. 49, note 14 ; Rein, *Pauly's Real-Encyclop.*, VI, 2, v° *Prætor*, p. 23-24 ; Lange, *Rom., Alterthüm.*, I, p. 564 ; Labatut, *Hist. de la Préture*, p. 43 ; Alglave, *Des jurid. civ. chez les Rom.*, p. 26; Accarias, *Précis*, 2° éd., I, p. 37 ; Maynz, *Cours*, 4° éd., I, p. 112 ; Rodière, *Mém. sur le prét. pérégr.*, *Acad. de Législ. de Toul.*, 1868, p. 324 sqq.; Humbert, *Mém. sur la cond. des pérégr. chez les Rom.*, *ibid.*, 1870, p. 13 ; Faure, *Essai hist. sur le prét. rom.*, p. 92-94 ; Becker, *op. cit.*, II, 2, p. 183-184 ; Sell, *Die Recuperatio*, p. 406 ; Puchta, *Institut.*, 8° éd., I, p. 205.

Que penser, au milieu de ces divergences ? Il nous paraît
certain, tout d'abord, qu'on ne peut écarter par une fin de
non-recevoir le motif de Pomponius, au nom de conjectures
plus ou moins vraisemblables. Sans doute, les témoignages
divers qui nous attestent la présence d'un très-grand
nombre d'étrangers à Rome au VIᵉ siècle se rapportent tous
à des dates postérieures au commencement de ce siècle :
c'est vers 550 que les Latins commencent à venir en foule
à Rome ; de 550 à 567, 12000 Latins émigrent vers Rome ;
à côté d'eux, en 561, on mentionne d'autres *socii* comme
inquilini de Rome ; une expulsion a lieu en 567 ; en 577
nous retrouvons à Rome de nombreux *socii* et *Latini*; ils
subissent une nouvelle expulsion ; malgré cela, en 581,
nouveau rassemblement de *socii* et de *Latini*, suivi d'une
troisième expulsion ; enfin, en 587, nous rencontrons beaucoup de Grecs établis ou de passage à Rome, et des Carthaginois qui viennent y faire leur négoce (1). Mais il ne s'en-
suit pas que l'affluence des étrangers à Rome ne fût pas,
malgré la première guerre punique, déjà considérable dès
la fin du Vᵉ siècle ou le commencement du VIᵉ. C'est bien
dès le commencement du VIᵉ siècle que le commerce
romain prend un vigoureux essor. Rien de surprenant que,
dès longtemps, les Romains eussent senti l'impuissance de
la clientèle et de l'*hospitium* à garantir aux étrangers une
protection juridique sérieuse, et que, plus tard, ils aient
reconnu l'insuffisance des traités et de l'institution des récupérateurs (2). Nous admettrons ainsi que l'affluence des
étrangers à Rome fut pour beaucoup dans l'établissement
de la préture pérégrine. En fut-elle la cause unique ? On
sait avec quel soin jaloux les Romains limitaient le nombre
de leurs magistratures (3). Il se peut donc que l'avantage
évident qu'ils devaient retirer au point de vue politique de la
création d'une quatrième magistrature supérieure, ait été
pour quelque chose dans l'institution de cette nouvelle
magistrature. Cela paraît plausible, si l'on songe que, dès

(1) Voigt, *op. cit.*, II, p. 594 et note 740.
(2) Faure, *op. cit.*, p. 93-94.
(3) Mommsen, *Hist. Rom.*, trad. Alex., IV, p. 55 ; Ihering, *L'Esprit
du Droit romain,* trad. de Meulenaere, I, p. 257. Cf. Faure, *op. cit.*,
p. 12.

sa création et pendant un assez long intervalle après elle, le préteur pérégrin fut employé au dehors, et que, par la suite, il resta toujours par excellence le magistrat mobile — si l'on nous permet cette expression, — entre les mains du Sénat. Mais il faut maintenir fermement que ce magistrat fut, dès l'origine et essentiellement, affecté à la juridiction.

4. — Demandons-nous, en terminant, quels sont les antécédents du préteur pérégrin, en d'autres termes, comment la justice était rendue à ceux qui n'avaient pas la cité romaine, avant l'institution du magistrat créé spécialement pour leur dire le droit.

Etant donné l'exclusivisme des idées nationales dans l'antiquité, l'étranger en posant le pied sur le territoire romain devait chercher, à l'origine, un refuge dans *l'hospitium* ou dans la clientèle. Cet étranger n'appartient-il à aucune *civitas*, par exemple il a volontairement rompu le lien qui l'unissait à sa patrie, ou il a été banni ? Il n'a à Rome ni situation juridique ni moyen de subsistance ; il ne lui reste que deux alternatives, ou se réduire volontairement en servitude, ou se placer sous la protection d'un citoyen romain (*se applicare*), qui consent à lui laisser sa liberté personnelle mais en le prenant en sa *potestas*, à le protéger contre toute violence, à le représenter en justice et à l'ensevelir après sa mort (1). Est-il membre d'une *civitas*, dans laquelle il est capable de droits ? il cherchera à Rome un *hospes : l'hospitium privatum* fut la première ressource du commerçant sur la terre étrangère. « *L'hospes*, dit M. de Ihering, sauve *l'hostis* des conséquences de sa position d'étranger sans droit et sans protection, en mettant le droit de son hôte sous la protection du sien propre et en le soutenant comme le sien, devant la justice (2). » Bien qu'un marchand actif pût se créer des hôtes de tous les côtés (3), cet *hospitium privatum* ne pouvait suffire ; il conduisit à *l'hospitium publicum* ou *hospitium publice datum*, traité

____

(1) Becker-Marquardt, *Handb. der Rom. Alterthüm*, V, 1, Leips., 1864, p. 208-209, et notes, avec autorités à l'appui. Cf. Mommsen, *Das rom. Gastrecht und die rom. Clientel, Sybel's Historische Zeitschrift*, I, 2, p. 332-379.

(2) Ihering, *L'Esp. du Droit rom.*, I, p. 234 ; Cf. p. 235.

(3) Humbert, *op. cit.*, p. 13.

par lequel deux États s'assuraient réciproquement pour
leurs sujets respectifs la qualité d'hôtes. Quand on conclut
de pareilles conventions, le développement des relations
internationales s'éleva d'un degré, selon la remarque de
M. de Ihering. Il s'éleva d'un degré encore, quand intervin-
rent des traités par lesquels on instituait des *recuperatores*. Bien des doutes planent sur cette institution : on
peut admettre qu'elle remonte très-haut, que les *recuperatores* étaient pris exclusivement parmi les citoyens
romains, probablement sans distinction de classe, et qu'ils
jugeaient les contestations entre Romains et sujets d'États
avec lesquels Rome avait conclu une convention de *recuperatio*, sans doute dans un traité d'alliance (1).

D'après quelles règles jugeaient-ils ? Quel droit appli-
quaient-ils ? A coup sûr, ce n'était pas le *jus civile* ; ils
durent se conformer aux usages commerciaux qui existaient
déjà, et il se constitua ainsi une sorte de jurisprudence qui,
avec la coutume, régit les rapports des Romains avec les
étrangers. Il paraît bien vraisemblable que ce tribunal des
récupérateurs n'était point analogue à nos tribunaux modernes, qu'il ne pouvait être saisi directement, et qu'il fallait
passer, au préalable, à l'origine par le consul, plus tard par
le préteur, qui instituait des *recuperatores* pour connaître de
l'affaire. Ainsi l'intervention du magistrat était nécessaire
pour les *socii* avec lesquels Rome avait conclu un traité de

(1) Puchta, *Instit.*, I, p. 202-204 ; Zumpt, *Criminal-Recht*, II, 1,
p. 14, note 5. Beaucoup d'auteurs, la plupart peut-être, voient dans les
recuperatores des juges internationaux, un tribunal mixte, comparable
à un jury *de medietate linguæ*: notamment Rudorff, *Rom. Rechtsgesch.*,
II, § 6, p. 25. Nous croyons avec Puchta, *l. c.*, p. 203-204, que les
tribunaux de *recuperatores* existant en vertu de traités d'alliance n'ont
jamais été formés de ressortissants des deux pays. Zumpt, *l. c.*, tient
pour vraisemblable que les *recuperatores* existaient à côté des *judices*
proprement dits dès la plus haute antiquité, au moment même où
l'État romain commençait à se former d'éléments différents ; on les
chargea du soin de débrouiller les rapports internationaux, parce qu'ils
parurent pouvoir s'acquitter convenablement de ce soin. Il est très-
difficile d'expliquer comment une institution proprement internationale
put être appelée un jour à régler les rapports entre seuls Romains,
tandis qu'on saisit très-facilement, au dire de Zumpt, que les *recuperatores*, s'ils existaient déjà dans l'État, aient pu être employés aussi pour
les rapports des Romains avec les citoyens étrangers, par exemple
avec les *Latini*.

recuperatio. C'est ce qui paraît résulter des témoignages que nous possédons sur l'époque antérieure à la création du préteur pérégrin : ils semblent supposer une intervention du magistrat pour ces *socii* aussi bien que pour les *amici*, qui sont *in publica tutela* de l'Etat ami et doivent avoir été protégés dans leur personne et dans leurs biens par mesure de police au moyen de la procédure des interdits (1), et pour les *hospites*, qui empruntent la capacité de leur patron. En tous cas, les témoignages nous permettent d'affirmer une intervention quelconque, mais régulière et permanente du magistrat romain pour faire rendre justice à d'autres que des citoyens romains. Denys d'Halicarnasse, 10, 57, rapporte, en effet, au sujet des Décemvirs (traduction latine) : « *Omnes autem Decemviri a matutinis horis in foro sedebant, judiciorum publicas et civiles causas et quœcunque adversus socios et dubia fide urbi obedientes actiones utique ortœ sunt, singulas omni œquitate et justitia cognoscebant* (2). » Et quant au préteur, tant qu'il n'y en eut qu'un, Pomponius n'atteste-t-il pas formellement sa compétence dans les litiges où étaient impliqués des étrangers, quand il dit que l'affluence des étrangers à Rome augmenta sa tâche au point qu'il ne pouvait plus y suffire ? Sans doute, ne pouvant appliquer la procédure des actions de la loi dès qu'il s'agissait de tous autres que des citoyens romains, ce préteur unique y suppléa par des moyens analogues à ceux qu'employa plus tard le préteur pérégrin et qui peuvent bien avoir donné naissance au système formulaire (3). Avant l'institution de la préture, les consuls, investis de la juridiction, ne l'exercèrent pas sans doute dans une moins large mesure que le magistrat qui en fait hérita de leurs attributions quant à l'administration de la justice (4).

(1) Voigt, *op. cit.*, II, p. 58.
(2) M. Voigt, *op. cit.*, II, p. 178, cite ce passage de Denys d'Halicarnasse.
(3) Alglave, *Des jurid. civ. chez les Rom.*, p. 26.
(4) Cf. Campanius, *op. cit.*, p. 209 ; Selden, *op. cit.*, II, p. 83-84 ; Voigt, *op. cit.*, II, p. 178 ; Mommsen, *Rom. Staatsr.*, I, 2º éd., Leips., 1876, p. 187 ; II, p. 187 ; Becker, *op. cit.*, II, 2, p. 183 ; Humbert, *l. c.*, p. 13 ; Faure, *op. cit.*, p. 93. Il est intéressant de noter, avec M. Voigt, *op. cit.*, II, p. 220, que, dès le sixième siècle, dans les traités que Rome conclut hors de l'Italie, la *recuperatio* cesse de figurer, sans doute par suite de la constitution du *jus gentium*, qui est contemporaine de la création du préteur pérégrin.

III

5. — Il y a désormais deux préteurs : nous savons à partir de quand et pourquoi. Il s'agit maintenant de savoir quel fut le titre exact et officiel du second préteur.

Le premier n'eut jamais qu'une dénomination officielle, celle de *prœtor urbanus*, qu'il prit au moins à compter de la création du second préteur. On peut admettre que le qualificatif *urbanus* fut usité dès l'origine de la préture, car il fait uniquement allusion à l'obligation qu'avait le préteur de demeurer dans la ville pendant la durée de sa charge (1). Et, en ce sens, la *provincia* du préteur pérégrin était *urbana*, comme celle de son collègue (2). Mais après la création d'un second préteur, l'épithète *urbanus* marqua une opposition entre l'ancien et le nouveau magistrat (3). Et, en effet, celui-là était tenu plus strictement de demeurer à Rome ; il ne pouvait s'en absenter plus de dix jours ; aussi ne reçut-il que très-rarement et seulement en cas d'absolue nécessité, des missions qui l'eussent retenu loin de Rome au-delà de ce délai, tandis que celui-ci fut chargé fréquemment de missions lointaines. Cette épithète, qui appartint de très-bonne

(1) Il est vrai que tous les documents authentiques où l'on rencontre un préteur qualifié d'*urbanus*, sont postérieurs à la création du second préteur. Mommsen, *Rom. Staatsr.*, II, p. 186, note 1. Mais Pomponius, D., 1, 2, 2, 27, racontant l'origine de la préture, dit expressément que le préteur unique fut appelé *urbanus*. Cf. Faure, *op. cit.*, p. 90-91. Sur l'étymologie du mot *prætor* lui-même et sur son application primitive à tout magistrat supérieur, V. Mommsen, *op. cit.*, I, p. 642 ; II, p. 186 ; Faure, *op. cit.*, p. 10, note 4 ; Rein, *Pauly's Real-Encycl.*, VI, 2, p. 23.

(2) *Liv.*, 35, 42 ; 42, 28 ; 43, 11 ; 44, 17 ; 45, 44. Cf. Becker, *op. cit.*, II, 2, p. 185. Dans les passages cités de Tite-Live il est question des *duæ provinciæ urbanæ*. Ailleurs Tite-Live parle des *duæ jurisdictiones in urbe* (*Liv.*, 44, 17), des *duæ provinciæ jure Romæ dicendo* (*Liv.*, 42,8), de la *jurisdictio utraque* (*Liv.*, 38, 2 ; 39, 9). Souvent même, suivant la remarque très-importante de M. Mommsen, *op. cit.*, II, p. 189, note 1, sous l'expression *provincia* ou *jurisdictio urbana*, Tite-Live entend désigner les deux juridictions (*Liv.*, 24, 9 ; 25, 41 ; 28, 38 ; 30, 1. 27. 40 ; 30, 6 ; 32, 1).

(3) C'est ainsi que, notamment, la loi *Julia Municipalis*, l. 8. 12, opposait le *prætor urbanus* ou *prætor qui inter peregrinos jus deicet*, suivant la remarque de M. Mommsen, *op. cit.*, II, p. 186, note 2. De même, *Liv.*, 22, 35 ; 33, 26 ; *Senec., de tranq. an.*, 3.

heure, vraisemblablement dès sa création même, au premier préteur, il la conserva toujours, et le titre de *prætor urbanus* demeura son titre officiel, à l'exclusion de tout autre (1).

Le titre officiel du second préteur a varié avec les époques. Les documents authentiques désignent ce magistrat tantôt sous le nom de *prætor qui inter peregrinos jus dicit*, tantôt sous celui de *prætor qui inter cives et peregrinos jus dicit*, tantôt enfin il est appelé simplement *prætor peregrinus*.

Les lois de la République n'emploient jamais d'autre désignation que celle de *prætor qui inter peregrinos ious deicet* : on la trouve dans la loi *Repetundarum*, dans la loi *Julia Municipalis* et dans la loi *Rubria* (2). Sous l'Empire, on rencontre de nombreuses inscriptions relatives à notre magistrat : les unes le qualifient de *prætor qui inter cives et*

---

(1) C'est la forme *prætor urbanus* que donnent les inscriptions. Elle est attestée par le S.-C. des Bacchanales, l. 5. 8. 17. 21, par des inscriptions de la meilleure époque qui, par exception, portent le mot *urbanus* en entier, enfin par un grand nombre d'inscriptions postérieures à Dioclétien : Henzen, *Supplem. Orelli*, 1534. 2284. 2354. 3159. 3162. 6481. 6904. On trouve bien une fois *prætor urbis* ; mais, comme le dit M. Mommsen, *op. cit.*, II, p. 186, note 1, cette expression est aussi anormale que celle de *quæstor urbis*. Si on la rencontre dans Tite-Live et dans Cicéron (*Liv.*, 25, 1 ; 31, 4 ; 32, 31 ; *Cic.*, II *in Verr..* 1, 65), cela tient, suivant M. Mommsen, à ce que l'ignorance des scribes a interprété par *prætor urbis* l'abréviation *pr. urb.* qu'on rencontre constamment à la bonne époque dans les manuscrits comme sur le marbre. — La loi Plætoria (*Censorinus, de die natali*, 24) appelle aussi ce préteur, *prætor urbanus*. Becker, *op. cit.*, II, 2, p. 186, note 437. — La dénomination plus longue et assurément exacte, de *prætor qui inter cives jus dicit*, est assez usitée, mais sans caractère officiel : les inscriptions ne la mentionnent jamais. Mommsen, *op. cit.*, II, p. 188, note 1. On la rencontre dans la loi agraire de 643, l. 73. 74 ; de même dans la loi de Papirius. *Festus, v° Sacramentum*. — La charge du préteur urbain est qualifiée très-souvent de *provincia* ou *sors urbana* (*Liv.*, 22, 35 ; 24, 9 ; 28, 10 ; 29, 13 ; 33, 43 ; 34, 55 ; 35, 20 ; 37, 2 ; 38, 35 ; 40, 44 : *Cic.*, II *in Verr.*, 1, 40) ; elle est appelée encore *jurisdictio urbana* (*Liv.*, 25, 41 ; 20, 1 ; 32. 28 ; 33, 26 ; 34, 43 ; 38, 35 ; 40, 1 ; 41, 8 ; 42, 10. 31) ; dans les deux plus anciennes *sortitiones* rapportées par Tite-Live, cet auteur emploie, comme le relève M. Mommsen, *l. c.*, les expressions *Romæ juridicundo urbana sors* (*Liv.* 22, 35), et *urbana sors in juridictione.* (*Liv.*, 23, 30). On peut dire que l'expression *jurisdictio inter cives* est très-rare, mais on ne saurait affirmer avec M. Mommsen qu'elle ne se rencontre jamais, puisque Tite-Live l'emploie au moins une fois (*Liv.*, 33, 21).

(2) Mommsen, *op. cit.*, II, p. 188, note 1.

peregrinos, les autres l'appellent plus brièvement *prœtor peregrinus*. Parmi les premières, nous mentionnerons comme les plus intéressantes et les plus remarquables : l'inscription de L. Junius Silanus Torquatus, petit-fils d'Auguste, gendre de Claude, qui fut préteur en 48 après J.-C. (1) ; l'inscription de Statius Priscus Licinius Italicus, *prœtor inter cives et peregrinos* (2) ; celle de Titus Cæsernius Quinctianus, *prœtor candidatus inter cives et peregrinos* (3) ; enfin celle de L. Annius Italicus Honoratus, *consul, sodalis Hadrianalis, legatus Augusti, proprœtor provinciæ Mæsiæ inferioris, curator operum publicorum...., prœtor qui jus dixit inter civis et civis et peregrinos*, du règne d'Alexandre Sévère, inscription tout à fait précieuse, en ce qu'elle nous montre les deux prétures réunies sur la même tête à cette époque avancée de l'histoire romaine (4). Parmi celles qui portent *prœtor peregrinus*, on peut citer : l'inscription de C. Oppius Sabinus, *prœtor peregrinus candidatus Augusti*, de la fin du Ier ou du commencement du IIe siècle (5) ; celle de C. Julius Asper, *prœtor peregrinus*, de 211 après J.-C. (6). Mais il est à remarquer, d'une part, que l'abréviation *prœtor peregrinus* ne figure que dans des inscriptions postérieures à l'avénement de Vespasien, et, d'autre part,

---

(1) Mommsen, *Ephem Epigr.*, I (1872), p. 62-63. Cf. Borghesi, *Œuvr. épigr.*, III, p. 229.

(2) Borghesi, *Œuvr. épigr.*, II, p. 249 ; Cf. Gruter, p. 93, 1 ; Orelli-Henzen, 5480.

(3) Renier, *Mélanges d'épigr.*, Paris, 1854, p. 78-80.

(4) Cette inscription a été trouvée par M. Ernest Desjardins et publiée dans le *Bull. de l'Inst. archéol. de Rome*, 1868, p. 97 ; elle figure au *Corpus Inscript. Latin.*, III, 2, p. 998, sous le n° 6154 ; *Adde* : l'Édit de *Venafrum*, 1, 62 : *prœtor qui inter civis et peregrinos jus dicet* ; Mommsen, *I. N.*, 4061, et Orelli-Henzen, 6428 ; Orelli-Henzen, 6052.

(5) Orelli, 3306. Cette inscription a été commentée par M. Renier, à son cours d'Épigraphie du Collége de France, leçon du 1er février 1881.

(6) La date de l'inscription est certaine. C. Julius Asper y est en effet qualifié de *consul designatus*, et l'on sait qu'il fut consul en l'an 212 de notre ère. Cette inscription se lit sur un monument élevé par la province de Mauritanie Tingitane : fait rare et touchant qui atteste que C. Julius Asper fut un gouverneur de province comme la République et l'Empire en connurent peu. Mariani, *Arval.*, p. 784 ; Borghesi, *Œuvr.*, VII (*Lettres*), p. 95 ; Renier, *Cours d'Épigr.*, 1880-81, leçon du 28 décembre 1880 ; *Adde* : Mommsen, *I. N.*, 3601 ; Orelli-Henzen, 3137 (Cf. Gruter p. 399, 6) ; 2369 ; 3304 ; 5425 ; *C. I. L.*, II, p. 186, n° 1371 : 120 ap. J.-C. ; III, 1, n° 1458 ; Borghesi, *Œuvr. épigr.*, I, 285.

qu'elle ne supplanta jamais l'expression moins commode, mais bien plus explicite, de *prætor qui inter cives et peregrinos jus dicit*, qui se trouve jusque dans la dernière inscription relative au préteur pérégrin. De tout cela, on peut et l'on doit conclure avec M. Mommsen, que la dénomination officielle de notre préteur fut, sous la République, *prætor qui inter peregrinos jus dicit*, sous l'Empire, *prætor qui inter cives et peregrinos jus dicit*, et, à côté, l'abréviation *prætor peregrinus*. Nous emploierons toujours cette dernière expression, sans scrupule ; de nombreuses inscriptions la donnent ; de plus, elle est employée par les jurisconsultes de l'époque classique, par Gaius, par Pomponius, peut-être par Ulpien (1) ; enfin, tous les auteurs modernes et contemporains l'emploient à cause de sa commodité et de sa brièveté, depuis Hotman jusqu'à M. Mommsen (2).

---

(1) *Gai.*, I, 6; IV, 31 ; Pompon., D., 1, 2, 2, 28. La leçon de la L. 9, § 4, D., 4, 3, d'Ulpien, n'est pas certaine : M. Mommsen propose « *posteriorum* » au lieu de « *prætoris peregrini* », se fondant sur ce que le manuscrit des Florentines contient une abréviation qui doit plutôt se lire ainsi. — Toutefois, il est curieux de noter que cette expression n'est pas employée une seule fois par Tite-Live ; Tacite, *Ann.*, I, 15, dit : *prætor qui inter cives et peregrinos jus dicit*. — La charge du préteur pérégrin est appelée indistinctement, à côté de l'expression plus ancienne *Romæ juridicundo sors inter cives romanos et peregrinos* (*Liv.*, 22, 35); *jurisdictio inter peregrinos* (*Liv.*, 37, 50; 41, 1; 44, 15. 21; 42, 10. 31 ; 45, 16); *jurisdictio inter cives et peregrinos* (*Liv.*, 22, 25; 33, 21. 26 ; 25, 41 ; 39, 8 ; 42, 1 ; 45, 21) ; *peregrina sors in jurisdictione* (*Liv.*, 23, 30) ; *peregrina jurisdictio* (*Liv.*, 32, 28 ; 34, 43 ; 38, 35 ; 40, 1; 41, 8); enfin, *provincia* ou *sors peregrina* (*Liv.*, 23, 30 ; 24, 44 ; 35, 3 ; 27, 7. 22. 36 ; 28, 10 ; 29, 13 ; 33, 43 ; 34, 55 ; 35, 20 ; 37, 2 ; 38, 42). Nous sommes donc autorisé à employer l'expression préture pérégrine.

(2) Forster, *De historia juris civilis romani libri tres*, Basileæ, 1565, p. 208 ; Hotman, *De Magistr. rom.*, *Opp.*, III, col. 262 ; Freherus, *Parergon libri duo*, Norimbergæ, 1622, p. 136 : cet auteur nous apprend que de son temps quelques-uns repoussaient comme impropre l'expression *prætor peregrinus*. Bretus, *Ordo perant. jud. civil.*, Paris, 1604, f. 17ª; Selden, *De Synedr. et Præfect. veter. Ebræor.*, II, p. 85 ; Mylius, *De præt. peregr.*, § 4, *Theoph. Paraphr.*, Reitz, II, p. 1083-84 : il fait remarquer que les dieux tutélaires des étrangers sont appelés *peregrini*, qu'ainsi on dit *Jupiter peregrinus* ; Conradi, *De præt. peregr.*, § 3 ; Rodière, *Mém. sur le prét. pérégr.*, *Acad. de Législ. de Toul.*, 1868, p. 324 sqq.; Labatut, *Hist. de la prét.*, p. 45 ; Becker, *Handb. der Rom. Alterthüm.*, II, 2, p. 185 ; Mommsen, *Rom. Staatsr.*, II, p. 188-189 et notes ; Faure, *Essai hist. sur le prét. rom.*, p. 92-99.

IV

6.— Il faut maintenant marquer la place et le rang du préteur pérégrin parmi les magistrats romains, soit à un point
de vue absolu, soit surtout — parce que cela rentre plus directement encore dans notre sujet — par rapport au préteur urbain, et par rapport aux autres préteurs, quand il y
en eut plus de deux.

Le préteur pérégrin était l'élu du peuple comme tous les
magistrats romains. Supérieurs ou inférieurs, les magistrats
de la République étaient plus que les dépositaires, ils étaient
l'incarnation vivante de la souveraineté populaire : de là,
l'absence de toute hiérarchie entre eux, et une indépendance
que nos mœurs modernes ne s'attendraient pas à rencontrer chez des magistrats électifs (1). Le préteur pérégrin,
comme tous les préteurs, et comme les consuls et les censeurs, était élu dans les comices par centuries ; l'élection
des préteurs avait lieu le lendemain même de l'élection
consulaire. Un examen des conditions d'éligibilité appartiendrait à une étude générale de la préture (2). Il suffira ici
de noter que l'accès de la préture n'était ouvert qu'à ceux
qui avaient déjà exercé certaines fonctions publiques. Il y
avait un *ordo magistratuum*, qu'on a pu reconstituer
à l'aide des nombreux *cursus honorum* que contiennent les
inscriptions : ainsi, habituellement, on débutait par le vigintivirat ; puis, venait la questure, après quoi l'édilité curule ;
on s'élevait ensuite à la préture, et, enfin, jusqu'au consulat :
il paraît bien cependant qu'on ait pu arriver à la préture
sans avoir passé par l'édilité curule, et que la questure ait
suffi pour ouvrir l'accès de la préture, du moins sous la République (3).

____

(1) De Beaufort, *La Rép. rom.*, 1766, liv. IV, chap. I ; Laboulaye, *Essai
sur les lois crim. des Rom. concern. la resp. des mag.*, 1845, p. xxii ; 21
sqq.; Cf. p. 43, 119, 120; Ihering, *l'Espr. du Dr. rom.*, I, p. 250 ; Mommsen, *Rom. Staatsr.*, I, 2e éd., 1876, p. 8 sqq. ; Faure, *op. cit.* p. 21.

(2) Sur l'éligibilité des magistrats en général, Mommsen, *op. cit.*, I,
p. 451-558 ; pour ce qui concerne le préteur, Faure, *op. cit.*, p. 22-29.

(3) Mommsen, *op. cit.*, I, p. 521-523 ; Faure, *op. cit.*, p. 26 ;
Sous l'Empire, il fallait débuter par le vigintivirat et passer par la

L'inamovibilité et l'annalité sont deux caractères que le préteur partage aussi avec tous les magistrats romains. Pendant la durée de sa charge, il ne faut rien moins que l'intervention du peuple et une loi pour le destituer, pour prononcer *l'abrogatio magistratus* : il y a bien une responsabilité civile et criminelle, mais, pour le préteur, eomme pour le dictateur et le consul, la poursuite en justice n'est possible qu'après l'expiration de ses fonctions ; aussi longtemps que celles-ci durent, il n'existe d'autres garanties constitutionnelles contre ses abus de pouvoir, que le droit de *veto* et le droit *d'intercessio*, c'est-à-dire, quant au *veto*, le droit du magistrat de rang supérieur de s'opposer à l'accomplissement d'un acte ordonné par un magistrat de rang inférieur, et, quant à *l'intercessio*, le droit de tout magistrat égal ou supérieur de frapper d'inefficacité et d'anéantir un acte déjà accompli par un collègue ou un magistrat inférieur (1). Mais cette puissance sans contrôle vraiment sérieux et efficace était enfermée dans la limite d'une année. L'année dont il s'agit ici ne fut jamais de dix mois ; elle comprit au moins douze mois et ne commença pas en même temps que l'année civile jusqu'en 601 (2). L'époque de la nomination du préteur pérégrin, pas plus que celle des autres préteurs, ne pouvait concorder avec celle de l'entrée en fonctions, puisque le tirage au sort déterminait les compétences respectives et décidait, notamment, de l'attribution de la préture urbaine et de la préture pérégrine ; or, le tirage au sort avait lieu assez longtemps après l'élection.

Enfin le préteur pérégrin, comme tout préteur, figurait au nombre des magistrats *majores* de la cité. Si on qualifie

questure, le tribunat et l'édilité curule ou plébéienne, avant d'arriver à la préture ; mais cette règle ne s'appliqua point aux patriciens qui purent toujours passer directement de la questure à la préture. A partir de Dioclétien, il n'y a plus, pour personne, aucun intermédiaire obligatoire entre ces deux charges : Faure, *op. cit.*, p. 113, et les autorités à l'appui.

(1) Par une double exception, les tribuns du peuple furent investis du droit de *veto* et du droit *d'intercessio*, à l'égard des magistrats *majores* eux-mêmes, sauf le dictateur. Mommsen, *op. cit.*, I, p. 246-51 ; p. 274-77, distingue très-nettement ces deux droits. Cf. Faure, *op. cit.*, p. 84-89.

(2) Sur ces deux points, Mommsen, *op. cit.*, I, p. 576 ; 577-79 ; Faure, *op. cit.*, p. 31.

parfois les préteurs de *minores*, c'est pour marquer leur infériorité honorifique au regard des consuls (1). Le préteur
est le collègue du consul ; comme le consul, il est élu dans
les comices par centuries et il est investi de l'*imperium* par
une loi curiate (2) ; comme le consul, il a le droit de prendre
les *auspicia maxima* (3), de battre monnaie (4), (les *trium-
viri auro argento œre flando feriundo* (5) ne furent créés
que vers la fin de la République, et, malgré l'existence de
ces triumvirs, le préteur put toujours battre monnaie en vertu
d'un sénatus-consulte), de proposer des lois au sénat ou
au peuple ; comme le consul, il a l'*imperium*, c'est-à-dire le
droit général de commandement qui comprend, en vertu de
son indivisibilité, aussi bien l'*imperium militiæ* que l'*imperium domi*, et entre l'*imperium* militaire du consul et celui
du préteur, il n'y a pas de différence essentielle, mais bien
une différence purement qualitative, selon l'expression de
M. Mommsen. (6)

Le préteur pérégrin, comme le préteur en général, a les
droits de la magistrature supérieure. Il en a aussi les insignes. Parmi ces insignes nous signalerons la chaise curule
et les faisceaux (7). Sous le nom de chaise curule, on désignait la chaise d'ivoire traditionnelle sur laquelle siégeait le
préteur, et qui appartenait à tous les magistrats *majores*.
Quant aux faisceaux, le préteur y avait droit, cela va de

(1) Les consuls étaient jaloux de leurs prérogatives : le préteur devait
submittere fasces devant le consul ; il devait se lever, si un consul
venait à passer devant son tribunal : en y manquant, il s'exposait
parfois, pendant les guerres civiles, à de cruels châtiments, témoin
l'exemple rapporté par Pighius, *Ann.*, III, p. 99.

(2) A ce propos, il est à remarquer que les comices où étaient élus
les préteurs devaient de toute nécessité être présidés par un consul ; le
préteur urbain ne pouvait pas les présider, même en l'absence des
consuls dont il remplissait les fonctions ; Mommsen, *op. cit.*, II, p. 77,
note 2 ; p. 118, note 4 ; Faure, *op. cit.*, p. 22, note 8.

(3) Cf. Puchta, *Institut.*, I, p. 184-187 ; Mommsen, *op. cit.*, I, p. 73
sqq.

(4) Mommsen, *Hist. de la monnaie romaine*, trad. de Blacas, II, p.
42-42 ; Faure, *op. cit.*, p. 37, note 82.

(5) Ces triumvirs sont désignés dans les inscriptions par les lettres
A. A. Æ. F. F. : pour ne citer qu'un exemple, *C. I. L.*, VI, no 1421.

(6) Mommsen, *op. cit.*, II, p. 224 ; II, p. 91 ; Faure, *op. cit.*, p. 40-41,
note 4. 5.

(7) Outre la chaise curule et les faisceaux, le préteur avait de nombreux insignes, sur lesquels V. Mommsen, *op. cit.*, I, p. 391-419,

soi. Mais quel en était le nombre ? Le préteur avait-il six faisceaux partout, ou n'en avait-il que deux à Rome ? Il est certain que dans les provinces le préteur était accompagné de six licteurs : en était-il de même dans la ville ? C'est une question qui a été longuement débattue, et qui est assez délicate pour que M. Mommsen ait changé d'opinion ; comme elle touche tout particulièrement le préteur urbain et le préteur pérégrin dont la place était à Rome et non en province, quelques mots sur cette question ne seront pas ici déplacés.

Si on voulait dresser une statistique des passages relatifs au nombre des faisceaux ou des licteurs prétoriens, on trouverait certainement que la majorité de ces passages attribue au préteur six faisceaux; mais la loi *Plœtoria*, dont la date est incertaine, n'en donne expressément que deux au préteur urbain (*Censorin.*, *de die natal.*, 24, 3); et ce nombre est confirmé par une plaisanterie de Plaute (*Epidic.*, I, 1, 26) et par la remarque que fait Cicéron (*de lege agrar.*, 2, 34) au sujet des duumvirs de Capoue, qui s'appelaient préteurs. Pour concilier ces témoignages divergents et contradictoires, on a dès longtemps proposé d'admettre que les préteurs auraient eu dans les provinces six licteurs, dans la ville deux seulement. Mais cette opinion semble directement contredite par Polybe, qui, non content de doter tout préteur indistinctement de six faisceaux, appelle le préteur urbain ἑξαπέλεκυς στρατηγός (Polybe, *Hist.*, 2,24; 3,40 ; 3, 106 ; Cf. Appien, *Syr.*, 15), non moins que par Valère-Maxime (I, 1, 9), qui nous montre le préteur L. Furius Bibaculus précédé de six licteurs, portant le bouclier sacré, malgré sa dignité et sur l'ordre de son père, chef du collége des prêtres Saliens (1). On peut admettre avec Pighius que ce Bibaculus fut préteur pérégrin, et qu'il alla en province ; mais comment expliquer qu'en dehors de sa sortie solennelle il figure avec les insignes de l'*imperium provinciale ?* Malgré cette difficulté, on peut et on doit maintenir que la différence admise entre les préteurs de la ville

____

(1) La légende affirmait qu'un bouclier était tombé du ciel sous Numa et prétendait que la fortune de Rome était liée à la conservation de ce bouclier : aussi Numa avait eu le soin de faire fabriquer par l'artiste Mamurus Veturius onze boucliers exactement semblables ; ils étaient gardés précieusement dans le temple de Mars par le collége des prêtres Saliens et portés tous les ans en procession solennelle.

et les préteurs provinciaux est bien réelle; il est, en effet, impossible d'expliquer autrement, comme le remarque Becker dans un exposé lumineux de la question, que Cicéron, dans son discours contre *Rullus* donne aux premiers deux licteurs à Rome et que dans les Verrines (II *in Verr.*, 5, 24) il en donne six aux préteurs en province. On pourra dire que Polybe, en employant l'expression indiquée, a voulu donner une désignation générale de la préture sans se préoccuper du nombre de licteurs auxquels avaient droit les préteurs à Rome ; quant au fait rapporté par Valère-Maxime, on ne peut l'expliquer d'une manière absolument satisfaisante qu'en supposant, vu son antériorité probable à la loi *Plœtoria,* qu'avant cette loi les préteurs pouvaient avoir six faisceaux à Rome, conjecture que rien ne vient, d'ailleurs, confirmer (1).

Outre ces insignes dont nous n'avons signalé que les deux principaux, le préteur pérégrin, comme tout préteur, avait une *apparitio*, c'est-à-dire une sorte de phalange d'officiers inférieurs attachés à sa personne (2). L'*apparitio* comprenait des *servi publici* auxquels le nom d'*apparitores* n'était pas donné habituellement et dont une partie devait constituer avec les licteurs la *manus militaris* (3), et les *apparitores* proprements dits ; parmi ceux-ci, les plus importants étaient les scribes dont les principales attributions correspondaient aux fonctions des greffiers modernes, les *accensi* qu'on peut comparer à nos huissiers, les *lictores*, qui étaient chargés de la garde de la personne du magistrat et qui étaient placés sans doute à la tête de la *manus militaris*, les *viatores* qui escortaient le magistrat, une baguette à la main, enfin les *prœcones* ou crieurs publics. A côté et au-dessous d'eux figuraient : les *victimarii*, les *tibicines*, les *haruspices*, les *medici*, les *interpretes*, les *architecti*.

(1) Sigonius, *Dé antiq. jure civ. Roman.*, *lib.* I, *c.* 20 ; Pighius, *Ann.*, I, p. 266 ; Conradi, *De præt. peregr.*, § 8, p. 16 ; Becker, *Handb.*, II, 2, p. 188-90 ; Mommsen, *op. cit.*, I, p. 368 ; II, p. 198 ; Faure, *op. cit.*, p. 36. — *Contra* : Niebuhr, *Hist. Rom.*, trad. de Golbéry, V, p. 46 ; Borghesi, *Œuvr. numism.*, I, p. 107 ; Caillemer, *Rev. Arch.*, 1868, 1, p. 150.
(2) Labbé, *De l'Apparitio des Magistr. rom.*, *Rev. de législ. anc. et mod.*, 1875, p. 47 sqq ; Mommsen *op. cit.*, I, p. 306-353 ; Giraud, *Nouveaux Bronzes d'Osuna*, 1877, p. 17-21 ; Faure, *op. cit.*, p. 80-83.
(3) Labbé, *l. c.*, p. 53 ; Mommsen, *op. cit.*, I, p. 198. ·

7. — Hâtons-nous de marquer la place et le rang du préteur pérégrin parmi les autres préteurs.

Quel qu'ait été le nombre des préteurs, le préteur urbain et le préteur pérégrin restèrent toujours les deux premiers, les plus considérés. Cette prééminence s'accuse de plusieurs manières. Elle est d'abord attestée par l'éponymie : à l'origine, les préteurs ont partagé ce droit avec les consuls, mais les seuls préteurs de la ville, non les autres préteurs ; et encore, ne voit-on figurer les noms du préteur urbain et du préteur pérégrin sous la République que dans la manière de dater strictement officielle ; sous l'Empire, on ne les rencontre plus du tout (1). Dans le tirage au sort des compétences prétoriennes ou *sortitio provinciarum*, la préture urbaine et la préture pérégrine forment les deux premiers lots. Ces deux magistrats constituent la plus haute autorité judiciaire de la République. Il semble qu'après la réforme de Sylla, lorsqu'à côté des deux préteurs qui étaient restés de tout temps à Rome et qui, jusqu'alors, y étaient restés seuls, on en compta six, le préteur urbain et le préteur pérégrin aient dû voir leur prééminence sensiblement diminuée. Il n'en fut rien : tandis que les préteurs chargés de la présidence des *quœstiones* devaient dresser dans les dix jours de leur entrée en fonctions une liste de jurés capables, l'ancienne liberté dans le choix des *judices* a vraisemblablement subsisté pour le préteur urbain et pour le préteur pérégrin ; lorsqu'il exista une liste annuelle de *judices* générale et obligatoire pour toutes les juridictions non exceptées, vraisemblablement en 684 et pas auparavant, le préteur urbain fut chargé de dresser cette liste ; or, elle lia bien les préteurs employés aux *quœstiones*, mais non le préteur pérégrin (2).

Si, dans l'ensemble de la préture, le préteur urbain et le préteur pérégrin formaient un groupe à part auquel appartenait le premier rang, dans ce groupe la première place était attribuée au préteur urbain. C'est là une vérité qui a été reconnue de tout temps, mais qu'on a parfois exagérée, parfois affaiblie, et qu'il importe d'établir exactement.

(1) Mommsen, *op. cit.*, I, p. 580 ; II, p. 198.
(2) Mommsen, *op. cit.*, II, p. 226-221.

Les anciens auteurs se plaisaient à signaler trois différences entre le préteur urbain et le préteur pérégrin, toutes
les trois au désavantage de celui-ci. Quoique la paternité
n'en puisse être attribuée à Hotman, c'est à lui qu'on fait
habituellement hommage de cette théorie ; adoptée et
reprise par d'éminents romanistes, elle s'était implantée
dans la science ; et, même au dix-huitième siècle, il a fallu
de vigoureux efforts pour l'en déraciner. Voici ces trois
différences : les citoyens romains ne peuvent agir devant
le préteur pérégrin, de même que les pérégrins ne peuvent
agir devant le préteur urbain ; en second lieu, on ne peut
lege agere devant le préteur pérégrin qui n'a pas la *legis
actio* ; enfin le préteur pérégrin n'a jamais publié un Édit
dans lequel il indiquât les règles qu'il se proposait de suivre
pendant sa magistrature (1). De ces trois différences, il est
certain que les deux dernières n'existent pas : nous le
démontrerons au chapitre III et au chapitre IV. La première
a bien ceci de vrai, qu'en fait, la juridiction du préteur
urbain était destinée aux citoyens, celle du préteur pérégrin, aux pérégrins ; mais elle cesse d'être exacte, quand
elle ferme aux pérégrins l'accès du tribunal du préteur
urbain, et aux citoyens l'accès du tribunal du préteur pérégrin : il est vraisemblable, admettrons-nous au chapitre III,
que la compétence des deux préteurs ne fut jamais légalement déterminée et fixée d'une manière exclusive.

Ce n'est pas par des attributions et des pouvoirs essentiellement différents que le préteur urbain se distingue du
préteur pérégrin. Les deux préteurs ont les mêmes droits
et les mêmes pouvoirs. Il n'est pas même certain que le
préteur urbain ait été qualifié de *prœtor major* par rapport
au préteur pérégrin (2). Eût-il été ainsi qualifié, il n'en fau-

---

(1) Forster, *De hist. jur. civil. Roman.*, 1565, p. 208 ; Hotman, *De
Magistr. Rom.*, *Opp.*, III, col. 262-63 ; Gravina, *Origin. jur. civ.*, 1737,
p. 34-35 ; Pighius, *Ann.*, I, p. 264 ; Nieupoort, *Rit. qui olim apud Rom.
obtin.*, 1743, p. 112 ; Cf. Conradi, *De prœt. peregr.*, § 4. 5. 8 ; Mylius,
De prœt. peregr., § 6. 7.

(2) Des auteurs (Cf. Becker, *Handb.*, II, 2, p. 186, note 428 ; Rein,
Pauly's Real-Encycl., VI, 2, p. 24 ; Labatut, *Hist. de la prét.*, p. 47)
acceptent sans hésitation le témoignage obscur de *Festus* (v° *Majorem*,
p. 161, éd. Müller): « *Majorem consulem L. Cæsar putat dici vel eum
penes quem fasces sint vel eum qui prius factus sit* ; *prœtorem autem*

drait pas moins refuser au préteur urbain un pouvoir d'une autre nature et plus élevé que celui du préteur pérégrin. Sans cela, comment le préteur pérégrin aurait-il pu s'opposer aux actes du préteur de la ville (1)? Mais ce serait tomber dans l'excès contraire que de ne reconnaître à la prééminence de celui-ci qu'un caractère purement honorifique. C'est ce caractère que les auteurs anciens mettent le mieux en lumière, et c'est sur lui qu'on insiste parfois aujourd'hui avec le plus de complaisance (2), tandis qu'il est surtout intéressant de faire ressortir les prérogatives importantes de la préture urbaine sur la préture pérégrine. Or ces prérogatives se ramènent à deux : prérogative quant à l'exercice des droits consulaires ; prérogative quant à la célébration des jeux. De ces deux prérogatives la première est de beaucoup la plus importante, bien que la seconde soit considérable sous la République au point de vue politique et religieux. — Tout d'abord, c'est au préteur urbain qu'est dévolu, en première ligne, l'exercice des droits consulaires en l'absence des consuls. Il ne faudrait pas croire que le préteur pérégrin n'eût pas le droit de remplacer les consuls absents ; il est investi de ce droit, mais il ne l'exerce qu'en seconde ligne et subsidiairement au préteur urbain. Celui-ci a si peu le monopole de la représentation consulaire qu'on voit parfois, en l'absence des consuls, les deux préteurs de la ville convoquer le Sénat (3) (il est vrai que cela est tout à fait exceptionnel); pour les *frumentationes*, de même que le préteur urbain est substitué au consul, de même, le préteur pérégrin peut être substitué au préteur urbain (4). Mais, le préteur urbain étant tenu strictement de rester à

---

majorem urbanum, minores cœteros. » Mais il s'en faut que cette expression de *prætor major* soit claire, surtout si on la rapproche de celle de *major consul*; elle ne se trouve nulle part ailleurs. Mommsen. *op. cit.*, I, p. 38, note 1 ; II, p. 187, note 4.

(1) On connaît la conduite de Pison à l'égard de Verrès (*Cic.*, II *in Verr.*, 1, 46), et la conduite beaucoup moins méritoire et inspirée par la jalousie, de Cœlius à l'égard de Trebonius (*Dio Cass.*, 42, 22).

(2) Labatut, *op. cit.*, p. 47-49. Cet auteur va jusqu'à dire que la supériorité du préteur urbain résulte surtout des honneurs extérieurs attachés à la préture urbaine.

(3) Mommsen, *op. cit.*, II, p. 123, note 3 ; p. 223, note 2.

(4) Mommsen, *ibid.*, p. 223, note 2.

Rome toute l'année de sa charge sans pouvoir s'en éloigner plus de dix jours, le droit qu'a le préteur pérégrin de représenter les consuls absents en sous-ordre et à défaut du préteur urbain, ne s'exercera que dans des circonstances bien rares, ou, pour mieux dire, est un droit à peu près illusoire. Aussi semble-t-on souvent croire que le préteur urbain a l'apanage exclusif de la représentation consulaire. Il est plus exact de dire que sa prérogative consiste en ce que l'exercice des droits des consuls absents lui est dévolu en première ligne. En l'absence des consuls, le préteur urbain est leur remplaçant légal (1). De là les conséquences suivantes : il est à la tête de la cité et il en a la garde, comme autrefois le *præfectus urbi* (2); il convoque le Sénat, et il y porte la parole ; c'est à lui qu'arrivent tout d'abord les dépêches étrangères, les rapports des consuls et des préteurs des provinces, il en prend connaissance, et il les communique au Sénat (3). C'est lui qui introduit dans le

(1) Selon l'expression de Cicéron, « *consulare munus sustinet* » *Cic.*, *ad. fam.*, 10, 22 ; le même auteur fait allusion à la même idée en disant à propos de la préture urbaine: « *egregia illa et ad consulatum apta provincia* » *pro Mur.*, 20.

(2) « *Urbi præest* », dit Tite-Live, 24, 9. Il a la « *custodia urbis* », dit Dion Cassius (trad. lat.), 46, 44. — Le *præfectus urbi* dont il s'agit ici n'a de commun que le nom avec le haut fonctionnaire de l'Empire. Sous la République, il y avait lieu à la nomination d'un *præfectus urbi* dans les cas où aucun magistrat supérieur n'était présent à Rome, et cette nomination appartenait au magistrat supérieur qui quittait le dernier la ville. Tant que les consuls furent les seuls magistrats supérieurs ordinaires, comme en temps de guerre ils étaient tous les deux à la tête des armées romaines, il dut y avoir très-fréquemment lieu à la nomination d'un *præfectus urbi*. Lorsque le prébiscite Licinien en créant la préture donna à Rome un troisième magistrat supérieur, qui, lui, ne pouvait quitter Rome, l'hypothèse en vue de laquelle était instituée la *præfectura urbis* dut se présenter d'une manière tout à fait exceptionnelle. C'est seulement pendant la célébration des fêtes du *Jupiter Latialis* à Albe (*feriæ Latinæ*) qui duraient deux jours au plus et auxquelles assistaient nécessairement tous les magistrats supérieurs de tous les États confédérés, qu'il était nommé un *præfectus urbi* : on ajouta à ce titre *feriarum Latinarum causa* ou *feriarum Latinarum* simplement. Cf. Mommsen, *op. cit.*, I, p. 641-643.

(3) Sur la convocation du Sénat, Appien, *b. c.*, 1, 88; *Liv.*, 22, 7 ; 23, 21 ; 42, 8 ; *Cic.*, *Phil.*, 14, 4. — Sur la remise des dépêches au préteur urbain, *Cic.*, *ad fam.*, 10, 12. « *Placuit nobis ut statim ad Cornutum prætorem urbanum litteras deferremus, qui, quod consules aberant, consulare munus sustinebat, more majorum.* » *Liv.*, 22, 27 ; 27, 50 : ce dernier passage est saisissant; il montre la dépêche qui annonce la

Sénat les ambassades des États étrangers (1). A lui, incombe l'exécution de toutes les résolutions du Sénat ; sur l'ordre du Sénat, il écrit aux consuls et aux préteurs (2) ; faut-il envoyer une ambassade à l'un d'eux, il choisit les sénateurs qui lui seront dépêchés (3) ; c'est à lui que les consuls absents délèguent le soin de convoquer les *comitia prætoria* ou *consularia* (4) ; en en mot, il est l'organe du Sénat et l'autorité exécutive de ses décisions au sein de la cité (5). Le Sénat peut bien confier à qui bon lui semble parmi les préteurs telle mission qui n'exige pas une absence de Rome de plus de dix jours (6) ; mais, outre qu'il choisira de préférence le préteur urbain, cela n'infirme en rien la prérogative que nous signalons, et n'est pas en contradiction avec les conséquences que nous y rattachons. Enfin, comme remplaçant des consuls, le préteur urbain exerce les droits relatifs au service divin, qui sont inhérents à la magistrature supérieure ; l'éloignement fréquent des consuls fit passer, en fait, une grande partie des affaires sacrées aux mains du préteur urbain. Il en est résulté que certaines attributions de ce genre sont demeurées attachées à la préture urbaine, de telle sorte que le préteur urbain accomplit les actes qui rentrent dans ces attributions, même quand les consuls sont à Rome : c'est ce qui a lieu pour les *compi-*

victoire sur Hasdrubal, portée au tribunal du préteur : « *Eæ litteræ per forum ad tribunal prætoris latæ Senatum curia exciverunt.* » — Sur la communication de ces dépêches au Sénat, *Liv.*, 33, 21. Dans les manuscrits, le préteur urbain Sergius est appelé *prætor qui inter cives et peregrinos jus dicit;* c'est une erreur évidente, comme il ressort de *Liv.*, 32, 28, où l'on voit la *provincia urbana* échoir à ce même Sergius. Becker, *Handb.*, II, 2, p. 187, note 441.

(1) *Polyb.*, *Hist.*, 6, 12 ; *Liv.*, 34, 7.

(2) *Liv.*, 22, 33 ; 25, 22 ; 27, 4; 30. 24; 35, 24 ; 40, 16.

(3) *Liv.*. 43, 1. Le Sénat charge C. Sulpicius de choisir trois députés, qui partiront de Rome, le jour même, et rejoindront en toute hâte le consul Cassius.

(4) *Liv.*, 22, 33. « *Ab eodem prætore ex S.-Co. litteræ ad consules missæ ut, si eis videretur, alter eorum ad consules creandos Romam veniret: se in eam diem quam jussissent comitia edicturum.* »

(5) *Cic.*, *pro dom.*, 53 ; Cf. *Liv.*, 25, 1. On cite souvent *Liv.*, 43, 11, mais à tort : le préteur Q. Ræcius ne fut pas préteur urbain ; la préture urbaine, en 584, appartint à Q. Mœnius. Mommsen, *Ephem. Epigr.*, I, (1872), p. 287, sur le *S.-C. de Thisbæis*.

(6) Mommsen, *op. cit.*, II, p. 222, note 3.

talia, et peut-être pour les sacrifices qui incombent au préteur urbain en cette qualité, comme le sacrifice d'une génisse en l'honneur d'Hercule à l'*Ara Maxima* (1).

L'autre prérogative a trait à la célébration des jeux. C'est le préteur urbain qui a la direction des jeux publics, parmi lesquels les jeux *Apollinares* et les jeux *Piscatorii* ne peuvent en principe être tenus que par lui (2). Si l'on fait abstraction des jeux édilitiens, on peut dire que le préteur urbain a, sous la République, le monopole de la célébration des jeux. A côté de lui, le préteur pérégrin n'a, sous ce rapport, qu'un rôle effacé et subsidiaire : sous Auguste cependant, les jeux *Augustales*, institués en son honneur, ont été attribués au préteur pérégrin.

C'est à cause de ces prérogatives qu'on peut appeler la préture urbaine, avec Zumpt, le point central de la préture. Ce sont ces prérogatives qui nous expliquent que le Sénat ait parfois attribué *extra ordinem* la préture urbaine pour des motifs sérieux (3), et que le désir d'obtenir cette préture ait souvent provoqué des rivalités et des luttes (4). Sous l'Empire, les princes, quand ils revêtent la préture, prennent toujours possession de la préture urbaine : témoin Drusus le Vieux, Domitien, Gordien le Jeune (5).

V

8. — Il importe de tracer ici une esquisse de l'histoire externe de la préture pérégrine, afin de pouvoir s'orienter sûrement dans l'étude des attributions de cette préture.

---

(1) Sur tous ces points, Mommsen, *op. cit.*, I, p. 127-128, note 2 ; II, p. 226, note 2. L'introduction de nouveaux cultes exige une autorisation du Sénat: pour l'obtenir, il faut s'adresser au préteur urbain. *Liv.*, 39, 18. Cf. Marquardt, *Rom. Staatsverwaltung*, III, 1878, p. 300, note 2.

(2) Becker, *Handb.*, II, 2, p. 188, note 450 ; Mommsen, *op. cit.* II, p. 226; Labatut, *op. cit.*, p. 132-143.

(3) *Liv.*, 24, 9. « *Senatus-consultum factum est, ut Q. Fulvio extra ordinem ubana provincia esset, isque potissimum, consulibus ad bellum profectis, urbi præesset.* »

(4) Cf. *Cæs., b. c.*, 3, 20; *App., b. c.*, 2, 112; *Plut., brut.*, 7 ; *Dio Cass.*, 42, 22 ; Mommsen, *op. cit.*, II, p. 187, note 3.

(5) Mommsen, *op. cit.*, II, p. 207, note 2.

La préture pérégrine eut le sort de la préture en général, et de toutes les hautes magistratures romaines. Autant son rôle sous la République avait été brillant et élevé, autant il est effacé et abaissé sous l'Empire.

9. — Le préteur pérégrin eut pour destination essentielle, dès l'origine, l'administration de la justice ; et, par là, nous entendons uniquement la justice civile, nous réservant de discuter, à propos de la juridiction, l'opinion d'après laquelle, dès sa création et jusqu'à l'établissement des *quæstiones perpetuæ*, le préteur pérégrin aurait eu la juridiction tant civile que criminelle sur les pérégrins. C'est grâce à sa juridiction que le préteur pérégrin put exercer tant que dura la République, une influence profonde sur le développement du Droit Romain. Il nous suffit de constater ici que cette influence s'exerça d'une façon constante et uniforme sans qu'aucune modification ait été apportée sous la République à l'autorité judiciaire et quasi législative du préteur pérégrin. Ce n'est que vers la fin de la République, pendant les guerres civiles, que le préteur pérégrin déchoit ; mais, même à ces époques troublées et sanglantes, il s'affirme parfois : témoin la création de l'action *vi bonorum raptorum*, dont on peut faire honneur au préteur pérégrin Lucullus (1).

Mais, à côté de ce pouvoir spécial, le préteur pérégrin eut, jusque sous l'Empire, un pouvoir général dont le caractère et l'élévation ont été déjà marqués. Le préteur pérégrin est un quatrième magistrat supérieur dans l'État, à côté des deux consuls et du préteur urbain : de là, son importance au point de vue politique et administratif, non moins qu'au point de vue militaire. Le préteur pérégrin est général et amiral ; il commande une partie des forces de terre, surtout les forces de mer, la flotte. Il remporte des victoires, il obtient les honneurs du triomphe, il contribue à la fondation et au développement de la grandeur de Rome. Mais ce n'est qu'en cas de besoin et lorsque la patrie est menacée, qu'il revêt un caractère guerrier : les guerres puniques nous

____

(1) Nous reviendrons sur tous ces points : ici, autre chose qu'une simple mention serait hors cadre. Nous en disons autant pour ce qui va suivre.

le montrent surtout sous cet aspect, à son honneur et à sa
gloire ; après les guerres puniques notre magistrat joue
plutôt un rôle pacifique, et son action s'exerce dans l'ordre
politique et administratif de la façon la plus variée et la plus
étendue. Il n'est pas de mission dont le préteur pérégrin
n'ait été chargé par une loi ou par un sénatus-consulte ; il
en fut ainsi jusque vers le commencement de notre ère :
n'est-ce pas en 745=9 av. J.-C., que se place la loi *Quinctia*
qui attribue au préteur pérégrin, à défaut d'un *curator
aquarum*, la conservation des aqueducs et la répression
des empiètements dirigés contre eux par les particuliers ?
Ici encore, il suffit de marquer que, de la création de la préture pérégrine à la chûte de la République, le préteur pérégrin est toujours demeuré le magistrat universel par excellence, si l'on peut ainsi parler, et qu'à ce titre il est d'une
façon plus particulière sous la main et à la libre disposition
du Sénat.

11. — Ce droit du Sénat s'atteste avec éclat dans celles
des règles de la *sortitio provinciarum* qui sont relatives à la
provincia peregrina. Tandis que la préture urbaine doit nécessairement figurer parmi les lots qui seront tirés au sort,
et qu'après le tirage elle ne peut être transportée à un autre
préteur, la préture pérégrine peut, au gré du Sénat, être
combinée avec la préture urbaine de manière à ne former
avec elle qu'un seul lot ; le Sénat peut, en second lieu, inviter après le tirage au sort le préteur pérégrin à transporter
sa compétence par mandat au préteur urbain et à se placer
à la disposition du Sénat (1) ; enfin, et en troisième lieu, le

(1) Nous n'insisterons ici que sur les cas où la préture pérégrine a été
supprimée dès le tirage au sort, ou pour mieux dire, réunie à la préture
urbaine, et non sur les cas où le préteur pérégrin a été employé à des
missions diverses ; la première catégorie de cas trouve ici sa place
naturelle, la seconde trouvera la sienne dans l'exposé des attributions
d'ordre politique et administratif du préteur pérégrin. Suivant M. Mommsen, c'est seulement en 541 qu'on rencontre pour la première fois un
double lot comprenant la préture urbaine et la préture pérégrine. *Liv.*,
25, 3 ; plus tard, on rencontre fréquemment ce double lot, par exemple
en 676: *S.-C.* de *Asclepiade*, l. 2, *C. I. L.*, I, p. 110, nº 203. Cette charge
géminée s'appelle alors *provincia* ou *sors* ou *jurisdictio urbana et inter
peregrinos* (*Liv.*, 35, 41 ; 37, 50). ou *urbana et peregrina* (*Liv.*, 25, 3),
ou *urbana addita et peregrina* (*Liv.*, 27, 36), encore *jurisdictio utraque*
et expressions semblables, peut-être aussi assez fréquemment *jurisdictio*

Sénat peut organiser les lots de telle façon que le préteur pérégrin qui a dès lors une compétence propre, soit astreint à se tenir à la disposition du Sénat, quoique, sans cette précaution, le lot qui confère la préture pérégrine doive toujours être interprété dans ce sens (1). Pour supprimer dans la *sortitio* un gouvernement de province, il fallait une décision du peuple (2) ; en temps de guerre la prorogation d'un gouverneur de province était l'exception, et le cumul de la préture pérégrine et de la préture urbaine, la règle (3) : le préteur pérégrin était donc plus directement sous la main du Sénat que ses collègues, notamment que les gouverneurs de provinces (4).

Le droit de libre disposition du Sénat sur la préture pérégrine s'est affirmé constamment dans le cours du VIe siècle. A partir du commencement du VIIe siècle, et jusqu'aux réformes de Sylla en 673, nous n'en rencontrons plus de

urbana tout court. Mommsen, *op. cit.*, II, p. 189, note 1 ; p. 201, note 1 ; Cf. p. 202, note 3. De 539 à 556, la préture pérégrine n'a pas figuré dans le tirage au sort comme lot distinct, ou le magistrat qui avait tiré ce lot a été employé pour quelque mission extérieure ; seul, le préteur pérégrin P. Licinius Crassus, en 546, est resté à Rome, attaché qu'il y était par son sacerdoce. M. Labatut commet donc une grave erreur quand il dit que, sauf trois exceptions, la préture urbaine et la préture pérégrine ont toujours été séparées (*Hist. de la prét.*, p. 46-47); il est vrai qu'il complète cette indication, p. 94-95, mais encore d'une manière bien insuffisante. M. Faure, *Essai hist. sur le prét. rom.*, p. 97, note 35, tout en traitant la question avec plus de profondeur et de méthode et aussi avec plus d'exactitude, ne distingue pas assez nettement, ce nous semble, les cas où les deux prétures étaient *ab initio* comprises dans un seul et même lot et les cas où, en vertu d'un S.-C., le préteur pérégrin transportait par mandat sa juridiction au préteur urbain. M. Mommsen est le premier et le seul à notre connaissance à distinguer ces deux séries de cas avec la netteté désirable. Mommsen, *op. cit.*, II, p. 201. Cf. Becker, *Handb.*, II, 2, p. 185, note 435.

(1) Pour cette troisième série de cas, nous renvoyons, comme pour la seconde, au chap. II.

(2) Mommsen, *op. cit.*, II, p. 202-203.

(3) Mommsen, *op. cit.*, II, p. 202, note 2.

(4) Le Sénat a sur la préture pérégrine un pouvoir de disposition si étendu qu'on l'a vu retenir à Rome un gouverneur de province et l'employer à la juridiction pérégrine : *Liv.*, 45, 12. Sans doute, ce fait s'explique en quelque mesure par le droit de disposition particulièrement libre qui appartient au Sénat à l'égard de cette dernière charge ; mais il y a là une permutation de lots après le tirage au sort, c'est-à-dire une dérogation à une règle constante. Mommsen, *op. cit.*, p. 205, note 3.

trace. Faut-il en conclure que ce droit a été enlevé au Sénat ? Rien ne nous autorise à penser qu'il en ait été ainsi. Le Sénat, en fait, n'a pas usé de son droit; cela est vrai, mais on comprend qu'il n'en ait pas usé : de 605 à 632, le préteur pérégrin eut la présidence de la *quœstio repetundarum* ; quand il l'a perdue, le Sénat n'a pas détourné ce magistrat de sa destination principale, car le préteur urbain était trop occupé pour qu'on le surchargeât des affaires de son collègue de la ville (1). La permanence du droit du Sénat paraît d'autant plus vraisemblable, que nous le voyons s'attester au VII siècle même de Rome après la réforme de Sylla et même sous l'empire au III siècle de notre ère : de telle sorte que, si on admettait la disparition de ce droit, il faudrait admettre en même temps qu'il n'a disparu que momentanément et qu'il est ressuscité très-peu de temps après sa mort et cette fois-ci pour vivre aussi longtemps que la préture pérégrine elle-même.

Tout cela se réfère à l'époque antérieure aux réformes de Sylla. Le dictateur organisa une nouvelle *sortitio* qu'il ne créa pas très-vraisemblablement de toutes pièces, mais dont les éléments existaient déjà, et qu'il n'eut qu'à régulariser et à fixer définitivement. Les huit préteurs qui existent désormais, restent tous une année à Rome, où deux d'entre eux ont la préture urbaine et la préture pérégrine, et les six autres, la présidence des six *quœstiones* déjà constituées du temps de Sylla; puis, une seconde année, tous sont employés au gouvernement des provinces. De la sorte, la préture est en quelque sorte bifurquée et biennale, et il y a deux tirages au sort, l'un pour l'attribution des juridictions ou des présidences de *quœstiones* à Rome, l'autre pour celle des gouvernements de provinces. Le Sénat peut-il intervenir encore dans la *sortitio provinciarum ?* Nulle part, il n'est fait men-

---

(1) **M. Mommsen** nous paraît, d'après ses propres données, trop affirmatif, quand il dit que le droit du Sénat lui a été enlevé en 605, lors de l'institution de la *quœstio repetunda um*, et que le Sénat n'a pas, lors de la création d'un préteur spécial pour cette *quœstio*, repris possession du droit qu'il avait exercé auparavant. Pourquoi ne pas admettre la persistance de ce droit dans son intégrité, lorsqu'on le retrouve inopinément exercé, au moins quant à la combinaison de la préture urbaine et de préture pérégrine, au III siècle de notre ère ? **Mommsen,** *op. cit.*, II, p. 202.

tion d'une réglementation spéciale et préliminaire du tirage au sort par le Sénat. Mais nous admettrons à tout le moins, avec M. Mommsen, que vraisemblablement le Sénat garda la liberté de combiner deux juridictions, et surtout les deux juridictions civiles, la préture urbaine et la préture pérégrine (1).

Mais, qui eût soupçonné la persistance de ce droit jusqu'au III° siècle de notre ère, si une inscription de cette date n'était venue nous révéler, il y a peu d'années, la réunion sur la même tête de la préture urbaine et de la préture pérégrine? Il s'agit de l'inscription en l'honneur de L.Annius Italicus Honoratus trouvée à Kostendjé (l'ancienne Tomis) par M. Ernest Desjardins et publiée en 1868 (2). Cette inscription, certainement postérieure à l'an 222 ap. J.-C., atteste que L.Annius Italicus fut à la fois préteur urbain et pérégrin : c'est bien le sens des mots *prætor qui jus dixit inter cives et civis et peregrinos*. Disons donc avec M. Desjardins qu'elle « nous apprend ce fait jusqu'à présent inconnu, que sous l'Empire, comme sous la République, les fonctions de *prætor urbanus* et de *prætor peregrinus* pouvaient être exercées simultanément par le même personnage (3). » Ajoutons que cette révélation a trait peut-être à une époque où l'on avait cru jusqu'ici la préture pérégrine disparue (4). Or, qui

(1) Mommsen, *op. cit.*, II, p. 205-206.

(2) Cette inscription a été trouvée sur la place principale de Kostendjé, à l'angle de la maison d'un épicier du nom de Vondiziano : elle est gravée sur une pierre encastrée horizontalement dans le mur, et très-bien conservée. Les Grecs, au lieu de démolir les monuments qui abondent dans cette région, s'en servent pour la construction de leurs maisons et s'en font ainsi des ornements à peu de frais : c'est à ce soin délicat et intelligent, comme le dit M. Desjardins, qu'est due la conservation de plus d'un monument précieux. L'inscription a été communiquée, avec beaucoup d'autres, à l'Académie des Inscriptions et Belles-Lettres, le 21 février 1868. *Annal. de l'Instit de Corresp. Archéolog.*, Rome, 1868, p. 97-99 ; *Revue Archéolog.*, 1868, 1 (Janv. à Juin 1868), formant le tom. XXVII, p. 272-278. Elle figure au *C.I.L.*, sous le n° 6154, III, 2, p. 998. — Elle nous paraît avoir échappé aux investigations d'ailleurs si complètes de M. Faure.

(3) *Rev. Archéolog.*, 1868, 1 (XXVII), p. 276.

(4) Nous aurons à revenir sur cette inscription à propos de la fin de la préture pérégrine ; et, à ce propos, nous verrons que la double préture d'*Italicus*, dont on ne peut malheureusement déterminer au juste la date, se place peut-être après la constitution Antonine.

décidait le cumul des deux prétures, si ce n'est le Sénat (1)?
Sans doute, on fera la différence entre un sénatus-consulte
de la belle époque de la République et un sénatus-consulte
du III° siècle ap. J.-C., sous le règne des Caracalla, des Élagabale, des Alexandre Sévère. Il n'en est pas moins vrai
que le droit du Sénat a subsisté, quitte à ne pas se mépren-
dre sur la position respective du Sénat et de l'Empereur.

Nous avons déjà empiété sur l'Empire ; il faut pourtant
revenir à la République pour constater que sous César les
choses furent remises théoriquement en l'état où elles
étaient avant Sylla. Mais, pratiquement, il n'était plus question de la répartition des charges prétoriennes par la voie
du sort. Le caprice de César disposait de la préture urbaine
et de la préture pérégrine, comme de toutes les magistratures. En 710, il y eut seize préteurs, parmi lesquels Brutus et
Cassius, les chefs de la conjuration contre César (2).

Au milieu des guerres civiles, la préture était bien déchue.
Ce n'était plus qu'un instrument au service des factions et
une récompense pour les créatures du plus fort : en 716, il
y eut soixante-sept préteurs (*Dio Cass.*, 48, 43). Mais le
chiffre de seize resta le chiffre normal jusqu'à Auguste,
qui, à la fin de son gouvernement, le réduisit à douze (3).

12. — César avait préparé l'Empire. Auguste le fonda.
On a bien souvent, d'après la page admirable de Tacite,
retracé l'habile politique de ce prince. La préture, avec
son ancienne organisation et l'intégrité de ses droits, fut
l'objet, de la part d'Auguste, du même respect extérieur
que les autres magistratures. Mais, en réalité et en dépit
des apparences, elle reçut une profonde et irrémédiable
atteinte qui alla toujours en s'aggravant.

Auguste observa scrupuleusement les anciennes formes
et laissa aux comices la nomination des magistrats, notamment des préteurs ; mais, grâce à son habileté et au système
des candidatures officielles, cette élection n'était qu'une

---

(1) M. Mommsen voit dans cette combinaison des deux juridictions le
fait du Sénat (*op. cit.*, p. 206, note 2).

(2) *Dio Cass.*, 43, 49. Cf. Pighius, *Ann.*, III, p. 464.

(3) Nous n'avons pas à insister ici autrement sur les variations successives du nombre des préteurs. Cf. Mommsen, *op. cit.*, II, p. 194-195,
Faure, *op. cit.*, p. 90-107; p. 114-118.

ratification de ses choix. Tibère transporta le droit d'élection au Sénat : c'était plus simple, et encore plus sûr (1). Au fond, le prince dispose souverainement de toutes les charges publiques : c'est ce qui s'appelle désigner ses candidats. Pour le préteur pérégrin, notamment, il n'est pas rare de le voir qualifié sur les inscriptions de *candidatus* ou de *candidatus Augusti*. On lit, pour ne citer qu'un exemple, dans l'inscription de Titus Cæsernius Quinctianus : *prætor candidatus inter cives et peregrinos* (2).

Il ne saurait plus être question de conditions d'éligibilité, et, si les Empereurs suivirent certaines règles dans l'attribution de la préture, elles varièrent à l'infini. Par exemple, Auguste fit dépendre de la possession d'une certaine fortune l'accès des hautes magistratures (3). Il abaissa à vingt ans l'âge auquel on pouvait être revêtu de la questure, de sorte qu'à trente ans on put être préteur (4). Mais on dut voir, au moins quelquefois, des préteurs mineurs de vingt-cinq ans, puisque Ulpien nous dit, D., 42, 1, 57 : « *Si minor prætor jus dixerit, sententiamve protulerit, valebit : princeps enim, qui eum magistratum dedit, omnia gerere decrevit.* » Le motif de la décision se passe de tout commentaire. Pourtant, dans la dispensation des faveurs impériales, il fut suivi un certain ordre. On ne nomma jamais d'emblée à la préture. Pour y arriver, il fallait, dans les premiers temps de l'Empire, avoir passé par la questure et par le tribunat, et par l'édilité, soit curule, soit plébéienne, après avoir débuté par le vigintivirat ; les patriciens seuls purent passer immédiatement de la questure à la préture. A partir de Dioclétien, on n'exige plus le tribunat et l'édilité entre la préture et la questure, et comme alors rien n'atteste la permanence du vigintivirat, il en résulte un retour vers l'*ordo certus* de la République. Il n'y a pas d'échelon intermédiaire obligatoire entre la questure et la préture (5). Mais à l'époque

---

(1) Tacite, *Ann.*, 1, 15 ; — Cf. Accarias, *Précis*, I, 2° éd., p. 35, note 3 ; Faure, *op. cit.*, p. 114.

(2) Renier, *Mélang. d'Épigr.* Paris, 1854, p. 78-80.

(3) Faure, *op. cit.*, p. 111-112, et les autorités à l'appui, note 10.

(4) Mommsen, *Rom. Staatsr.*, I, p. 555 ; Faure, *op. cit.*, p. 113-114.

(5) Faure, *op. cit.*, p. 113, note 18-22.

de ce retour à l'ancien état de choses, la préture pérégrine a très-vraisemblablement disparu.

On conçoit que, si la répartition des charges prétoriennes par la voie du sort a subsisté en principe, il a dû y être apporté bien des dérogations. Il n'est pas rare de rencontrer des personnes privilégiées qu'on exempte du tirage au sort et auxquelles le Sénat attribue directement une compétence prétorienne, par exemple, et surtout, la préture urbaine. C'est ainsi que Dion Cassius, 53, 2, nous dit qu'en 726 Auguste « désigna lui-même le préteur urbain, ce qu'il fit encore souvent » : ces mots, pris à la lettre, indiquent une nomination directe par Auguste sans participation des comices ni du Sénat ; mais il est tout à fait vraisemblable que, comme l'admet M. Mommsen, Dion Cassius veut parler simplement d'une intervention d'Auguste dans le tirage au sort après la nomination des préteurs, intervention qui consista uniquement à déterminer une décision du Sénat (1). En outre, et cela touche encore plus directement la préture pérégrine, il est assez fréquent dans les fastes Arvaliens, suivant la remarque du même auteur, que les deux principaux préteurs figurent peu après leur préture sur la table consulaire (2). Les princes, toutes les fois qu'ils revêtent la préture, sont investis de la préture urbaine, comme Drusus le Vieux, Domitien, Gordien le Jeune : on ne saurait voir dans ce fait, suivant l'expression de M. Mommsen, une complaisance du sort ; d'ailleurs, pour Gordien le Jeune, nous savons expressément qu'il reçut la préture urbaine *Alexandro auctore* (3) Enfin, sous ce rapport, comme sous beaucoup d'autres, nous apprend Tacite, les *patres* et les époux ont un privilége, celui de « *sortiri inter patres* » (4).

(1) Mommsen, *op. cit.*, II, p. 207, note 2, où il donne le passage de Dion Cassius.

(2) Mommsen, *l. c.*

(3) Mommsen, *op. cit.*, II, p. 207, note 2, avec les autorités à l'appui.

(4) *Tacit., Ann.*, 15, 19. « *Percrebuerat ea tempestate pravissimus mos, cum propinquis comitiis, aut sorte provinciarum, plerique orbi fictis adoptionibus adsciscerent filios*, PRÆTURASQUE ET PROVINCIAS INTER PATRES SORTITI, *statim emitterent manu quos adoptaverant, qui magna cum invidia senatum adeunt, jus naturæ, labores educandi, adversus fraudem et artes, et brevitatem adoptionis enumerant.... sibi* PROMISSA LEGUM *diu exspectata, in ludibrium verti, quando quis sine solicitudine*

13. — Il est facile de pressentir, d'après ce qui précède, que la position du préteur en général et du préteur pérégrin, a changé du tout au tout. Mais si, tenant son pouvoir de l'omnipotence impériale, il est, par là, sous la main du prince, a-t-il du moins conservé, dans la mesure du possible, l'ancienne prééminence qui lui appartenait? Est-il, avec le consul, le premier dignitaire de l'Empire après l'empereur. S'il en est réduit à dire le droit en présence d'un Tibère (*Tacit.*, *Ann.*, I, 75), reste-t-il, après le prince, la première autorité judiciaire? En aucune façon. Sur le conseil de Mécène (*Dio Cassius*, 52, 21), Auguste créa un *præfectus urbi*, c'est-à-dire, suivant la définition qu'en donne Mécène dans son rapport à Auguste, un magistrat chargé de l'administration et de la juridiction suprêmes. Le premier *præfectus urbi* fut Marcus Messala Corvinus, nommé en 729 ; il avait été consul seize ans auparavant. Selon Tacite, *Ann.*, 6, 11, il fut révoqué pour incapacité quelques jours après sa nomination ; selon Eusèbe (*Chronique*, 729), il se démit volontairement, dix jours après sa nomination, voyant que la magistrature nouvelle était mal vue du public. Toujours est-il qu'Auguste ne lui donna un successeur que neuf ans plus tard : ce fut Taurus Statilius, qui se montra fort habile, aussi bien que son successeur, L. Calpurnius Piso ; celui-ci mourut à quatre-vingt-dix ans, après avoir été vingt ans *præfectus urbi* (1). En 748, Auguste créa le préfet du prétoire. Par cette double création, un coup terrible était porté à la préture. Le *præfectus urbi* et le *præfectus prætorio* reçurent la plupart des hautes attributions qui avaient

---

parens, sine luctu orbus, longa patrum vota repente adæquaret. Factum ex eo S.-C., ne simulata adoptio in ulla parte muneris publici juvaret ; ac ne usurpandis quidem hereditatibus prodesset. » — Ce passage atteste une prérogative des *patres* et des *mariti*. Mais, en quoi consiste-t-elle au juste? Aux yeux de M. Mommsen, elle consiste dans le droit de choisir une compétence prétorienne. V. Mommsen, II, p. 207, note 3. Mais encore, dans quel ordre s'exercera entre *patres* ce droit d'option ? Peut-être le sort détermine-t-il l'ordre suivant lequel les *patres* seront appelés à choisir.

(1) Sur le fait qu'Auguste ne donna un successeur à Messala que neuf ans après la nomination de celui-ci, suivie de près de sa retraite ou de sa révocation, Cf. *Dio Cass.*, 54, 10 ; Sur Taurus Statilius et Calpurnius Piso, *Tacit.*, *Ann.*, 6, 11. — Cours d'Épigr. de M. Renier, leçon du 22 février 1881.

appartenu sous la République aux consuls et aux préteurs. C'est la juridiction qui fut particulièrement atteinte, celle du préteur pérégrin, peut-être plus tard et moins directement que celle du préteur urbain ; les préfets de la ville et du prétoire attirèrent à leur tribunal toujours plus d'affaires ; et lorsque les empereurs, à l'ombre de leur *tribunicia potestas* organisèrent l'appel, on alla du préteur devant le préfet du prétoire (1). Le préteur est, désormais, un magistrat subordonné, inférieur, dans toute la force du terme.

Quoique amoindrie et dorénavant soumise à l'appel, la juridiction du préteur pérégrin subsista jusqu'à la fin. Nous admettrons, sauf à justifier cette assertion au ch. IV, qu'il ne fut jamais dépouillé du *jus edicendi* : il le conserva même après la réforme d'Hadrien, que la rédaction de Salvius Julianus ait compris ou non l'édit pérégrin ; mais, dès avant cette réforme et plus encore après, ce droit ne dut s'exercer que sur des points de détail. Dès la fin de la République, l'édit pérégrin, comme l'édit urbain, est constitué : désormais, ce sont les jurisconsultes qui s'en emparent et les développent.

14. — Quant au rôle politique et administratif du préteur pérégrin, on n'en rencontre plus de traces dès le début de l'Empire ; rien qui rappelle ces droits inhérents à la magistrature supérieure, ce pouvoir général élevé, qu'il exerça sous la République avec éclat. Dans ce domaine, il ne lui reste qu'une attribution, et en cela il partage le sort de ses collègues : elle concerne les jeux (2). Auguste, en 732, attribua une fois pour toutes aux préteurs la célébration des jeux publics. Ils s'acquittèrent de ce soin avec un faste qui le rendit de plus en plus ruineux. Pour ce qui concerne le préteur pérégrin, la célébration des jeux *Augustales*, institués en l'honneur d'Auguste, après avoir appartenu aux tribuns du peuple, lui fut spécialement confiée (*Tacit., Ann.*, I, 15). Il est à remarquer qu'on trouve mentionné un tirage au sort destiné à régler l'attribution des jeux. Dion Cassius, 59, 14, nous montre un tel tirage entre les deux préteurs de

(1) Rein, *Pauly's Real-Encycl.*, VI, 2 ; Cf. VII, 2, p. 12 sqq. ; Faure. *op. cit.*, p. 119-125.

(2) Mommsen, *op. cit.*, II, 2, p. 227, note 1-8 ; Labatut, *op. cit.*, p. 132-143 ; Cf. Pighius, *Ann.*, III, p. 551. 560. 588.

la ville, sous l'empereur Caligula (1). Nous n'avons pas à insister sur les jeux que célébraient les différents préteurs. Leur compétence en cette matière survécut à leur juridiction : ils descendent au rôle d'« *editores munerum sive ludorum* », ce qui inspire à Boèce ces mélancoliques paroles sous lesquelles se cache un regret : « *prœtura, magna olim potestas, nunc inane nomen et senatorii census gravis sarcina.* » (2).

Après avoir essayé de sonder l'abîme qui sépare le préteur pérégrin de la République, du préteur pérégrin de l'Empire, il nous reste à parler de la disparition de la préture pérégrine.

15. — On ne saurait prétendre, avec Beaufort, Adam, et d'autres encore, que la préture ait jamais été abolie. Mais on peut se demander si la *juridiction* du préteur urbain a survécu aux réformes de Dioclétien. Il ne semble pas à M. Mommsen (3). Il faut cependant reconnaître que la préture urbaine, elle-même, a subsisté à Rome jusqu'à la chûte de l'empire d'Occident (4). La législation constantine et post-constantine semble ne connaître d'autre juridiction prétorienne que celles du *prætor tutelaris* et du *prætor liberalis*, qui ont passé dans l'organisation politique du IVe siècle et ont été imitées à Constantinople.

Quel a été le sort du préteur pérégrin ? A-t-il existé, au moins, jusqu'à Dioclétien, ou jusqu'à Constantin ? Il est certain qu'après la Constitution Antonine, qui doit être attribuée à Antonin Caracalla, et non à Antonin le Pieux, comme le croyaient autrefois la plupart des interprètes et comme le dit Justinien lui-même (*Nov.* 78, *c.* 5), le rôle du préteur pérégrin, si ce préteur subsista, fut considérablement amoindri. Mais ce serait une grave erreur de croire qu'il devint absolument inutile. Caracalla, en effet, conféra la cité romaine aux sujets *actuels* de l'empire, et, cela va

---

(1) Cf. Mommsen, *op. cit.*, II, p. 227, note 7.

(2) *Boeth.*, *De consol.*, éd. Obb., Iena, 1843, III, 4, p. 48.

(3) Mommsen, *op. cit.*, II, p. 217, note 3 ; Becker-Marquardt, *Handb.*, II, 3, par Marquardt, Leips., 1849, p. 261, note 1115.

(4) Marquardt, *l. c.*, p. 260, note 1113. Il reproduit, d'après Gruter, p. 464, 8, l'inscription de *Rufius Prætextatus Posthumianus*, qui fut préteur urbain et préfet du prétoire. Ce personnage fut consul en 448 ap. J.-C.

de soi, à leur descendance : « *In orbe romano qui* sunt..... *cives romani effecti sunt* », nous dit Ulpien, D., 1, 5, 17, et Dion Cassius, 77, 9, s'exprime de la même façon. Il y eut donc, après la Constitution Antonine, des Latins et des pérégrins, et nous avons sur ce point des témoignages formels. Les personnes privées du droit de cité par l'effet d'une condamnation pénale, les affranchis Latins Juniens et déditices, les barbares transplantés dans l'Empire romain et devenus sujets de Rome après Caracalla, voilà des éléments auxquels la constitution de Caracalla ne s'applique pas, et des justiciables pour le préteur pérégrin ; mais ce seraient les seuls. La coïncidence de la promulgation de la Constitution Antonine (211-217) avec l'absence de documents postérieurs mentionnant le préteur pérégrin a amené la plupart des auteurs à assigner à la disparition de ce magistrat la date même de cette Constitution célèbre. Cujas, et après lui Conradi, n'avaient point accepté cette opinion, qui est fort ancienne ; ils croyaient retrouver le préteur urbain et le préteur pérégrin dans le « *uterque prætor* » de la C. 17, C. Just., 7, 62, qui est la C. 2, C. Th., 3, 32. C'est là une erreur certaine. Le *uterque prætor* de cette constitution que M. Mommsen appelle à bon droit énigmatique, se réfère sans doute au *prætor tutelaris* et au *prætor de liberalibus causis*, les seuls préteurs auxquels on puisse attribuer une juridiction à cette époque (1).

Aujourd'hui, comme autrefois, l'opinion dominante est que le préteur pérégrin n'a pas dû survivre à la Constitution Antonine (2).

Et, de fait, il est constant qu'on ne peut démontrer la permanence de la préture pérégrine après cette Constitution. Mais ce qu'il importe de remarquer, c'est que, si l'inscription de Caius Julius Asper, de l'an 211, est la dernière qui mentionne

____

(1) Mommsen, *op. cit.*, II, p. 217, note 3. Il est question dans une constitution de 389, C. Th., 3, 17, 3 = C. Just. 5, 33, 1, et ailleurs, d'un préteur *qui tutelaribus cognitionibus præsidet*; et C. Th., 6, 4, 16, et *Just. Nov.* 13, 1, d'un préteur chargé de juger les procès de liberté.

(2) Selden, *De præf. vet. Ebræor.*, II, p. 85 ; Freherus, *Parergon libri duo*, p. 138 ; Mylius, *De præt. peregr.*, § 14, p. 1088-89, *Paraphr. Theoph.*, II, Reitz ; Conradi, *op. cit.*, § 20, p. 39-42, et les autorités qu'il cite ; Marquardt, *Handb.*, II, 3, 270, note 1114 ; Mommsen, *op. cit.*, II, p. 217, not. 2 ; Faure, *op. cit.*, p. 115.

en propres termes le *prœtor peregrinus* (la préture de ce personnage se place à une date antérieure à 211), une inscription postérieure d'au moins onze ans mentionne un *prœtor qui jus dixit inter cives et civis et peregrinos*. Il s'agit de l'inscription déjà citée de L. Annius Italicus Honoratus. Cette inscription est du règne d'Alexandre Sévère; elle est certainement postérieure à l'avénement de ce prince. Elle doit donc être placée entre 222 et 235 ap. J.-C. Mais à quelle année rapporter cette double préture dont fut revêtu Lucius Annius Italicus? Malheureusement on ne le sait. Notre personnage est désigné sous le titre de *consul*; mais il ne fut que *consul suffectus*, son nom ne figurant pas sur les fastes, et il le fut entre 218 et 235. Il fut légat de la Mésie Inférieure, après l'avénement d'Élagabale et probablement sous Alexandre Sévère. Il avait été auparavant légat de la III^a *Gemina*, soit sous Caracalla, soit sous Élagabale, puisque cette légion est qualifiée d'*Antoniana* dans l'inscription. Or, L. Annius Honoratus avait été préteur, avant d'avoir eu le commandement d'une légion, la préture précédant nécessairement un tel commandement et la préfecture de l'*ærarium militare* dont il fut aussi revêtu. Sa préture se place donc, soit sous Caracalla, soit sous Élagabale. On peut affirmer qu'elle ne se place pas à une date postérieure, d'autant plus que sur un autre monument élevé en l'honneur du même personnage, et dédié à la victoire de l'Empereur Antonin, c'est-à-dire ou Caracalla ou Élagabale, se trouvent mentionnés son commandement d'une légion et la *prœfectura* de l'*ærarium militare*, charges qui précédèrent infailliblement sa préture (1). Il serait pour nous d'une grande importance, de savoir au juste s'il faut placer cette préture sous Caracalla ou sous Élagabale (2). Si L. Annius Italicus

______

(1) V. les savantes inductions de M. Desjardins, *Rev. Archéol.* 1868, I, p. 272-78, *præs.* p. 276.

(2) Élagabale, qu'on appelle aussi Héliogabale, est postérieur à Caracalla : entre lui et Caracalla se place le règne éphémère de Macrin. On connaît la succession des empereurs de cette époque : Caracalla, 211-217 ; Macrin, le meurtrier de Caracalla, est renversé, peu après son avénement au trône, par Élagabale, qui règne de 217 à 222 ; puis vient Alexandre Sévère, 222-235. Enfin, le règne de Septime Sévère (193-211) avait précédé celui de Caracalla. On sait aussi qu'Élagabale se réclamait du nom et du sang de Caracalla.

Honoratus fut *prætor qui jus dixit inter cives et civis et peregrinos* sous Élagabale, c'est que la préture pérégrine existe encore. On pourrait admettre aussi, il est vrai, que précisément après la Constitution Antonine la préture urbaine et la préture pérégrine furent réunies en ce sens qu'il y eut désormais un seul préteur cumulant les compétences jadis séparées et portant le titre de *prætor qui jus dicit inter cives et cives et peregrinos.* Mais, en l'état, et dans l'incertitude sur le point de savoir si la double préture de notre personnage se place sous Caracalla ou sous Élagabale, il faut voir dans cette réunion des deux prétures un fait accidentel et momentané, et maintenir jusqu'à preuve du contraire que vraisemblablement le préteur pérégrin disparut ou immédiatement après ou-peu de temps après la Constitution Antonine, nous ne serions pas porté à conjecturer, comme semblent le faire M. Marquard et M. Mommsen, une abolition expresse et concomitante à l'octroi universel du droit de cité, de cette magistrature. C'est de l'Épigraphie qu'il faut attendre le dernier mot sur la question.

CHAPITRE II

ATTRIBUTIONS D'ORDRE POLITIQUE ET ADMINISTRATIF

DU PRÉTEUR PÉRÉGRIN

16. — Il est impossible de ne pas être frappé du nombre et de la diversité des missions qui furent remplies par le préteur pérégrin, et de ce fait que, ces missions si multiples et si variées il les accomplit toujours seul, sans avoir à ses côtés un autre magistrat appelé à une action commune avec lui.

Ce double phénomène s'explique, avant tout, par deux caractères généraux de la préture, caractères qui se résument en un seul, qu'on pourrait appeler le caractère royal de la préture. La préture est, en effet, entre toutes les magistratures ordinaires de la République, celle qui se rapproche le plus de la royauté : elle la rappelle au point de vue de la multiplicité des attributions et au point de vue de l'absence de *collégialité*. Non-seulement le préteur dit le droit et le forme même, réunissant ainsi dans sa personne le pouvoir judiciaire et un pouvoir qui ressemble à celui du législateur, c'est-à-dire deux pouvoirs qui, en fait, n'appartiennent qu'à lui seul, mais encore il partage avec les magistrats *majores* les droits attachés à la magistrature supérieure. Il est donc la personnification la plus parfaite de ce principe de l'indivisibilité de l'*imperium*, dont les Romains firent un des principes fondamentaux de leur droit public et qu'ils atténuèrent sans jamais l'abandonner. Sur la tête du préteur sont accumulés en quelque sorte tous les pouvoirs et tous les attributs de la souveraineté, bien qu'ils n'aient pas tous et toujours à se manifester et à s'affirmer : c'est ainsi que, les consuls présents à Rome, certains de ces pouvoirs et de ces attributs, ceux qui lui sont communs avec

les consuls, sommeilleront et seront pour ainsi dire para-
lysés ; mais, que les consuls quittent Rome, le préteur urbain
en première ligne, et subsidiairement, s'il y a lieu, le préteur pérégrin, vont déployer dans toute son étendue leur
autorité propre momentanément et partiellement compri-
mée. C'est cette indivisibilité de l'*imperium* qui nous donne
la clef du rôle en quelque sorte universel que fut appelé à
jouer le préteur (1). Que ce rôle ait été joué invariablement
par un seul personnage, c'est ce qu'explique le second
caractère qui rapproche la préture de la royauté, celui de
n'être pas soumise au principe de la *collégialité*. On entend
par *collégialité*, la règle du droit public romain en vertu de
laquelle les titulaires d'une même magistrature, organisés
en une sorte de collége, — de là le mot de *collégialité*, —
étaient, les uns par rapport aux autres, dans une situation
telle que chacun pouvait exercer tout entière l'autorité affé-
rente à la magistrature. Seul entre tous les magistrats
majores qui rentraient normalement dans la constitution de
Rome, le préteur est affranchi de cette règle. Dans la préture, c'est le principe monarchique qui domine, selon l'expression de M. Mommsen (2). Et ce fait apparaît clairement, lorsqu'il y a plusieurs préteurs, dès la création même
du préteur pérégrin. Sans doute, tous les préteurs ont au
même degré l'*imperium* : de là, des attributions générales
qui leur sont communes ; mais, à côté d'elles, il est assigné
à chacun une compétence spéciale, dans laquelle il est
comme enfermé ; de la sorte, un préteur se préparant à
accomplir un acte qui rentre dans le domaine des attributions exclusivement réservées à la préture ou dans celui
des attributions inhérentes à la magistrature supérieure,
n'a jamais à ses côtés un collègue en droit d'accomplir le
même acte (3).

Ces considérations générales ne suffiraient pas à elles

---

(1) Mommsen, *op. cit.*, II, p. 223 ; Faure, *op. cit.*, p. 2. 19. 40-41. 44.
(2) Mommsen, *op. cit.*, II, p. 199.
(3) Sur la *collégialité* et sa non-application à la préture, Cf. Mommsen
op. cit., I, p. 27-59 ; II, p. 198-190 ; Faure, *op. cit.*, p. 38-39. — Malgré
l'absence de *collégialité*, chaque préteur avait le droit d'intercession
relativement aux actes rentrant dans la compétence propre et spéciale
de chacun de ses collègues. Cf. Faure, *op. cit.*, p. 39, note 92.

seules pour expliquer pleinement le premier des phénomènes signalés plus haut, la diversité et le nombre prodigieux des missions dont fut investi le préteur pérégrin pendant les deux premiers siècles de son existence, c'est-à-dire pendant les deux derniers siècles de la République. Il faut y ajouter le droit particulier du Sénat au sujet de cette magistrature, droit imposé par la force des choses ou dérivé de la destination originaire du préteur pérégrin. Toujours est-il que le préteur pérégrin est le magistrat mobile par excellence, si l'on peut ainsi parler, entre les mains du Sénat, et que le Sénat a sur ce préteur un droit de disposition qui ne lui appartient à l'égard d'aucun autre magistrat. Nous l'avons vu : le Sénat peut, au moment même du tirage au sort, décider que la préture pérégrine sera combinée avec la préture urbaine ; cela nous intéresse peu ici. Il peut, après le tirage au sort, inviter le préteur auquel le lot de la préture pérégrine est échu, à transporter sa compétence par mandat à son collègue le préteur urbain et à partir pour exécuter telle ou telle mission. Le préteur pérégrin, avant de quitter Rome, délègue alors sa juridiction ; mais la délégation qui a lieu dans ce cas, diffère de l'antique délégation dont était issue la *præfectura urbis* ; elle en diffère sous deux rapports, comme le remarque M. Mommsen (1) : elle suppose, non l'absence de Rome de tout magistrat supérieur, mais l'absence du seul préteur pérégrin, et celui-ci n'a pas le libre choix de son remplaçant, il est tenu de déléguer sa juridiction au préteur urbain (2). Enfin le Sénat peut, dès avant le tirage au sort, décider que le préteur pérégrin sera expressément à la disposition du Sénat ; alors, parmi les lots, il en figurera un ainsi conçu : *provincia peregrina et quo Senatus censuisset*, quoique, sans cette formule, le lot de la préture pérégrine doive toujours être interprété en ce sens (3).

(1) Mommsen, *op. cit.*, I, p. 646.

(2) Le Sénat usa fréquemment de ce droit : il y en a de nombreux exemples. D'après M. Mommsen, le plus ancien exemple certain est de 539, où le préteur M. Valerius Lævinus tire au sort le lot de la préture pérégrine (*Liv.*, 23, 30), mais reçoit un commandement en Apulie. Mommsen, *op. cit.*, II, p. 201, note 2.

(3) *Liv.*, 37, 22 ; Cf. 44, 17. On trouve l'expression analogue *peregrina*

Nous pouvons maintenant aborder l'étude quelque peu détaillée des attributions d'ordre politique et administratif qui appartinrent au préteur pérégrin.

17. — Ces attributions se classent tout naturellement sous deux chefs : attributions attachées à la préture pérégrine, et attributions conférées par une loi ou un sénatus-consulte (1).

Sous le premier chef, on peut ranger le droit éventuel et subsidiaire à celui du préteur urbain, qu'avait le préteur pérégrin de remplacer les consuls absents, et le droit de présider à la célébration des jeux *Augustales*, et de certains jeux dont le soin lui incombait en cas d'empêchement de son collègue de la ville. Nous avons déjà parlé de ces deux droits à propos de la place et du rang qu'occupait le préteur pérégrin parmi les magistrats de Rome (V. n° 7, p. 24), et nous n'avons pas à y revenir.

18. — Le second chef est de beaucoup le plus important. Il n'est pas, en effet, de mission politique et administrative dont le préteur pérégrin n'ait été investi sous la République. Sans avoir la prétention d'énumérer toutes ces missions, nous allons essayer de signaler les principales en les classant par catégories.

19. — Occupons-nous, tout d'abord, du rôle militaire du préteur pérégrin. On ne sera pas surpris de le voir jouer un tel rôle, si l'on songe que les préteurs avaient, avec les consuls, mais dans une plus faible mesure que ceux-ci, l'*imperium militiæ*, c'est-à-dire le droit de commander l'armée ou la flotte romaines. Cet *imperium militiæ* ne manque pas plus au préteur urbain qu'au préteur pérégrin ; mais, comme le premier de ces préteurs est en quelque sorte enchaîné à la ville, dont il ne peut s'absenter plus de dix jours, il ne remplit en général que les missions militaires qui peuvent être menées à bonne fin dans ce délai (2) ; c'est seulement

provincia cum Gallia (*Liv.*, 27, 7 ; 29, 13). — Cf. Mommsen, *op. cit.*, II, p. 202, note 1 ; *Ephem. Epigr.*, 1 (1872), p. 287 : en 584, 585 et 586, il dut aussi figurer parmi les lots prétoriens un lot ainsi conçu : *sors peregrina et qua senatus censuisset* ; cela est certain pour l'an 586 (*Liv.*, 44, 17), et probable pour les années 584 et 585.

(1) Cf. Faure, *op. cit.*, p. 41.

(2) Par exemple, une levée en Italie : *Liv.*, 25, 22 ; 39, 20 ; 42, 35 ; 43, 15. En 556, on voit le préteur urbain se rendre à *Setium* pour étouffer

en cas d'extrême danger, qu'il sera revêtu d'un commandement qui l'appelle ou le retienne loin de Rome (1). Le préteur pérégrin, au contraire, pourra être envoyé sur le théâtre
de la guerre, si éloigné qu'il soit. Et, de fait, son rôle militaire est très-considérable.

La création du préteur pérégrin eut lieu vers la fin de la
première guerre punique ; aussi, dès le début, prend-il une
part active aux hostilités.

Déjà en 512, le préteur Q. Valerius Falto, qui fut vraisemblablement le premier préteur pérégrin, est envoyé en
Sicile. Dans un combat naval livré contre les Carthaginois,
il commande en chef après que le consul C. Lutatius a été
blessé, et contribue dans une large mesure au gain de la
bataille : il obtient les honneurs du triomphe (2).

Ici, il importe de remarquer que le préteur n'est en aucune
façon le lieutenant du consul. En règle, le consul n'a pas
plus d'action sur le commandement prétorien que le préteur
n'en a sur le commandement consulaire. Mais, si le préteur
est appelé à agir dans le ressort de la compétence consulaire, sa position est celle d'un général en second à l'égard
du consul. Or, le ressort de la compétence consulaire comprend non-seulement l'Italie, mais encore les mers adja-
centes. Si donc les consuls commandent en Italie, les préteurs qui ont un commandement en un point quelconque de
l'Italie, et ceux qui sont placés à la tête de la flotte, sont par
le fait même sous les ordres des consuls (3) ; à plus forte

une révolte d'esclaves qui devenait menaçante ; chemin faisant, nous
dit Tite-Live, 32, 26, « *obvios in agris sacramento arma capere et sequi
cogebat.* » Cf. *Liv.*, 22, 57 ; 23, 32 ; 41, 5. Mommsen, *Rom. Staatsr.*, II, p.
223, note 4 ; p. 224, note 1.

(1) En 538, l'année de la bataille de Cannes, tous les préteurs qui
sont des personnages consulaires « *tam periculoso tempore*, dit Tite-
Live, à propos de l'an 529 où il en fut de même (Pighius, *Ann.*, II, p.
122), *ut belli peritos in summo discrimine Respublica haberet duces* »,
partent pour la guerre. *Liv.*, 23, 32. Cf. Faure, *op. cit.*, p. 42 ; Labatut,
op. cit., p. 95 ; Pighius, *Ann.*, II, p. 160-161. Ces trois auteurs placent la
bataille de Cannes en 537, les deux premiers, sans doute, sur la foi
du dernier cité. M. Mommsen la place en 538, et nous adoptons sa
chronologie. Mommsen, *Hist. rom.*, trad. Alex., II, p. 170.

(2) Pighius, *Ann.*, II, p. 64, et les autorités à l'appui.

(3) Mommsen, *op. cit.*, II, p. 224-225.

raison, les préteurs qui commandent avec les consuls et à côté d'eux.

En 516, le préteur pérégrin M. Genucius Cipus fut revêtu d'un commandement militaire. Peut-être fut-il envoyé au secours du consul P. Valerius, contre les Gaulois (1).

L'année suivante, en 517, L. Furius Bibaculus, qui fut vraisemblablement préteur pérégrin, reçut une mission guerrière en province (2).

En 536, le préteur pérégrin C. Atilius, à la nouvelle d'une invasion des Gaulois, reçut du Sénat l'ordre d'aller, avec une légion romaine et cinq mille alliés, au secours du préteur Manlius, son collègue, qui était assiégé par les envahisseurs. Ceux-ci se dispersèrent au bruit de son arrivée : Atilius remet ses troupes au consul P. Cornelius Scipion et revient à Rome. Plus tard, dans le courant de la même année, il fut placé à la tête de deux légions en Ligurie (3).

En 538, après le désastre de Cannes, le Sénat, qui ne désespéra jamais, met le préteur pérégrin P. Furius Philus à la tête de la flotte et le charge d'aller faire une expédition en Afrique. Le préteur obtient quelques succès et revient grièvement blessé à Lilybée (4).

En 539, tandis que le préteur urbain Q. Fulvius Flaccus est chargé de veiller avec vingt-cinq navires à la sûreté des côtes voisines de Rome, le préteur pérégrin, M. Valerius Lævinus, va en Apulie pour prendre le commandement des troupes qui s'y trouvent, et, avec elles couvrir la Sicile ; puis il reçoit, comme le préteur urbain, vingt-cinq navires pour défendre le littoral de Brindisi à Tarente. C'est à ce propos que Tite-Live écrit cette phrase si souvent citée, et à bon

____

(1) C'est ce que conjecture Pighius d'après Zonaras : Pighius, *Ann.*, II, p. 84-86. Au départ de ce préteur — c'est à son retour, d'après Ovide qui, dans ses *Métamorphoses*, s'est emparé de cette fable, — « *in capite ejus subito ei cornua emerserunt* », rapporte Valère Maxime, présage de sa royauté, lui dit-on ; aussi s'infligea-t-il un exil volontaire et perpétuel. Cf. Pighius, *l. c.*

(2) Pighius, *Ann.*, II, p. 87-88 ; Becker, *Handb.*, II, 2, p. 189. Pighius place ces deux préteurs Genucius Cipus et Furius Bibaculus en 515 et 516 ; mais sa chronologie est habituellement en retard d'une année.

(3) *Liv.*, 21, 26. 43. Cf. Pighius, *Ann.*, II, p. 150 ; Mommsen, *Hist. rom.*, trad. Alex., III, p. 118.

(4) *Liv.*, 23, 21. Cf. Pighius, *Ann.*, II, p. 160-161.

droit : « *Ne prætoribus quidem qui ad jus creati erant,
vacatio ab belli administratione data est* (1). »

De 539 à 556, un seul préteur pérégrin, P. Licinius Crassus, passe à Rome l'année de sa charge, en 546, et, s'il en
est ainsi, c'est évidemment à cause de sa qualité de *Pontifex
Maximus* : cela est si vrai, que le sort lui avait attribué
comme lot la « *peregrina provincia et quo Senatus censuisset* » ; cette même année, le préteur urbain est chargé de
faire exécuter des réparations au matériel de la flotte et
reçoit le commandement de la flottille d'Hostie (2). Dans cet
intervalle (539-556), ou la préture pérégrine et la préture
urbaine ne forment qu'un lot et sont réunies sur la tête du
préteur à qui échoit ce gros lot, si l'on nous permet l'éxpression ; ou le préteur pérégrin est employé pour la guerre.
En 541, M. Atilius Regulus avait eu en partage la juridiction
urbaine : il reçut par mandat la charge de son collègue M.
Æmilius Lepidius qui eut : « *Luceriam provinciam cum duabus legionibus* » (3). En 545, L. Veturius Philo qui avait tiré
au sort : « *peregrina cum Gallia* », reçut l'ordre d'aller
recevoir des mains de C. Lætorius le commandement de la
Gaule et de l'armée qui en dépendait et qui était alors à
Rimini (4). En 548, le préteur pérégrin Q. Mamilius Turinus,
transporta par mandat, sur l'ordre du Sénat, sa juridiction
sur la tête de son collègue, M. Cæcilius Metellus, préteur
urbain, et partit pour la Gaule à la tête d'une armée qu'il
devait employer notamment à ravager le territoire des
populations qui avaient fait défection à l'approche d'Hasdrubal (5). En 550, L. Scribonius Libo, préteur pérégrin, alla en
Gaule avec deux légions (6).

En 558, le préteur pérégrin M'. Acilius Glabrio, est envoyé
en Etrurie avec deux légions pour y réprimer une révolte
d'esclaves : il s'acquitte de sa mission avec plus d'énergie
que d'humanité ; après avoir dompté l'insurrection, il fit

(1) *Liv.*, 23, 30. 32. Cf. Pighius, *Ann.*, II, p. 164-165 ; Mommsen, *op.
cit.*, II, p. 201, note 2.

(2) *Liv.*, 27, 22. Cf. Pighius, *Ann.*, II, sous l'année 545, p. 193.

(3) *Liv.*, 24, 44. Cf Pigh., *Ann.*, II, p. 174.

(4) *Liv.*, 27, 7. Cf. Pigh., II, p. 196.

(5) *Liv.*, 28, 10. « *Jussusque populari agros Gallorum, qui ad Pænos
sub adventum Hasdrubalis defecissent.* »

(6) Pigh., II, p. 217.

mettre en croix une partie des rebelles, rendit l'autre à leurs maîtres (1).

On remarque les années où le préteur pérégrin reste à Rome toute la durée de sa magistrature éphémère : on peut citer les années 560, 561, 562, 564, 566, 567, où l'on ne voit pas que les préteurs pérégrins T. Juventius Thalna, M. Valerius Messala, L. Scribonius Libo, Cn. Fulvius Flaccus, Q. Terentius Culeo, quittent Rome : en 564, c'est le préteur urbain L. Arunculeius Cotta que le Sénat charge de faire construire trente quinquérèmes et vingt triérèmes nouvelles (2).

En 571, le Sénat prévoyant que le préteur pérégrin n'allait pas encore reprendre la série, un instant interrompue, de ses expéditions guerrières, décide que le tirage au sort aura lieu de façon à ce que le préteur Q. Valerius Flavius, *flamen Dialis*, ait une des deux prétures de la ville ; le sort lui assigna la préture pérégrine.

Mais, dès 573, le préteur pérégrin Q. Fabius Maximus se disposa à partir et fut chargé de faire une levée de quinze mille fantassins et de huit cents cavaliers chez les *socii Latini nominis* : la nouvelle de la victoire du proconsul L. Æmilius qui était bloqué et qu'il s'agissait de dégager, arrêta les préparatifs ; on fit grâce aux alliés de cette levée, et Q. Fabius Maximus resta à Rome (3).

En 582, la guerre contre Persée se prépare. Tandis que le préteur urbain Licinius est chargé par le Sénat de faire réparer des quinquérèmes, de tenir prêts cinquante navires, d'écrire au préteur de Sicile qu'il ait à faire mettre en état et à envoyer des vaisseaux, au préteur pérégrin Sicinius incombe le soin d'obtenir des *socii navales* vingt-cinq navires et des *socii Latini nominis* huit mille fantassins et quatre cents cavaliers. L'année suivante, son *imperium* est prorogé, et il part pour la Macédoine (4).

C'est, en effet, en 583 qu'éclate la guerre contre Persée. Elle dure jusqu'en 586 inclusivement. En 583, parmi les

______

(1) *Liv.*, 33,26. Cf. Pigh., II, p. 264.

(2) *Liv.*, 34, 43 ; 34, 55 ; 35, 20 ; 36, 22 ; 38, 42 ; Cf. Pigh., II, p. 268 ; p. 272 ; p. 276 ; p. 285 ; p. 297-298.

(3) *Liv.*, 40, 18 ; Pigh., II, p. 329, note 2.

(4) *Liv.*, 42,27.

lots que les préteurs tirèrent au sort, il en figurait un ainsi conçu : « *sors integra ut is cui evenisset iret quo senatus censuissot* », et le préteur Lucretius à qui échut ce lot fut envoyé à
Brindisi pour prendre le commandement de la flotte. Puis les
années suivantes, en 584, en 585 et en 586, parmi les lots, il
en est un qui comprend le commandement de la flotte et s'appelle simplement « *classis* » (1). Pendant ce temps, quel est
le rôle du préteur pérégrin ? Il est certain qu'en 586, le lot
de la préture pérégrine reçut l'addition « *et quo senatus
censuisset* » : M. Mommsen conjecture qu'il en a été de
même en 584 et en 585. C'est possible, vraisemblable même ;
mais peu nous importe à notre point de vue, puisque le lot
qui comprend la préture pérégrine met toujours le préteur
investi de cette préture à la disposition absolue du Sénat.
Toujours est-il qu'en 584, le préteur pérégrin qui fut Q. Rœcius, et non Q. Mœnius comme on l'avait cru jusqu'à ces
derniers temps (2), reçut la mission de faire une levée
dans la partie orientale de l'Italie et de veiller sur le littoral
de l'Adriatique. En 586, le préteur pérégrin L. Anicius Gallus fut chargé de la conduite de la guerre contre Gentius,
roi d'Illyrie, l'allié de Persée. Vainqueur sur terre et sur
mer, il détruisit Scodra, capitale de Gentius, le fit prisonnier
lui et sa famille, et termina la guerre en trente jours, en vingt
jours même s'il faut en croire Appien (3).

On pourrait croire que le préteur pérégrin trouva sa carrière militaire assez bien remplie et qu'il dut se montrer
satisfait des occasions d'affirmer son courage et ses talents

---

(1) *Liv.*, 42, 31 ; 4, 43 ; 43, 11 ; 44, 1. Cf. Mommsen, *Ephem Epigr.*, I
(1872), p. 287.

(2) M. Mommsen l'a établi d'une façon satisfaisante, *Ephem. Epigr.*,
I (1872), p. 287, à propos du *S.-C. de Thisbæis* qui mentionne le préteur Mœnius. Ce qui a induit sans doute en erreur presque tous les
savants et notamment Pighius, *Ann.*, II, p. 369-370, et Becker, *Handb.*,
II, 2, p. 187, note 447, c'est que Tite Live (43, 11) nous montre ce préteur rappelant en vertu d'un S.-C. les sénateurs de tous les points de
l'Italie. Mais, comme Tite-Live nous le montre aussi faisant en vertu
d'un autre S.-C. une levée dans la partie de l'Italie qui regarde l'Illyrie
(43, 9), et chargé de surveiller le littoral de la mer Adriatique, on doit
admettre, avec M. Mommsen, qu'il eut la préture pérégrine avec ou
sans adjonction de la formule *et quo senatus censuisset*, formule qui
est sous-entendue quand elle n'est pas exprimée.

(3) *Liv.*, 44, 17. 21. 31. 32 ; Appien, *de reb. Illyr.*, 9. Cf. Pigh., *Ann.*,
III, p. 380.

de général qui se présentèrent d'elles-mêmes, sans chercher à en faire naître. Il n'en fut rien, et il est piquant de voir un magistrat chargé de rendre la justice aux étrangers et qui s'acquitte si bien de cette haute mission essentiellement pacifique, faire parfois tous ses efforts pour susciter des guerres, comme pourrait en être tenté un guerrier de profession.

A peine la guerre contre Persée est-elle terminée, que le préteur pérégrin M'. Juventius Thalna veut en recommencer une autre. Il s'agit d'un petit peuple hors d'état de se mesurer avec la puissance romaine. Les Rhodiens ont fait défection, déchirant ainsi le traité d'alliance conclu avec Rome, et ont embrassé le parti de Persée. Le préteur pérégrin cherche à soulever contre eux l'opinion publique et veut leur faire déclarer la guerre dans l'espoir que ce sera lui qui sera désigné pour diriger l'expédition. Laissons plutôt pour un instant la parole à Tite-Live. « *M'. Juventius Thalna, cujus inter cives ac peregrinos jurisdictio erat, populum adversus Rhodios incitabat, rogationemque promulgaverat ut Rhodiis bellum indiceretur, et ex magistratibus ejus anni deligerent qui ad bellum cum classe mitteretur,* SE EUM SPERANS FUTURUM ESSE. » Il porte directement la *rogatio* devant le peuple, sans passer au préalable par le Sénat, dérogation très-grave aux usages les plus constants. Les tribuns du peuple l'arrêtent par leur *intercessio.* L'affaire vient au Sénat, dans lequel les Rhodiens avaient bien des ennemis ; leurs députés sont introduits en suppliants, et Tite-Live leur prête un discours aussi humble qu'habile ; enfin Caton l'Ancien plaide et gagne leur cause dans un discours resté célèbre dans les fastes de l'éloquence parlementaire romaine (1).

Tel fut le rôle militaire, honorable et brillant entre tous, du préteur pérégrin. Il ne s'étend guère au-delà de la fin du VI⁰ siècle de Rome.

Au commencement du VII⁰ siècle, le préteur pérégrin est investi de la présidence de la *quœstio repetundarum* : il la

____

(1) *Liv.* 45, 21-22. Le discours de Caton fut publié dans ses *Origines.* Aulu-Gelle, *Noct. Attic.,* 7, 3, en cite avec admiration de nombreux passages. Cf. Pigh., II, p. 383.

conserve une trentaine d'années ; puis, s'ouvre bientôt le long et triste cycle des guerres civiles. Le préteur pérégrin est presque fatalement amené à y prendre une part plus ou moins active. En 671, le préteur pérégrin P. Lucretius Offella passe de la faction de Marius à celle de Sylla. L'année suivante, il tient Marius assiégé dans Préneste, dont il finit par s'emparer, et se signale par des cruautés ; en fin de compte, il est tué, en pleins comices, sur l'ordre de Sylla, pour avoir osé briguer le consulat malgré le dictateur (1).

20. — Si le préteur pérégrin prit une part si considérable aux grandes guerres de la République, il est assez naturel qu'on le voie consacrer aux dieux, en vertu de sénatus-consultes, des vœux ou des offrandes, soit pour implorer leur protection quand la fortune de Rome chancelle et semble irrémédiablement compromise, soit pour les remercier d'une victoire qui la consolide. C'est ainsi qu'en 536, le préteur pérégrin Atilius que nous avons rencontré tout à l'heure à la tête des légions, « *vota ex S.-Cto suscepit publica, si in decem annos Respublica eodem stetisset statu* (2). » Après la guerre de Persée, le Sénat rend un décret ainsi conçu : « *Ut, quoniam perduelles superati, Perseus et Gentius reges cum Macedonia et Illyrico in potestate populi Romani essent, quanta dona, Ap. Claudio M. Sempronio coss., ob devictum Antiochum regem data ad omnia pulvinaria essent, tanta Q. Cassius et M'. Juventius prætores curarent danda* (3). »

21. — Les grandes nouvelles qui intéressent l'existence même de la République, c'est parfois le préteur pérégrin que le Sénat charge de les communiquer au peuple. Ces nouvelles sont parvenues tout d'abord au préteur urbain ; c'est lui qui les a communiquées au Sénat ; le soin d'en informer le peuple ou plutôt de le renseigner sur ce qui en est au juste, est confié au préteur pérégrin, que son éloquence ou toute autre raison peuvent désigner pour cela. En 537, à l'ouïe de la défaite de Trasimène, le peuple court en foule

---

(1) Pigh., III, p. 248, et les autorités à l'appui.
(2) Pigh., II, p. 150.
(3) *Liv.* 45, 16. — Ce décret est un des traits qui peignent bien le caractère de la religion romaine. Cf. *La Religion Romaine d'Auguste aux Antonins*, par M. G. Boissier, Paris, 1874, 2 vol. in-8.

à la curie ; sur l'invitation du Sénat, le préteur pérégrin monte à la tribune aux harangues, et dit au peuple toute la vérité dans un discours où Tite-Live place cette phrase célèbre, et qui pourrait être authentique, si elle ne l'est pas : « *Magna pugna, Quirites, victi sumus* (1). » Toujours est-il que, même dans les cas où le préteur pérégrin n'est pas chargé d'un semblable soin, c'est lui qui, après le préteur urbain, reçoit le premier le coup des émotions nationales les plus poignantes : à la nouvelle du désastre de Cannes, les deux préteurs de la ville convoquent le Sénat, pour qu'il soit avisé à la sûreté de Rome (2).

22. — A Athènes, c'est au magistrat qui avait été jadis le chef des forces militaires et navales, qui avait sans cesse à faire aux étrangers dans le combat et dans les négociations, que furent confiés, comme l'a dit avec autorité M. Perrot, les étrangers, quand ils venaient dans la cité, marchands ou artisans, sur la foi des traités ou l'invocation de Jupiter hospitalier (3). Il en fut autrement à Rome : le magistrat chargé de rendre la justice aux étrangers avait été créé dans ce but principal et essentiel, mais non exclusif. Ce n'était pas le préteur pérégrin, mais bien les consuls en première ligne, et en seconde ligne le préteur urbain, qui présidaient, sous les auspices du Sénat, aux relations de la République avec les États étrangers. Ainsi, d'ordinaire, c'est le préteur urbain, surtout lorsque les consuls sont absents ou empêchés, qui ouvre aux ambassadeurs l'accès du Sénat (4). Pourtant ce soin a parfois incombé au préteur pérégrin. En 571, c'est C. Valerius Flaccus, *flamen Dialis* et préteur pérégrin, qui introduit dans le Sénat des députés de la Gaule transalpine (5). Le Sénat le charge quelquefois de répondre en son nom aux députations envoyées à Rome,

---

(1) *Liv.*, 22, 7 ; Cf. Pigh., II, p. 155-157.

(2) Pigh., II, p. 160-161.

(3) Ce magistrat était le Polémarque : il y a bien longtemps qu'il a été comparé au préteur pérégrin ; et c'est à bon droit, malgré des différences très-considérables, dont nous essaierons de mettre quelques-unes en lumière au ch. VI. Perrot, *Le droit publ. de la Rép. Athén.*, Paris, 1867, ch. III, § 13, p. 258-267.

(4) *Liv.*, 34,57 ; *Polyb.*, 6, 12. Cf. Pigh., notamment, III, p. 39 ; *Handb.*, II,2, p. 187, note 442.

(5) *Liv.*, 39, 54. Cf. Pigh., II, p. 315.

surtout, semble-t-il, quand le Sénat n'a pas à leur répondre
par un oui ou par un non. En 573, les Liguriens sollicitent
du Sénat une paix perpétuelle : sur son ordre, le préteur
pérégrin Q. Fabius Maximus leur fait une réponse ambi-
guë (1). D'autres fois, au lieu d'être chargé de faire la réponse, il reçoit la mission de la préparer au moyen d'une
enquête préalable. En 574, L. Duronius, préteur de l'année
précédente, à son retour d'Illyrie où il avait été envoyé
avec dix navires, rend compte au Sénat de sa mission ; il
met sur le compte de Gentius, roi d'Illyrie, tous les brigandages maritimes qui se commettent : « *ex regno ejus omnes
naves esse quæ superi maris oram depopulatæ essent.* » Il
ajoute qu'il a envoyé au roi une députation à ce sujet, mais
qu'elle n'a pas été reçue. Enfin Duronius reproche à Gentius
des vexations dont des citoyens romains et des *socii Latini
nominis* ont été victimes dans ses États ; le bruit court que
des citoyens romains sont même retenus à Corcyre. Sur ces
entrefaites, était survenue à Rome une ambassade de Gentius, pour expliquer son refus de recevoir les députés
romains envoyés par le préteur Duronius — à ce moment-
là, le roi était malade au fin fond de son royaume « *ægrum
forte eum in ultimis partibus fuisse regni* » — et prier le
Sénat de ne pas ajouter foi aux accusations mensongères
de ses ennemis. Le Sénat décide qu'il sera fait une enquête,
la confie au préteur pérégrin C. Claudius Pulcher, et déclare
qu'il attendra le résultat de cette enquête pour donner une
réponse à l'ambassade de Gentius. Voilà donc le préteur
pérégrin chargé de recueillir les plaintes et les dépositions
de ceux qui ont eu à souffrir des déprédations ou des injus-
tices commises ou tolérées par un souverain étranger, et
d'éclairer le Sénat sur les affaires qu'il aura ainsi instruites :
« *Eos omnes Romam adduci placuit ; C. Claudium prœtorem cognoscere ; neque ante Gentio regi legatisve ejus res-
ponsum reddi* (2). » Enfin, le préteur pérégrin est parfois
envoyé lui-même en ambassade à l'étranger. C'est ainsi
qu'en 643, L. Cassius Longinus fut, en vertu d'une loi votée

(1) *Liv.*, 40, 18. 34. Cf. Pigh., II, p. 329.
(2) *Liv.*, 40, 37. 46. Le préteur pérégrin C. Claudius avait été élu
dans le courant de l'année, en remplacement de Tib. Minucius Molli-
culus, mort en charge. Cf. Pigh., II, p. 335.

sur la proposition du tribun de la plèbe C. Memmius, député en Numidie, à Jugurtha, avec la mission de ramener ce prince à Rome sous la garantie de la foi publique. Il réussit dans sa mission, grâce surtout à la confiance qu'inspirait à Jugurtha l'élévation de son caractère : « *privatim prœterea fidem suam*, nous dit Salluste, *interponit quam ille non minoris quam publicam ducebat : talis ea tempestate fama de Cassio erat* », et revint à Rome avec Jugurtha (1). Mais le rôle du préteur pérégrin n'est pas toujours aussi élevé et aussi brillant. Il se réduit parfois à assurer des logements aux rois étrangers qui viennent à Rome, et à leur suite : c'est ainsi qu'en 582, Cn. Sicinius est chargé par le Sénat de pourvoir à l'installation du fils du roi Ariarathe et de sa suite (2).

23. — Le préteur pérégrin est encore chargé, quand le Sénat en décide ainsi, de procéder à l'expulsion des étrangers qui envahissent en foule la cité, ou bien dont la présence à Rome est, à tort ou à raison, réputée dangereuse. En 567, des députés des *socii Latini nominis* se plaignent auprès du Sénat de ce que, de tous les points du Latium, les *Latini* émigrent à Rome et y paient le cens. Le Sénat charge le préteur pérégrin Q. Terentius Culeo de rechercher ces immigrants et de renvoyer dans leurs propres foyers tous ceux que les alliés prouveraient avoir été inscrits dans une ville du Latium, eux-mêmes ou leur père, depuis la censure de C. Claudius et de M. Livius. Douze mille Latins furent ainsi expulsés de Rome (3). En 593, M. Pomponius Matho, en vertu d'un sénatus-consulte, chassa de Rome les rhéteurs et les philosophes (4). En 615, le préteur pérégrin reçoit du Sénat une semblable mission à l'égard des astrologues chaldéens : C. Cornelius Scipio Hispallus rend un édit qui leur intime l'ordre de quitter Rome et l'Italie même, dans les dix jours (5).

---

(1) *Sallust., Jug.*, 32. Cf. **Pigh.**. III, p. 117-118.

(2) **Pigh.**, II, p. 367.

(3) *Liv.*, 39, 3. Cf. *Gell., Noct. attic.*, 3, 18 ; 7, 19 ; *Senec., Consol. ad Polyb.*, 30;— Pighius, II, p. 297-298; Voigt, *Das jus naturale, bon. et æq. und j. gent. der Rom.*, II, p. 594.

(4) *Gell., Noct. attic.*, 15, 11 ; *Sueton., De clar. rhet., præf.*; Cf. Pigh., II, p. 410.

(5) *Val. Max.*, I, 3 ; Cf. Pigh., II, p. 488.

24. — Jusqu'ici nous avons vu le préteur pérégrin investi de missions militaires, diplomatiques, politiques et administratives, qui ont un rapport, parfois un peu éloigné, mais enfin tel quel, avec sa qualité de magistrat des étrangers. Ce ne sont pas les seules qui lui furent assignées.

En 584, il rappelle à Rome, en vertu d'un sénatus-consulte, les sénateurs dispersés dans toutes les parties de l'Italie (1).

Aussi bien que le préteur urbain, le préteur pérégrin pouvait être chargé par le Sénat de frapper des monnaies, même après la création des triumvirs Æ. A. A. F. F. (*œre argento auro flando feriundo*) (2) ; de pourvoir à l'approvisionnement de la ville et de présider aux *frumentationes,* c'est-à-dire aux distributions de blé, à côté ou à défaut du *præfectus frumenti dandi* (3).

Aussi bien que le préteur urbain, et conjointement avec un autre préteur, le préteur pérégrin pouvait être chargé par le Sénat, quand les censeurs étaient empêchés ou ne pouvaient suffire à ce soin, de surveiller, d'inspecter, et de faire réparer les temples ou d'autres monuments publics (4).

25. — Mais une des missions les plus importantes, et des plus intéressantes, dont le préteur pérégrin ait été investi, est relative aux aqueducs.

Quand on voit les eaux jaunes du Tibre (*flavum Tiberim*), dit M. Renier, on comprend le besoin qu'ont ressenti les Romains d'amener à Rome des eaux du dehors : ce besoin, ils l'on satisfait avec une telle magnificence, qu'au commencement du I⁰ˢ siècle de notre ère, Rome était dotée de quatorze aqueducs ; trois subsistent encore aujourd'hui, et alimentent la Rome moderne : leur débit est tel que cette ville, malgré sa grandeur, est la capitale la plus abondam-

---

(1) *Liv.*, 43, 11 : « *Q. Ræcio prætori mandatum est edicto senatores omnes ex tota Italia — Romam revocaret.* » Q. Ræcius fut bien préteur pérégrin et non préteur urbain, comme on l'avait cru avant que M. Mommsen eût démontré le contraire. Becker, *Handb.*, II, 2, p. 188, note 447 ; Mommsen, *Ephem. Epigr.*, I (1872), p. 287.

(2) Faure, *op. cit.*, p. 37 ; p. 43, note 18.

(3) Mommsen, *op. cit.*, II, p. 223, note 2 ; p. 228; note 1 ; Renier, *Cours d'Épigr.*, leçons des 8 et 15 février 1881.

(4) *Cic.*, II *in Verr.*, 1, 50 ; Cf. Pigh., III, p. 298-299 ; Labatut, *op. cit.*, p. 101 ; Faure, *op. cit.*, p. 43, note 13.

ment pourvue d'eau. Dans la Rome ancienne, il y avait de très-belles fontaines, en grand nombre ; et, de plus, chaque citoyen pouvait faire arriver l'eau jusque dans sa maison. Cet avantage était très-apprécié des Romains : ils achetaient la concession d'une certaine quantité d'eau, que des tuyaux de plomb amenaient chez eux (1).

Sous la République, la surveillance des aqueducs appartenait aux censeurs : le premier aqueduc fut construit par un censeur. Auguste se réserva ce soin : il confia à Agrippa ce qu'on pourrait appeler la surintendance des eaux, et ce personnage fut, en fait, le premier *curator aquarum*. A la mort d'Agrippa, Auguste nomma pour le remplacer Messala Corvinus, en 743 (11 av. J.-.C.) ; et à partir de ce moment, il y eut un magistrat nommé à vie, choisi parmi les anciens consuls, chargé de tout ce qui avait trait aux aqueducs et aux eaux de Rome et appelé pour cette raison *curator aquarum* (2).

Or, — ces quelques développements préliminaires étaient indispensables pour se rendre exactement compte de ce qui va suivre, — le préteur pérégrin fut quelquefois chargé, pour suppléer ou pour aider les censeurs, et, plus tard, le *curator aquarum*, de la construction et de la réparation d'aqueducs, non moins que de la répression des empiètements commis par les particuliers.

On rencontre une première mission de ce genre en 610. Elle fut confiée au préteur pérégrin Marcius Rex (3). L'objet de cette mission était triple : mettre un terme aux empiètements des particuliers, dont les fraudes détournaient les eaux des aqueducs de la voie Appienne et de l'Anio ;

____

(1) On a retrouvé un grand nombre de ces tuyaux sur lesquels sont gravées d'intervalle en intervalle des inscriptions qui font connaître le domicile des grandes familles de Rome. — L'été de 1881 a démontré une fois de plus combien Paris est inférieur à Rome sous le rapport de l'approvisionnement de l'eau.

(2) Sur tous ces points, Renier, *Cours d'Épigr.*, 1880-1881, leçon du 11 janvier 1881.

(3) Le nom de ce préteur pérégrin est bien Marcius Rex, et non Marcus Titius Rex, comme l'admet Pighius, qui a adopté une mauvaise leçon de Frontin ; le texte de cet auteur n'est pas, d'ailleurs, toujours facile à établir. V. la savante édition, avec traduction en allemand, qu'en a donnée Dederich : *Sex. Julii Frontini de aquæductibus Urbis Romæ liber*, Vesaliæ, 1841, p. 14-16. Cf. Pigh., II, p. 468.

réparer et reconstruire en partie ces aqueducs qui menaçaient ruine ; enfin, aviser aux moyens d'augmenter l'approsionnement d'eau de la ville en construisant, au besoin, un nouvel aqueduc. Une semblable tâche nécessita la prorogation de l'*imperium* de Marcius Rex. Voici, au surplus, ce que dit Frontin à cet égard dans son traité des *Aqueducs*. « *Ser. Sulp. Galba cum L. Aurelio Cotta coss., cum Appiæ Anionisque ductus dudum vetustate quassati, privatorum etiam fraudibus interciperentur, datum est a Senatu negotium Marcio qui tum prætor inter cives et pergrinos jus dicebat, eorum ductuum reficiendorum ac vindicandorum. Et, quoniam incrementum urbis exigere videbatur ampliorum modum aquæ, eidem mandatum a Senatu est, ut curaret, quatenus alias aquas quas posset, in Urbcm perduceret. Qui lapide quadrato ampliores ductus excitavit, perque illos aquam quam acquisiverat rci publicæ commodo, trium millium opera fabrorum duxit, cui ab auctore Marciæ nomen est. Legimus apud Fenestellam in hæc opera Marcio decretum sestercium millies octoginta. Sed quoniam ad consummandum negotium non sufficiebat spatium Prœturæ, in alterum annum est prorogatum* (1). »
Frontin ajoute que l'eau *Marcia* fut amené jusqu'au Capitole mais non sans discussion, car quelques-uns préféraient y faire arriver l'eau de l'Anio, sur la foi des livres Sibyllins (2).

En 745 (9 av. J.-C.), survient la loi *Quinctia*, qui, dans son chapitre premier, vise la destruction ou la détérioration des conduits et des réservoirs (*si quis rivos dolo malo foraverit, ruperit, etc.*) et prononce contre l'auteur du méfait, ou contre le maître, s'il s'agit d'un esclave, une amende de

---

(1) *Frontin., de aquæd.*, 7, p. 14-16, éd. Dederich. — Cet auteur, qui a écrit aussi un traité des *Stratagèmes*, vivait dans la seconde moitié du Ier siècle de l'ère chrétienne ; il fut préteur, deux fois consul et *curator aquarum* ; — Cf. Conradi, *De præt. peregr.*, § 18 ; Faure, *op. cit.*, p. 43.

(2) *Front., l. c.* « *Eo tempore, decemviri, dum aliis ex causis Sibyllinos inspiciunt, invenisse dicuntur, non esse aquam Marciam, sed potius Anionem — de hoc enim constantius traditur — in Capitolium perducendam, deque ea re in Senatu, a Lepido pro collega verba faciente, actum App. Claudio Q. Cæcilio coss., eamdemque post annum tertium a L. Lentulo retractatam; sed utroque tempore vicisse gratiam Marcii Regis, atque ita in Capitolium esse aquam perductam.* »

cent mille sesterces, indépendamment de la réparation du dommage. La connaissance et la répression de semblables délits, ainsi que le soin de faire réparer le dommage, appartient au *curator aquarum* et, à défaut, au préteur pérégrin: les deux magistrats auront le droit de prononcer l'amende et d'ordonner des saisies. Voici comment était conçue de ce chef la loi *Quinctia*, d'après Frontin, qui en a reproduit le texte dans son traité précité des *Aqueducs : « Quicunque qui post hanc legem rogatam rivos, specus, fornices, fistulas, tubulos, castella, lacus aquarum publicarum, quæ ad urbem ducuntur, sciens dolo malo, foraverit, ruperit, foranda, rumpenda curaverit pejorave fecerit, quo minus eæ aquæ earumve quæque in Urbem Romam ire, cadere, fluere, pervenire, duci possint, quove minus in Urbe Roma et in iis ædificiis quæ urbi continentia sunt, erunt, in his hortis, prædiis, locis, quorum hortorum, prædiorum, locorum dominis possessoribusve aqua data vel attributa est, vel erit, saliat, distribuatur, dividatur, in castella, lacus immittatur : is populo romano centum millia dare damnas esto. Et qui clam quid eorum ita fecerit, damnum sarcire, reficere, restituere, ædificare, ponere et celere demolire damnas esto, sine dolo malo atque omnia ita, ut quicunque Curator aquarum est, erit,* AUT SI CURATOR AQUARUM NEMO ERIT TUM IS PRÆTOR QUI INTER CIVES ET PEREGRINOS JUS DICIT MULTA PIGNORIBUS COGITO COERCETO EIQUE CURATORI AUT SI CURATOR NON ERIT TUM EI PRŒTORI EO NOMINE COGENDI COERCENDI MULTÆ DICENDÆ SIVE PIGNORIS CAPIENDI JUS POTESTASQUE ESTO. *Si quid eorum servus fecerit, dominus ejus H. S. centum millia populo det* (1). » Il paraît que les entreprises sur les aqueducs étaient très-fréquentes : Frontin l'atteste, et c'est ce qui le fait qualifier cette loi de « *utilissima.* »

Enfin l'Édit de *Venafrum* (2) attribue au préteur pérégrin la connaissance des procès qui s'élèveraient entre les

---

(1) *Frontin., de aquæd.*, 129, p. 129-136, éd. Dederich ; Cf. Morcelli, *De Stylo Inscriptionum latinarum*, Patavii, 1819, I, p. 280 sq.: cet auteur donne le texte de la loi *Quinctia* d'après Frontin, et le fait suivre d'un bref commentaire. — Cf. Mommsen, *op. cit.*, II, p. 223; Rudorff, *Rom. Rechtsgesch.*, I, p. 216 ; Faure, *op. cit.*, p. 43 ; Conradi, *op. cit.*, § 18 ; Labatut, *op. cit.*, p. 101-102.

(2) Mommsen, *I. N.*, 4061, l. 62. *Id., Rom. Staatsr.*, II, p. 223, note 3.

particuliers et cette cité relativement à la répartition des eaux.

26. — Telles furent les principales missions, aussi nombreuses que différentes, que le préteur pérégrin eut à remplir ; tel fut le rôle à la fois militaire, diplomatique, politique et administratif, que lui attribua au temps de la République, cette Constitution romaine qui se plaisait, dirait-on, à confondre tous les pouvoirs (1).

Nous n'envisagerons plus désormais le préteur pérégrin que sous son aspect de magistrat judiciaire proprement dit, chargé de dire le droit.

(1) C'est à dessein que nous avons omis tout ce qui touche à la juridiction criminelle, le réservant pour le ch. III.

CHAPITRE III

27. — Quelque multiples et quelque considérables qu'aient
été les attributions d'ordre politique et administratif du
préteur pérégrin, elles ne laissent pas de le céder en
importance aux attributions de ce même préteur qui ont
trait à l'administration de la justice. C'est, d'ailleurs, avant
tout, en vue de ces dernières attributions, que fut instituée
la préture pérégrine ; ce sont elles qui lui impriment un
caractère et un sceau particuliers de grandeur et d'intérêt ;
elles demeurèrent toujours ses attributions principales et
spécifiques. En abordant l'étude de ces attributions, nous
entrons dans le cœur même du sujet.

28. — Il est constant que c'est au point de vue de l'administration de la justice civile que les attributions du préteur
pérégrin méritent surtout l'attention ; il importe, néanmoins,
de se placer quelques instants au point de vue de l'administration de la justice criminelle, et de se demander quelles
furent, au juste, à ce point de vue, les attributions de notre
préteur.

Il suffira, pour s'en rendre un compte exact, d'envisager
successivement deux périodes, l'une qui va de la création
de la préture pérégrine à l'institution des *quæstiones perpetuæ*, l'autre qui part de cette institution et court jusqu'à la
disparition du préteur pérégrin.

Dans la première période, le préteur n'a, en fait de justice
criminelle, que les attributions qui résultent de sa qualité
de remplaçant du consul ou d'une délégation du Sénat ou
du peuple : c'est à titre exceptionnel et en vertu d'une délégation spéciale qu'il instruit et juge les procès criminels
dont l'histoire atteste qu'il a connu. Telle est l'opinion tra-

ditionnelle, presque universellement admise encore aujourd'hui, à laquelle, pour notre part, nous nous rallions. Mais elle a été attaquée avec vigueur, dans ces dernières années, par Zumpt, qui, dans son ouvrage sur le Droit Criminel de la République romaine, a consacré à cette question de la juridiction criminelle du préteur, une discussion plus ingénieuse et originale que convaincante.

D'après le savant auteur allemand, tant qu'il n'y a eu qu'un seul préteur, il a exercé la juridiction criminelle ordinaire, tant sur les citoyens romains que sur les étrangers. Lors de la création du préteur pérégrin, il se fit un partage dans la juridiction criminelle, comme dans la juridiction civile, d'après la qualité des justiciables : s'agissait-il d'un procès criminel dans lequel un citoyen était intéressé, le préteur urbain en connaissait ; l'affaire criminelle concernait-elle un étranger, elle allait devant le préteur pérégrin. La juridiction criminelle des deux préteurs ne subit aucune modification jusqu'à l'établissement des|*quæstiones perpetuæ*. Au fur et à mesure qu'elles s'établirent, le caractère des attributions du préteur urbain et du préteur pérégrin se modifia. De juges criminels qu'ils étaient auparavant, ils devinrent des présidents de *quæstiones*, pour les procès soumis au nouveau régime ; le préteur pérégrin, notamment de 605 à 631, eut la présidence de la *quæstio repetundarum* ; mais, quant aux affaires criminelles pour lesquelles il ne fut pas institué de *quæstiones*, les deux préteurs de la ville conservèrent intactes leurs anciennes attributions de juges criminels, jusqu'aux réformes de Sylla. Lorsque Sylla attribua au jury la décision de tous les procès criminels, les occupations des deux préteurs de la ville eussent été trop étendues, s'ils eussent continué à réunir dans leurs mains la juridiction civile et la juridiction criminelle. Le nombre des habitants de Rome s'était prodigieusement accru ; et la direction d'un débat devant un jury exigeait plus de temps que n'en avaient demandé auparavant les procès criminels les plus embrouillés ; jusqu'ici, le préteur avait pu les trancher lui-même, ou les élucider à l'aide d'un procès privé, ou les juger de concert avec les tribuns. Pour cette raison, il fallait de nouveaux préteurs : Sylla en créa quatre, ce qui en porta à huit le nombre total ; les huit préteurs eurent tous une charge annale à Rome, avant d'aller prendre le gouvernement d'une province. Dès lors, la juridiction criminelle fut retirée au préteur urbain et au préteur pérégrin, qui ne conservèrent que la juridiction civile, et partagée entre les six autres préteurs, en ce sens que chacun d'eux eut la présidence d'une *quæstio*. Mais, même après que les deux préteurs de la ville eurent ainsi perdu la juridiction criminelle, ces anciens juges des procès criminels ne perdirent pas toute influence sur les nouveaux tribunaux de jurés. A la vérité, quant au préteur pérégrin, on ne voit pas qu'il eût rien à faire avec les jurés ; les étrangers ne comparaissaient pas devant eux, et dorénavant, ce sont les autres préteurs qui jugent tous ceux qui n'ont pas la qualité de citoyen. Mais le préteur urbain dressait la liste annuelle des jurés. Il y a plus : il veillait à la convocation de la décurie des jurés pour tel et tel procès criminel. Zumpt ajoute que, du grand nombre de préteurs auquel Sylla attribua la juridiction criminelle, on peut conclure que l'exercice de cette juridiction avait constitué jusqu'alors une des occupations principales, sinon la principale, des deux préteurs de la ville. L'Édit de ces deux préteurs comprit l'ensemble du droit romain, tant le droit criminel que le droit privé. C'est à l'Édit prétorien qu'on peut attribuer beaucoup d'améliorations qui s'introduisirent successivement dans le droit criminel, et surtout dans la procédure criminelle, par exemple en ce qui concerne la détention préventive, l'audition des témoins.

Tel est le système, très-habilement édifié, de l'éminent romaniste (1). Nous ne saurions entreprendre ici d'exposer et de réfuter, dans leur ensemble, les arguments sur lesquels s'appuie ce système, d'autant plus que dans ces arguments il n'y a rien de spécial au préteur pérégrin (2).

____

(1) Zumpt, *Das Criminal-Recht der Rom. Republik,* 4 vol., in-8° (divisés en deux parties comprenant chacune deux vol.), Berlin, 1865-1869, I, 2, p. 103-117 ; p. 358-361 ; II, 2, p. 135-137. — *Contra* : entre autres, Becker, *Handb.*, II, 2, p. 188 ; Rein, *Pauly's Real-Encycl.*, VI, 2, p. 25 ; Lange, *Rom. Alterthüm.*, I, p. 560 ; Rudorff, *Rom. Rechtsgesch.* II, p. 325 sqq.; Mommsen, *op. cit.*, I, p. 256 sqq.; II, p.225 ; Labatut, *op. cit.*, p. 147 sqq.; Faure, *op. cit.*, p. 47-51.

(2) M. Faure s'est acquitté heureusement de ce soin dans son excellent ouvrage si souvent cité, p. 48-50.

Mais nous devons dire les raisons qui nous portent à nier la juridiction crimielle du préteur pérégrin.

Cette juridiction criminelle résulte, selon Zumpt, de ce qu'un partage de la compétence eut lieu entre le préteur urbain et le préteur pérégrin, lors de la création de celui-ci, partage qui attribua au nouveau préteur la juridiction sur les étrangers aussi bien dans les affaires criminelles que dans les affaires civiles. Si ce partage s'était restreint à la juridiction civile et si le préteur urbain avait retenu la juridiction criminelle sur tous les étrangers fixés ou de passage à Rome aussi bien que sur les citoyens, c'eût été un partage boîteux et d'une inégalité choquante ; le préteur pérégrin eût été dans une grande infériorité par rapport à son collègue, ce qui est absolument impossible. — Le raisonnement est d'une justesse irréprochable, en ce qui concerne sa base, qui est l'égalité de juridiction des deux préteurs de la ville. Or, nous connaissons les termes du partage de juridiction qui est intervenu entre le préteur urbain et le préteur pérégrin, et ces termes excluent de la façon la plus décisive l'idée d'un partage portant à la fois sur la juridiction civile et sur la juridiction criminelle ; qu'en conclure, si ce n'est que le préteur urbain n'a jamais pu avoir la juridiction criminelle, ni après, ni avant l'institution de la préture pérégrine ? Et, en effet, lors de l'institution de cette magistrature, la juridiction fut divisée de telle sorte que, dorénavant, le préteur urbain dît le droit *inter cives*, et le préteur pérégrin *inter peregrinos* et *inter cives et peregrinos*. Qu'est-ce à dire, si ce n'est qu'il ne s'agit absolument que des procès privés et que de la juridiction civile ? Dans un procès criminel, les deux parties en présence sont l'inculpé, et la collectivité, représentée par un accusateur revêtu ou non d'un caractère public et officiel : il ne s'agit donc pas d'un débat entre deux particuliers, soit entre deux citoyens, soit entre deux pérégrins, soit enfin entre un citoyen et un pérégrin. Il est absolument impossible de traduire ces mots : *jus dicere inter peregrinos*, par ceux-ci : avoir la juridiction tant civile que criminelle sur les pérégrins. Si l'on pouvait accomplir ce tour de force — qu'on nous pardonne cette expression, — on viendrait se briser contre les mots : *jus dicere inter cives et peregrinos*, qui sont d'une netteté impitoyable, et écrasante pour les conjectures de Zumpt. Donc, après le partage, les lots de chacun des deux préteurs de la ville ne sont que des lots de juridiction civile ; il n'y avait donc que cette juridiction à partager, et avant ce partage pas plus qu'après lui, le préteur urbain n'a pas eu la juridiction criminelle. Et c'est bien ce qui ressort des exemples que Zumpt produit pour démontrer le contraire : tous ces exemples s'expliquent par une mission spéciale confiée au préteur par le peuple ou par le Sénat. En voici un, que Zumpt ne cite pas, sans doute parce qu'il lui a semblé peu favorable à sa thèse, et qui doit être relevé ici, parce qu'il s'agit spécialement du préteur pérégrin. En 574, le préteur pérégrin, C. Claudius, est chargé par le Sénat de *«quœrere de veneficiis»* dans la ville et dans un rayon de dix milles (1). Un sénatus-consulte fut-il nécessaire parce que le cercle de la compétence territoriale du préteur pérégrin était agrandi? N'est-ce pas aussi et surtout parce que la juridiction criminelle ordinaire ne lui appartenait pas? Le préteur pérégrin, comme le préteur urbain, n'a la juridiction criminelle qu'en vertu d'une délégation ou de sa qualité de remplaçant du consul.

Ainsi, l'opinion d'après laquelle ni le préteur urbain ni le préteur pérégrin n'ont jamais été comptés au nombre des juges criminels de droit commun, doit être maintenue. Et il

---

(1) *Liv.* 40, 35. Cf. Pigh., II, p. 335. — D'après Antias, dont Tite-Live reproduit la version, dans le procès intenté pour péculat contre L. Scipion, le peuple décide que le Sénat chargera un des préteurs qu'il lui plaira du soin d'organiser l'affaire ; le Sénat choisit Q. Terentius Culleo, préteur pérégrin : *Liv.*, 38, 42. 54. 55. 58. 59. — Historiquement les choses se passèrent tout autrement (Cf. Mommsen, *Hermes, Zeitschrift für classische Philologie*, 1866, I, p. 161-216 : *Die Scipionen prozesse*). Ainsi il n'y eut pas un seul procès, mais bien deux, l'un introduit devant le peuple contre P. Scipion (l'Africain) par Nævius, et l'autre par Augurinus contre L. Scipion (l'Asiatique) : Antias ajoute à ces deux procès la plainte des Petillii contre les Scipions devant le Sénat et fait des trois actes de ce drame un événement unique. Mais, si les choses ne se passèrent pas comme le rapporte Tite-Live sur la foi d'Antias, la possibilité du procédé en soi ne doit pas être révoquée en doute, comme le fait observer M. Mommsen (*Rom. Staatsr.*, II, p. 212) note 1 ; (Cf. *Hermes*, 1866, 1, p. 178). En règle, l'action pour *furtum publicum* était intentée vraisemblablement sous forme d'action privée par un citoyen quelconque devant le préteur urbain. (*Hermes, l. c*, p. 177-178) ; mais on pouvait s'écarter de la règle et changer les modalités du procès.

n'y a pas à distinguer avec Zumpt entre l'époque antérieure et l'époque postérieure aux réformes de Sylla, pour dire que dans celle-là les deux préteurs de la ville ont eu la juridiction criminelle ordinaire, et qu'ils l'ont perdue pour toujours au commencement de celle-ci. Il faut s'attacher à l'établissement des *quæstiones perpetuæ*, et décider que, dans la période qui finit à l'établissement de ces *quæstiones*, le préteur pérégrin a bien pu être investi de la connaissance de procès criminels, mais qu'il l'a toujours été à titre précaire en quelque sorte et par voie de délégation spéciale. Vers le commencement du VII° siècle, furent organisés à Rome des tribunaux criminels permanents, composés d'un magistrat qui dirigeait les débats et d'un nombre assez considérable de jurés à qui appartenait la décision. Ces grands jurys présidés par un préteur sont désignés sous le nom de *quæstio perpetua*. C'est au préteur pérégrin que fut attribuée la présidence de la première *quæstio perpetua*, établie à Rome en 605, la *quæstio repetundarum*. Mais cette présidence fut confiée en 631 par la loi *Acilia Repetundarum* à un préteur qui fut retenu à Rome spécialement pour présider la *quæstio* dont il s'agit (1). Le préteur pérégrin présidait-il parfois d'autres *quæstiones*? Cela ne nous paraît pas vraisemblable. Toujours est-il qu'à partir des réformes de Sylla, six préteurs étant annuellement retenus à Rome pour présider les six *quæstiones perpetuæ* qui existaient alors, savoir les *quæstiones repetundarum, ambitus, peculatus, majestatis, de sicariis et veneficiis, falsi* (2), ni le préteur urbain ni le préteur pérégrin ne furent jamais appelés à la présidence d'une *quæstio*.

Puisque le préteur pérégrin eut pendant une trentaine d'années la présidence de la *quæstio repetundarum*, demandons-nous quels étaient, en deux mots, le rôle et l'autorité du président d'une *quæstio*. — Il ne prenait aucune

____

(1) Mommsen, *Rom. Staatsr.*, II, p. 191, note 1 ; Faure, *op. cit.*, p. 99 ; Zumpt, *op. cit.*, II, 2, p. 135. Dans la loi de 631 qui nous est parvenue en grande partie, nous voyons la liste des jurés encore dressée pour l'année courante par le préteur pérégrin (l. 12). Cf. *C. I. L.*, I, p. 65.

(2) Mommsen, *op. cit.*, II, p. 192-193, notes 1. 2, 3. 4 ; Faure, *op. cit.*, p. 103, note 54.

part au jugement. Mais il avait la direction générale des débats, il veillait à l'observation des règles de la procédure ; c'est à lui qu'appartenait la police de l'audience. Peut-être posait-il les questions au jury. En tout cas, il comptait les voix des jurés et proclamait le verdict. A ces titres divers, il ne laissait pas d'avoir quelque influence sur le résultat final du procès (1) ; cette influence fut parfois décisive, mais aucun des exemples qu'on pourrait invoquer ne concerne le préteur pérégrin.

Tel fut le rôle du préteur pérégrin quant à l'administration de la justice criminelle.

29. — Il nous apparaît comme fort effacé auprès de celui qu'il joua dans l'administration de la justice civile.

La juridiction civile, chez les Romains, n'est en aucune façon une administration de la justice civile au sens moderne de cette expression. Elle en diffère surtout à deux points de vue : tout d'abord, ce sont des jurés qui jugent, et non le magistrat ; celui-ci se borne, en principe, à organiser l'instance, et dès lors la direction du procès lui échappe ; en second lieu, le magistrat a une autorité qui ressemble dans une assez grande mesure à celle du législateur, et qui se manifeste dans l'instruction qu'il adresse aux jurés (*formula*), dans les ordres qu'il donne aux parties dans un cas isolé (*interdictum*, *decretum*), enfin dans les règles générales qu'il pose et publie (*edictum*) (2).

Voilà ce qu'est et ce que comprend la *jurisdictio* dans son sens le plus large. Ainsi entendue, elle a son fondement dans l'*imperium*, c'est-à-dire dans le droit général de commandement qui appartient à tous les magistrats supérieurs ; elle en est une partie intégrante, « une branche, ou si l'on aime mieux une dérivation », dirons-nous avec M. Accarias (3). Sans doute, le langage des jurisconsultes de l'époque classique n'a pas toute la netteté désirable ; et d'ailleurs, il faut songer qu'ils ont en vue des distinctions d'or-

---

(1) Faure, *op. cit.*, p. 51, et les auteurs qu'il cite sur tous ces points, note 44-48.

(2) Mommsen, *op. cit.*, I, p. 184.

(3) Accarias, *Précis*, II, 1878, p. 786, note 1 ; Cf. Mommsen, *op. cit.*, I, p. 184, note 2, et, d'ailleurs, p. 182-187 ; Faure, *op. cit.*, p. 53-54, et note 55.

dre pratique et secondaire dans le détail desquelles nous n'avons point à entrer ici. Il nous suffira de rappeler que Paul, à propos du *jus dandi judicis*, dit que ce droit « le plus caractéristique de ceux qui sont compris dans la *juris-dictio* », se rattache à l'*imperium* : « *Judicem dare possunt — hi quibus id more concessum est propter vim imperii, sicut præfectus Urbi, cœterique Romæ magistratus* (1). »

Mais, si le mot *jurisdictio* a ce sens large et étendu, il a aussi une acception étroite et spéciale, et signifie alors le *jus judicari jubendi* et le *jus judicandi*, pour employer les expressions de Cicéron. Le *judicari jubere*, c'est renvoyer les parties devant ou ou plusieurs jurés, droit qui, sous le système formulaire, comprend celui de délivrer une for-mule, c'est-à-dire de donner au juré, en l'instituant, une instruction sur ce qu'il doit faire ; *judicare*, c'est juger soi-même le litige. Voilà ce qui constitue la *jurisdictio* propre-ment dite : c'est la *jurisdictio ordinaria*, quand le magis-gistrat *judicari jubet* ; c'est la *jurisdictio extraordinaria*, quand il *judicat.*Réservant tout ce qui a trait au *jus edicendi* pour le ch. IV, nous ne parlerons ici que de la *jurisdictio* prise dans son sens étroit et technique, en y rattachant quelques développements accessoires sur certains droits qui n'en font pas partie intégrante mais y sont étroitement liés.

Mais il faut, au préalable, essayer de déterminer exacte-ment la compétence du préteur pérégrin.

I

30. — On peut la formuler ainsi : le préteur pérégrin était compétent, dans la ville de Rome, pour les procès privés entre pérégrins ou entre romains et pérégrins. Il s'agit d'établir cette formule, de l'expliquer et de la préciser, et de réfuter aussi les objections qu'elle soulève.

On ne conteste pas que la juridiction du préteur pérégrin

---

(1) Paul, D., 5, 1, 12, 1. Les jurisconsultes classiques ont presque toujours en vue les magistrats municipaux quand ils distinguent et opposent l'*imperium* et la *jurisdictio*.

ne soit devenue dans le cours du temps une juridiction
urbaine, en ce sens qu'elle devait s'exercer dans l'enceinte
de Rome (1). Mais quelques auteurs ont prétendu qu'à l'origine il en fut autrement.

D'après Hugo, le préteur pérégrin, qui fut créé à une époque indéterminée, mais antérieure au commencement du
VI° siècle, ne rendit pas à l'origine la justice au sein de
Rome, mais bien hors de la ville, peut-être même dans
toute l'Italie. Cela résulte du nom de *prætor peregrinus* qui
fut donné à ce magistrat par opposition à celui de préteur
urbain (*prætor urbanus*), et de la nature des fonctions qui
furent attribuées aux préteurs qu'on ne tarda pas à créer
encore. « A la vérité, ajoute Hugo, le témoignage presque
unanime de tous les écrivains dépose qu'il en fut ensuite
autrement, mais ne serait-il pas très-possible, et devrait-on
s'étonner que le temps ait apporté quelques changements
dans les attributions du *prætor peregrinus*, comme il en
apporta aussi dans celles des autres nouveaux préteurs (2)? »

Niebuhr va encore plus loin dans le domaine de la conjecture : le préteur pérégrin, qui avait été créé quelques
années avant 512, fut gouverneur de la Sicile jusqu'en 527,
date de la création de deux nouveaux préteurs ; là, il réunit
en sa main tous les pouvoirs, et Niebuhr n'hésite pas à déterminer sa compétence en matière de juridiction, d'après
les règles que Cicéron donne dans les Verrines (3).

Ces deux opinions ont un trait commun, c'est qu'elles ne
reposent l'une et l'autre que sur des conjectures ; et, ce qui
est plus grave encore, sur des conjectures qui sont démen-
ties par tout ce que nous connaissons sur l'exercice de la
juridiction dans ces temps reculés. Faire, avec Hugo, du
préteur pérégrin, du moins à son origine qu'il place capri-
cieusement avant la date communément admise, un magistrat ambulatoire, rendant la justice dans l'Italie entière,
c'est méconnaître que, dès la seconde moitié du V° siècle —

(1) Sur les limites de la Ville au point de vue de la compétence des
magistrats urbains, Mommsen, *op. cit.*, I, p. 65 sqq.; Cf. *Id., Rom.
Forchungen*, II, 1879, p. 23-41.

(2) Hugo, *Hist. du Dr. rom.*, trad. de l'allem. sur la 7° éd. par
Jourdan, Paris, 1822, § 158, p. 258.

(3) Niebuhr, *Hist. rom.*, trad. de Golbéry, VI, p. 411-412.

c'es' bien là l'époque que Hugo a en vue, — il y eut en différents endroits de l'Italie des *præfecti jure dicundo*, nommés par le préteur urbain et chargés de l'administration de la justice civile (1). Voir, comme le fait Niebuhr, dans le préteur pérégrin, au moins jusqu'en 527, le gouverneur de la Sicile, c'est conclure témérairement, de faits accidentels qui purent avoir lieu, à un état de choses permanent et continu : de ce que, jusqu'à ce qu'il y eût un préteur spécial pour la Sicile, le préteur pérégrin y fut vraisemblablement envoyé en mission, principalement pour y faire la guerre, on n'est pas en droit de conjecturer qu'il y fut fixé à demeure, et y exerça l'omnipotence d'un gouverneur de province, cumulant le commandemant militaire et la juridiction civile.

Il faut donc maintenir que, dès l'origine, comme par la suite, la compétence du préteur pérégrin ne dépassa pas les limites de Rome. Dans ce cercle, elle embrassait toutes (2) les contestations privées entre pérégrins ou entre citoyens romains et pérégrins.

31. — Qu'est-ce à dire et qu'entendre au juste par cette expression de *peregrinus* ? Le sens de ce mot n'a pas été invariablement le même à toutes les époques.

A une époque antérieure au V⁰ ou au VI⁰ siècle, tout citoyen d'un État souverain étranger était désigné par l'expression *hostis*, que l'État dont il était membre fût en relations ou sans relations politiques avec Rome. Le mot *hostis* comprenait tout cela, et ne comprenait pas autre chose. A côté de cette expression générale, il y avait une désignation spéciale pour l'étranger en guerre avec Rome, le mot *perduellis*. Du V⁰ au VI⁰ siècle, il se fit un changement dans le langage : l'expression *hostis* prit le sens qu'avait eu jusqu'ici spécialement *perduellis*, et l'expression *peregrinus* fut employée désormais pour marquer l'idée que représentait autrefois le mot *hostis*. Autrefois, la guerre faisait de l'*hostis* un *perduellis* ; désormais, elle fait du *peregrinus* un *hostis*.

____

(1) Mommsen, *op. cit.*, p. 95.
(2) Nous réservons toutefois la compétence spéciale des édiles curules pour les ventes d'esclaves et d'animaux.

Cette signification originaire du mot *hostis*, membre
d'un État souverain étranger en relations ou sans relations
avec Rome, et la substitution du mot *peregrinus* au mot
hostis pour marquer la même idée, sont attestés par un
assez grand nombre de passages dont voici les plus décisifs :
« *Multa verba aliud nunc ostendunt, aliud ante significa-
bant, ut* HOSTIS : *nam tum eo verbo dicebant peregrinum*
QUI SUIS LEGIBUS UTERETUR : *nunc dicunt eum quem tum
dicebant perduellem.* » (*Varro, de ling. lat.*, 5, 1). « *Peregrini ab antiquis hostes appellabantur* QUOD ERANT PARI
JURE CUM POPULO ROMANO, *atque hostire ponebatur pro
æquare.* » (*Festus, v° Status dies*, p. 314, éd. Müller) (1).

Ainsi, l'idée première du *peregrinus* est celle de membre
d'un État étranger souverain et indépendant ; sont exclus
de la catégorie des *peregrini*, les membres de l'État qui
n'est pas *pari jure cum populo Romano*, c'est-à-dire est
soumis à un autre État.

Dans le cours du temps, la vieille idée du *peregrinus* s'é-
largit, et l'on comprit aussi sous ce terme les membres des
peuples qui n'étaient pas souverains, mais *in potestate
populi Romani*, c'est-à-dire les sujets de Rome. Il semble
donc qu'à partir des grandes conquêtes de Rome sous la
République, et notamment à l'époque des jurisconsultes
classiques, l'idée du *peregrinus* soit celle-ci : l'homme libre
qui n'a pas la cité romaine, qu'il soit indépendant ou sujet
de Rome.

C'est ce qu'admettent un assez grand nombre d'auteurs (2). D'après cette opinion, tout étranger, au sens
moderne du mot, tout homme libre qui n'est pas *civis
romanus*, pourra se présenter devant le préteur pérégrin
et sera accueilli aussi bien que le sujet de Rome. Mais,
d'après l'opinion de bien loin la plus commune, le mot *peregrinus* a un sens plus restreint et ne comprend que les
sujets ou les alliés de Rome non investis de la cité romaine,
ou plus exactement ceux qui, privés de la cité romaine,

(1) *Adde Placidus, v° Agoniæ*. Cf. *Cic., De Off.*, 1, 12 ; *Plaut., Trin.*,
I, 2, 65 ; *Rud.*, II, 4, 21.
(2) Notamment, Willems, *Le droit public romain*, 3ᵉ éd., Louvain,
1874, p. 125-127 ; Voigt, *Das jus naturale, æquum et bonum und jus
gentium der Romer*, IV, 1875, App. XI, p. 40-67, *præs.* p. 54.

appartiennent à des peuples soumis à Rome ou devenus par traité ses *amici*, ses *hospites* ou ses *socii*. Pour quiconque n'est pas sujet de Rome ou ne peut se dire son *amicus*, son *hospes* ou son *socius*, c'est-à-dire pour quiconque appartient à un peuple sans relations d'aucune sorte avec Rome, il n'y a pas de droit ; à son égard, la force règne en souveraine ; on lui prend tout ce qu'on peut lui prendre, à charge de revanche. Telle est, du moins, la théorie : Pomponius la formule avec une netteté qui ne laisse rien à désirer, dans un texte bien connu (D., 49, 15, 5, 2) : « *Si cum gente aliqua, neque amicitiam, neque hospitium, neque fœdus amicitiæ causa factum habemus, hi hostes quidem non sunt, quod autem ex nostro ad eos pervenit, illorum fit et liber homo noster ab eis captus servus fit et eorum : idemque est, si ab illis ad nos aliquid perveniat.* » Ainsi, nous exclurons de la catégorie des *peregrini*, ceux que vise le texte de Pomponius et qui, plus tard, prirent le nom de barbares (1).

Comment se fait-il qu'à l'origine, *peregrinus* ait signifié membre d'un État indépendant en relations ou sans relations politiques avec Rome, et qu'ensuite ce terme ne s'applique plus aux membres des États indépendants sans relations avec Rome? C'est qu'à l'origine, Rome se trouvait en présence de nationalités frémissantes qui se dressaient en face de sa puissance ; cet état de choses eût été, avec le progrès de la civilisation, éminemment favorable au développement d'un droit international proprement dit, soit public, soit privé : mais il ne fut pas de longue durée et disparut devant les conquêtes de Rome. Celle-ci qui, au début, avait reconnu l'égalité et l'indépendance de tous les peuples, en vint à ne plus reconnaître de droits que pour les peuples qui lui

---

(1) Notamment, Humbert, *De la cond. des pérégr., Acad. de Législ. de Toul.*, 1870, p. 11-12 ; Accarias, *Préc.*, 2° éd., I, p. 92 ; Mommsen, *op. cit.*, II, p. 211 : suivant M. Mommsen, il faut entendre par pérégrins, au point de vue de la compétence du préteur pérégrin, toutes les personnes ayant le droit d'agir devant un tribunal romain, mais dépourvues du droit de cité. Cette formule est un peu vague, mais nous l'admettons, en précisant, comme nous l'avons fait, ce qu'elle comprend. — Cf. Frenoy, *De la cond. des pérégr., Thèses de doct. Paris*, 1879, tom. 8, p. 21-36. — Telle était aussi l'opinion de notre savant et très-regretté maître, M. Gide.

étaient soumis ou entraient avec elle dans des rapports qui ressemblaient plus ou moins à des rapports de dépendance.

Les étrangers, au sens moderne du mot, devant être exclus de la catégorie des *peregrini*, nous donnerons ce nom aux *amici*, aux *hospites*, et aux *socii* du peuple romain, qui représentent l'élément le plus indépendant que pût tolérer la domination de Rome, et à tous les sujets de l'*orbis romanus*, alliés italiques, Latins, membres de *liberæ civitates*, provinciaux ; à ces diverses catégories de sujets, il faut rattacher les affranchis Latins Juniens et les affranchis déditices, enfin, les *cives* qu'une condamnation pénale a réduits à la condition de pérégrin (1). Quelles que soient les différences qui séparent ces catégories d'individus, nous les mettrons en relief, quand, après avoir parlé de l'Édit, nous essaierons d'établir les règles de droit applicables à chacune de ces classes de justiciables, — ils relèvent tous du préteur pérégrin ; ce sont eux qui sont visés quand on dit que le préteur pérégrin *jus dicit inter peregrinos,* et *inter cives et peregrinos.*

32. — Que le préteur pérégrin soit compétent dans les procès des pérégrins ainsi définis entre eux, cela n'a jamais été contesté. Mais il faut admettre aussi sa compétence dans les procès entre romains et pérégrins, aussi bien quand le pérégrin est défendeur que quand il joue le rôle de demandeur. Ici, nous rencontrons deux opinions dont justice a été faite depuis longtemps et que nous ne mentionnons que pour mémoire. D'après Hugo, le préteur pérégrin disait le droit entre citoyens romains et aussi entre pérégrins : *inter cives, et peregrinos.* On interprète bien à tort, suivant lui, cette phrase : *inter cives et peregrinos jus dicebat,* de manière à lui faire signifier que le préteur pérégrin était compétent quand l'une des parties était un citoyen romain et l'autre un pérégrin ; cette phrase peut également vouloir dire que le préteur rendait la justice entre les romains, et entre ceux qui ne l'étaient pas ; et Hugo invo-

____

(1) A côté de ce sens large, *peregrinus* a un autre sens plus étroit, dans lequel il ne comprend plus que les Latins. Cf. *Ulp.*, 5, 4 ; 19, 4. — Sur ce qu'il faut entendre au juste par *amici, socii, hospites,* Voigt, *op. cit.,* II, p. 57, note 30.

que la loi *de Gallia Cisalpina* et le texte de Pomponius qui ne parle que de juridiction *inter peregrinos* (1). Il est vrai que, sous la République, la dénomination officielle du préteur pérégrin a été : *prœtor qui jus dicit inter peregrinos*. Il est vrai encore que Pomponius dit du préteur pérégrin : PLERUMQUE *inter peregrinos jus dicebat* ; cette façon de parler avait soulevé entre les glossateurs des controverses dont on retrouve l'écho jusque dans Mylius et Conradi, celui-là voyant dans le *plerumque* de Pomponius une allusion aux fonctions du préteur pérégrin autres que la juridiction, celui-ci l'interprétant en ce sens que la juridiction du préteur pérégrin s'exerçait la plupart du temps *inter peregrinos*, car il fallait s'adresser à lui toutes les fois qu'une action était intentée par ou contre un pérégrin (2). Mais, si les inscriptions de la République n'accusent pas en termes formels la compétence du préteur pérégrin *inter cives et peregrinos*, celles de l'Empire l'attestent expressément, et rien n'indique un changement de compétence ; de plus, Tite-Live emploie indistinctement, pour désigner le préteur pérégrin ou sa juridiction, les expressions *prœtor, jurisdictio inter peregrinos* ou *prœtor, jurisdictio inter cives et peregrinos* : c'est ainsi, pour ne citer qu'un exemple frappant, qu'après avoir d'abord qualifié la charge de M'. Juventius Thalna de *sors inter peregrinos* (*Liv.*, 45, 16), il la qualifie un peu plus loin de *jurisdictio inter cives et peregrinos* (*Id.*, 45, 21). Quant à donner à ces mots : *prœtor inter cives et peregrinos* le sens que leur prête Hugo, c'est un véritable tour de force, que, pour notre part, nous nous déclarons incapable d'accomplir. Enfin, il est difficile de voir dans le *plerumque* de Pomponius une expression qui restreigne la compétence du préteur pérégrin aux procès *inter peregrinos*, à l'exclusion de ceux qui s'élevaient *inter cives et peregrinos*. — Cette compétence embrasse tous les procès *inter cives et peregrinos*, quel que soit le rôle du pérégrin. C'est ce qui résulte avec une telle évidence de l'expression *prœtor qui jus dicit inter cives et peregrinos*, que

---

(1) Hugo, *Hist. du Droit rom.*, trad. Jourdan, I, § 158, p. 249, note 1.

(2) Mylius, *De prœt. peregr.*, *Paraphr. Theoph.*, Reitz, II, p. 1083-1084 ; Conradi, *De prœt. peregr.*, § 9, p. 16-18. Cf. Rodière, *Du prét. pérégr.*, *Acad. de Législ. de Toul.*, 1868, p. 326.

personne ne le conteste aujourd'hui. Mais on l'avait contesté autrefois. D'après Mylius — c'est ici la seconde opinion à laquelle nous faisions allusion tout à l'heure, —
le préteur pérégrin est compétent seulement lorsque l'action est intentée par un pérégrin, que ce pérégrin agisse
contre un romain ou contre un pérégrin comme lui.
Mylius ne donne aucune raison à l'appui de sa conjecture,
et se borne à citer un exemple qui montre des pérégrins
traduisant un citoyen romain devant le préteur pérégrin (1),
Il paraît avoir surtout à cœur de rejeter une application de
la maxime *actor sequitur forum rei* (2), et, en cela, il a
raison, car cette règle est absolument étrangère à la détermination de la qualité du magistrat devant lequel il faut
agir, et a trait uniquement à la détermination du lieu où
doit se vider le procès.

33. — Une application bien remarquable de la compétence du préteur pérégrin, *inter cives et peregrinos*, c'est
qu'un ancien magistrat romain, par exemple un gouverneur
de province sorti de charge, pourra être actionné devant
notre préteur par un pérégrin, pour faits commis pendant sa magistrature, notamment pour *furtum* ou *injuriæ*.
Cela n'avait point échappé aux anciens auteurs, qui citaient
presque tous l'exemple d'Antoine traduit devant Lucullus,
préteur pérégrin, par les Grecs qu'il avait dépouillés. Mais
la publication faite en 1872 par M. Fourcart d'un sénatus-
consulte inédit de l'an 584 = 170, du *senatus-consultum de
Thisbæis*, est venue jeter sur ce point un supplément de
lumière qui n'est pas à dédaigner. Il s'agit de trois femmes
de la ville de *Thisbæ*, en Béotie, au pied de l'Hélicon. Elles
ont été jetées en prison arbitrairement par le préteur C.
Lucretius. Le Sénat leur permet d'agir devant le préteur
pérégrin par l'action *injuriarum* (3). Voilà les faits. Ils nous
prouvent que, dès 584, s'appliquait aussi bien en faveur du
pérégrin que du citoyen, la règle posée par Ulpien en ces

____

(1) Mylius, *op. cit., Paraphr. Theoph.*, II, p. 1083-1084. — *Contrat*,
Conradi, *op. cit.*, § 9, p. 16-18.
(2) Rodière, *op. cit., Acad. de Législ. de Toul.*, 1868, p. 327 ; Faure,
op. cit., p. 96.
(3) *Senatus-consultum de Thisbæis*, l. 46-49 ; l. 50-52, *Ephem. Epigr.*
I (1872), p. 295-296 ; Cf. *Eph. Epigr.*, II (1875), p. 103.

termes (D., 47, 10, 32 ; Cf. 9, 2, 29, 7 ; 47, 10, 13, 6) : « *Nec magistratibus licet aliquid injuriose facere : si quid igitur per injuriam fecerit magistratus, vel quasi privatus, vel fiducia magistratus, injuriarum potest conveniri. Sed utrum posito magistratu, an vero et quamdiu est in magistratu ? Sed verius est, si is magistratus est, qui sine fraude in jus vocari non potest, exspectandum quod magistratu abeat.* »
Mais, pourquoi une autorisation préalable du Sénat ? M. Mommsen l'explique dans son commentaire aussi savant que lumineux sur ce sénatus-consulte (1). Assurément ce n'était pas là une exigence légale. Mais, à cette époque, tel était l'état de la République Romaine, que si un pérégrin eût actionné un personnage de l'ordre sénatorial, sans l'intervention préalable d'un sénatus-consulte, c'eût été, à tout le moins, peine perdue. C'est ainsi que, l'année précédente, les Espagnols avaient imploré à genoux du Sénat l'autorisation de traduire en justice leur ancien préteur : ils l'avaient obtenue ; mais ici le Sénat avait distrait l'affaire de son juge naturel, le préteur pérégrin, pour l'attribuer au préteur à qui était échue la province d'Espagne pour l'année suivante, et avait, d'ailleurs, dérogé au droit commun à d'autres points de vue : si nous voyons les Espagnols se choisir des *patroni*, ce n'est pas qu'ils en eussent besoin en droit, mais parce qu'en fait, les Espagnols s'attaquant à un personnage de haut rang, leur bon droit n'eût sans doute pas suffi à lui seul, sans l'appui de personnages d'un rang égal (2).

34. — Nous savons à quelles personnes s'adressait la ju-

----

(1) *Ephem. Epigr.*, I, p. 297 ; pour l'ensemble du commentaire, p. 278-298. — Le *S.-C.* qualifie l'action d'injures ici intentée d'*actio injuriarum in œstimationem* (trad. lat.) : il s'agit donc ici de l'action d'injures estimatoire, action d'origine coutumière (*Paul., Sent.*, 5, 4, 7), puis admise dans l'Édit prétorien : le *S.-C.* en atteste l'existence dès le VIe siècle de Rome. — L'affaire fut instruite par des récupérateurs : le *S.-C.* emploie la locution « *sitellam (id est urnam) ferre ad prætorem* » (trad. lat.), pour dire : demander au préteur d'instituer des récupérateurs ; ceux-ci furent donc tirés au sort. Mommsen, *Eph. Epigr.*, II, p. 103-104.

(2) Mommsen, *Ephem. Epigr.*, I, p. 297 ; *Id., Rom. Staatsr.*, II, p. 212, note 1 ; Faure, *op. cit.*, p. 93, note 99 : M. Faure suppose les Espagnols agissant devant le préteur pérégrin ; c'est une légère inadvertance (*Liv.*, 43, 2). — *Adde* Zumpt, *op. cit.*, II, 1, p. 12 sq.

ridiction du préteur pérégrin. Mais, tout pérégrin pouvait-il actionner devant lui tout citoyen romain ou tout pérégrin auquel il voulait intenter un procès, et tout citoyen romain pouvait-il agir devant lui contre tout pérégrin ? Il serait fort dangereux de vouloir appliquer au préteur pérégrin les règles de compétence que nous ont conservées le Digeste et le Code : on arriverait ainsi à des résultats tout à fait étranges (1). Sans doute, la juridiction du préteur pérégrin s'adresse avant tout aux pérégrins résidant à Rome à demeure fixe, ou qui, y étant de passage, ont contracté dans cette ville un rapport juridique quelconque (par exemple, un rapport d'obligation), ou encore ont choisi Rome pour lieu d'exécution d'une convention. Mais, comme les citoyens, les alliés *lato sensu* et les sujets de Rome avaient, croyons-nous, dans la ville une sorte de domicile commun ou plutôt de *forum originis* commun, qui les rendait justiciables du préteur pérégrin, soit comme demandeurs, soit comme défendeurs. La règle « *Roma communis nostra patria est* » (D. 50, 1, 33) s'applique aussi bien aux pérégrins qu'aux citoyens, à notre avis du moins. Il suffit de se rencontrer avec son adversaire à Rome, pour pouvoir agir contre lui devant le préteur pérégrin. Sa compétence est donc, en théorie, illimitée en ce qui concerne les rapports des pérégrins entre eux ou avec les citoyens romains ; mais, en fait, elle s'appliquera principalement aux pérégrins ou aux citoyens romains qui sont domiciliés à Rome, ou y ont noué un rapport juridique, ou ont choisi Rome pour lieu d'exécution d'une convention.

35. — Reste à se demander, à propos de la compétence du préteur pérégrin, si elle fut légalement et invariablement déterminée par rapport à celle du préteur urbain. Sans doute, les affaires entre citoyens romains devaient aller naturellement devant le préteur urbain, et les affaires entre pérégrins ou entre romains et pérégrins devant le préteur pérégrin. Nous sommes convaincu qu'en fait, il n'y eut jamais entre le préteur urbain et le préteur pérégrin de conflit de juridiction. Chaque préteur de la ville avait, à l'égard de son collègue,

____

(1) On peut s'en convaincre en lisant **M.** Frenoy, *De la cond. des pérégr.*, *Thèses de doct.*, *Paris*, 1879, 8, p. 63-64.

le droit d'intercession, mais nous ne voyons pas que jamais
ce droit ait été employé par l'un ou par l'autre pour ramener les plaideurs à leur magistrat naturel et spécial. Mais,
en droit, deux citoyens romains pouvaient-ils s'adresser au
préteur pérégrin? Deux pérégrins pouvaient-ils se présenter devant le tribunal du préteur urbain? Enfin un pérégrin
pouvait-il traduire devant le préteur urbain son adversaire
citoyen romain, ou *vice versa* le citoyen romain son adversaire pérégrin? Une opinion très-ancienne et qui compte encore aujourd'hui des partisans, refuse au pérégrin le droit
de s'adresser au préteur urbain, et de citer devant lui, soit
un autre pérégrin, soit un citoyen romain (1). Il nous semble
préférable d'admettre qu'à ce point de vue, pas plus qu'à
aucun autre, les juridictions respectives des deux préteurs de
la ville n'étaient exclusives l'une de l'autre. C'est plus conforme à l'esprit général de la constitution romaine. Un de
ses traits les plus caractéristiques, c'est l'absence de compétences nettement délimitées, au point qu'on a vu parfois
les édiles se charger des affaires des consuls (*Liv.*, 3, 16),
les tribuns, de celles des édiles (*Dio. Cass.*, 49, 16) (2). Il
serait bien étrange que deux collègues, deux préteurs qui forment à eux deux un groupe à part dans l'ensemble de la préture et qui rendent la justice l'un à côté de l'autre, eussent été
enfermés dans un cercle infranchissable et cantonnés dans
une compétence strictement exclusive. Il y a plus : la
réunion fréquente, au moment de la répartition des charges,
de la préture urbaine et de la préture pérégrine, sur la même
tête, et, plus fréquent encore, le transport après coup par
voie de mandat de la juridiction du préteur pérégrin au préteur urbain, bien qu'ils ne puissent avoir lieu qu'en vertu d'un
sénatus-consulte, n'indiquent-ils pas plutôt l'absence que
l'existence de limites respectives entre les deux charges ?
La création du préteur pérégrin eut pour but principal de
diminuer la tâche du préteur urbain; il n'est pas vraisemblable
qu'elle ait affaibli son autorité et restreint sa juridiction : or,
avant qu'il y eût deux préteurs, le préteur unique était com-

(1) Forster, *De hist. jur. civ. Rom.*, 1565, p. 208 ; Hotmanus, *De Mag.
Rom.*, *Opp.*, III, 1600, f. 263 ; Mylius, *op. cit.*, *Paraphr. Theoph.*, II,
p. 1083-1084 ; Mommsen, *Eph. Epigr.*, I, p. 296.
(2) Cf. *Pauly's Real-Encycl.*, IV, p. 1432-1433, *v° Magistratus*.

pétent aussi bien dans les procès entre pérégrins ou entre
romains et pérégrins que dans les procès entre citoyens
seuls. On pouvait *lege agere* devant le préteur pérégrin
aussi bien que devant le préteur urbain. C'est un point aujourd'hui acquis à la science, qui l'a longtemps mis en doute et même nié catégoriquement (1). Qui était en droit de
procéder ainsi par la *legis actio*, notamment par le *sacramentum*, devant le préteur pérégrin? M. Mommsen admet
que tous les pérégrins avaient ce droit(2). C'est bien hardi et
bien invraisemblable, étant donnés l'inflexible rigueur du
formalisme romain et. le fait que la *sponsio* n'était pas
encore accessible aux pérégrins même du temps de Gaius.
On peut reconnaître ce droit, qu'on doit refuser aux pérégrins
en général, à une catégorie privilégiée de pérégrins, aux
Latins. Mais, pourquoi se refuserait-on à voir des citoyens
romains dans ceux qui agissent par le *sacramentum* devant
le préteur pérégrin ? Autant il serait arbitaire, à nos yeux,
de ne voir que des citoyens romains dans ceux qui intentent
la *legis actio* devant le préteur pérégrin, autant il semble naturel de ranger parmi ceux qui peuvent l'intenter devant ce
préteur, en première ligne, les citoyens romains. Enfin, le
plerumque de Pomponius n'a-t-il pas précisément pour but
d'écarter l'idée d'une compétence exclusive? Dans tous les
cas, il est plutôt favorable que contraire à notre manière de
voir, d'après laquelle le préteur urbain peut connaître des
procès entre pérégrins ou entre romains et pérégrins, et le
préteur pérégrin des procès entre citoyens romains (3).

36. — Telle est la compétence du préteur pérégrin. Elle
est demeurée invariable, sauf à s'étendre en fait, à mesure
que s'élargissait le cercle des pérégrins, par suite des
conquêtes ou des alliances de Rome. Mais elle aurait été
élargie d'une autre façon, d'après deux opinions qui,

(1) C'était, jusqu'à la découverte des *Institutes* de Gaius, un axiome
qu'on ne pouvait *lege agere* devant le préteur pérégrin : nous y reviendrons à propos de la juridiction gracieuse. Or, Gaius a fait pour toujours
justice de ce prétendu axiome (*Gai.*, IV, 31).

(2) Mommsen, *C. I. L.*, I, p. 66, n° 23.

(3) En ce sens: Zimmern, *Gesch. des Rom. Recht.* I, § 13, p. 49, note
14 ; Zumpt, *op. cit.*, I, 2, p. 108 ; Faure, *op. cit.*, p. 95-97 ; Frenoy, *op.
cit.*, p. 64.

malgré leur caractère conjectural, méritent d'être mentionnées. Suivant Huschke, lorsque les Confédérés et les Cisalpins ont reçu la cité romaine, ils ont relevé du préteur pérégrin, et non du préteur urbain, quand ils avaient à plaider à Rome. On doit l'admettre, pour expliquer comment il se fait que Gaius, IV, 31, nous montre le préteur pérégrin présidant un procès centumviral, car un tel *judicium* repose sur les *leges* et, par conséquent, est fermé aux pérégrins (1).
— Cette opinion est une conjecture toute pure qui ne s'appuie sur aucun indice positif (2), et dont on ne voit pas bien la raison : ne pourrait-on pas admettre que Gaius, en parlant d'une *legis actio sacramenti* intentée devant le préteur pérégrin dans un procès centumviral, songe aux Latins, comme il songe à eux en parlant un peu plus bas de la *legis actio damni infecti causa* ? — D'après M. Voigt, le préteur pérégrin serait devenu en 711, en vertu de la loi *Rubria*, le gouverneur de la Gaule Cisalpine, du moins aurait remplacé l'ancien *præses Galliæ Cisalpinæ* au point de vue de la juridiction civile et de l'édit. S'il en fut ainsi, et si ces fonctions furent attribuées au préteur pérégrin, non au préteur urbain, cela tient à ce qu'il y avait encore dans la Gaule Cisalpine, après la loi *Julia Municipalis* de 705, des agglomérations d'habitants dépourvus du droit de cité (3). — C'est encore une conjecture, ou tout au moins une exagération conjecturale d'un fait réel : en 711, il n'y eut plus de gouverneur pour la Gaule Cisalpine ; la loi *Rubria* prescrit aux magistrats locaux de se conformer, dans leurs stipulations *damni infecti*, à la formule de l'Édit du préteur pérégrin : rien de plus (4).

(1) Huschke, *Die Multa und das sacramentum*, Leips., 1874, p. 405-407.

(2) Huschke invoque la loi *Rubria*, (note 146, p. 406) ; mais que prouve-t-elle ? Elle prescrit aux magistrats municipaux de se conformer dans leurs stipulations *damni infecti* à la formule de l'Édit du préteur pérégrin. Huschke invoque encore la loi *Quinctia* et l'Édit de *Venafrum*, mais sans plus de raison, à ce qui nous semble.

(3) Voigt, *op. cit.*, II, p. 757-758, note 851.

(4) A propos de l'Édit du préteur pérégrin, nous rechercherons, avec Savigny et Puchta, pourquoi la loi *Rubria* prescrit aux *duumviri juridiciundo*, d'employer dans leurs stipulations de procédure la formule de cet Édit, et non celle de l'Édit du préteur urbain. Cf. Savigny, *Verm. Schriften*, III, 1850, p. 321 ; p. 399-400.

Connaissant la compétence du préteur pérégrin, nous pouvons passer à l'étude de sa juridiction proprement dite.

II

37. — Si nous avions à étudier la juridiction du préteur urbain, il faudrait distinguer avec soin l'époque antérieure et l'époque postérieure à la loi *Æbutia*. Ici, la distinction a moins d'importance : la juridiction du préteur pérégrin s'adressant avant tout aux pérégrins, qui n'avaient pas la *legis actio*, son rôle ne fut pas, même au début, ce rôle effacé et presque passif que jouait le magistrat chargé de présider aux solennités de la *legis actio*, sous le premier système de procédure.

Déjà, alors qu'il n'y avait qu'un seul préteur qui avait dit le droit entre pérégrins et entre romains et pérégrins aussi bien qu'entre seuls citoyens romains, il avait fallu jeter pour ceux-là les premiers fondements d'un nouveau système de procédure ; quand vint le préteur pérégrin, il dut élever sur ces premiers fondements quelques constructions qui devinrent la pierre angulaire de l'édifice vraiment grandiose de la procédure *per formulas*. On ne saurait en effet contester que le système formulaire n'ait dû faire sa première apparition avant la loi *Æbutia*. Sans doute, il aura pris place dans la pratique à côté des *legis actiones*, avant d'être consacré législativement. Or, où placer l'origine de cette procédure nouvelle, si ce n'est dans la juridiction qui n'avait pas à appliquer l'ancienne et ne pouvait pas le faire, et se trouvait pourtant en-présence de droits à reconnaître et à sanctionner, c'est-à-dire dans la juridiction qu'exerça tout d'abord l'unique préteur entre pérégrins ou entre romains et pérégrins, et, d'une façon plus appréciable, dans la juridiction du préteur pérégrin ? Seulement, cette action du préteur pérégrin sur la création et sur le développement du système formulaire sera plus ou moins considérable, suivant la date qu'on assignera à la loi *Æbutia*. Or, cette loi est certainement antérieure à Plaute, c'est-à-dire à la fin du vi° siècle ; par conséquent, il faut écarter la date 605, qu'ont proposée quelques interprètes. Mais faut-il placer la loi

Æbutia dans la première ou dans la seconde moitié du vi° siècle? Il en est qui l'ont placée tout à fait au commencement de ce siècle, à une date antérieure à 516 ou à 519 (1). Pour ces auteurs, cette loi est contemporaine de la création du préteur pérégrin, qui n'a pas pu ainsi exercer une grande influence sur l'avénement du système formulaire. Il est préférable, semble-t-il, d'accepter une date un peu postérieure, et de placer la loi *Æbutia* vers la fin de la première moitié du vi° siècle, ou, tout à fait au commencement de la seconde moitié de ce siècle. Et, en effet, c'est vers 550 que se place la publication du *Jus Ælianum,* (ou *Tripertita*) du scribe Ælius, ouvrage qui contenait toute la matière du droit en trois livres, le premier consacré aux XII Tables, le second à l'*interpretatio,* le troisième aux *legis actiones* (2). Cette publication s'annonce bien comme antérieure à la loi *Æbutia,* mais celle-ci doit la suivre de près : on peut même voir un lien entre la publication du *Jus Ælianum* et la promulgation de la loi *Æbutia* ; la première provoqua peut-être la seconde en divulguant et en perçant à jour le caractère *odieux* (*Gai.* IV, 30) de l'ensemble du système des *legis actiones.* Toujours est-il que, lorsque la loi *Æbutia* fut rendue, le préteur pérégrin eut les coudées plus franches pour façonner le droit, non à sa guise, mais d'après les exigences de l'équité et des relations commerciales, et qu'il put marcher désormais d'un pas mieux assuré dans la voie de la constitution et du développement d'un droit applicable aux rapports des pérégrins entre eux et à leurs rapports avec les romains.

38. — On connaît le rôle du préteur sous le système formulaire. Toute la latitude qu'avait le préteur urbain appartenait aussi au préteur pérégrin, mais celui-ci fut amené par

____

(1) Par ex., **M.** Voigt, *op. cit.*, II, p. 655-657, § 83. Cet auteur place la Publicienne en 516 ou 519 (Cf. *Id., ibid.*, § 77, p. 619). Cela admis, la loi *Æbutia* est forcément antérieure. Cf. Puchta, *Instit.*, 8° éd., I, p. 193-194.

(2) **M.** Marquardt, *Rom. Staatsverwalt.*, III, 1878, p. 307, place la publication du *jus Ælianum*, en 554 = 200. Quant au contenu du *jus Ælianum*, il est attesté par Pomponius, D. 1, 2, 2, 38, d'une manière très-nette : « *S. Ælium etiam Ennius laudavit, et exstat illius liber qui inscribitur Tripertita, qui liberveluti cunabula juris continet. Tripertita autem dicitur, quoniam lege XII Tabularum præposita jungitur interpretatio, dein subtexitur legis actio.* »

la force même des choses à en user dans une mesure encore plus large. Deux pérégrins ou un romain et un pérégrin se présentent devant le tribunal du préteur pérégrin. Après avoir écouté l'exposé sommaire des faits, qu'il n'examine pas et tient pour acquis, le préteur pérégrin se demande tout d'abord si la prétention alléguée par le demandeur mérite une protection juridique, s'il y a lieu d'accorder une action. Si le préteur estime qu'il n'y a pas lieu, il le déclare « *denegat actionem* », et le procès est arrêté net. S'il estime qu'il y a lieu, il doit examiner maintenant par quelle action il convient d'assurer et de mettre en œuvre cette protection juridique. Dans cet examen, le préteur pérégrin n'a à prendre en considération que l'équité, les usages commerciaux, les besoins de la vie sociale, les réclamations de l'opinion publique. Il peut arriver ainsi à la conclusion qu'il est nécessaire de transporter aux rapports entre pérégrins ou entre romains et pérégrins une action que le *jus civile* reconnaît et consacre dans la sphère des rapports des citoyens romains entre eux, ou même de créer de toutes pièces une action nouvelle. Sans doute, quand le *jus gentium* se fut développé et qu'il présenta un ensemble de règles et d'institutions bien établies, et quand l'Édit du préteur pérégrin eut acquis ou fut en bonne voie d'acquérir cette importance qui fit de ses dispositions un « *amplissimum jus* » (*Gai.*, I, 6), c'est là avant tout que le préteur pérégrin allait chercher l'action à octroyer. Mais, même alors, il put toujours sanctionner une prétention jusqu'ici méconnue qui méritait de ne plus l'être.

Le préteur étant décidé à accorder une action et ayant arrêté son choix sur une action spéciale, il lui reste à rédiger un petit écrit dans lequel il institue un ou plusieurs jurés, et lui donne ou leur donne ses instructions : ce petit écrit s'appelle la *formule*. C'est dans la rédaction de la formule que se manifeste toute la puissance du préteur. Il peut rédiger la formule d'une action déjà existante dans des termes tels que cette action va profiter à des personnes auxquelles elle n'était pas destinée ou se tourner contre ceux qu'elle ne songeait pas à atteindre : il supposera au pérégrin la cité romaine, et, grâce à cette fiction, l'action frappera ou protégera le pérégrin. C'est ainsi que les actions *furti* et *legis Aquiliæ* ont été données au pérégrin, ou contre lui : de chacune de ces deux actions on peut dire : « *Justum est actionem etiam ad peregrinum extendi* » (*Gai.*, IV, 37). Mais si le droit civil ne fournit pas d'analogie, le préteur pérégrin entre plus profondément encore dans la voie de l'innovation : il fait dépendre, dans l'instruction qu'il donne au juré, la condamnation ou l'absolution, du point de savoir si tels faits ont eu lieu, oui ou non ; il place le juge en dehors du droit, rédige la formule *in factum* (D., 19, 5, 11, Paul). Nous faisons allusion à ces deux procédés de rédaction, parce que les formules *fictices* et les formules *in factum* sont à la fois les plus anciennes et celles auxquelles le préteur pérégrin, ainsi que le préteur urbain, recourut le plus fréquemment. Parmi les actions *in factum* dont la création est due au préteur pérégrin, on peut signaler l'*actio vi bonorum raptorum*, qui fut inventée par le préteur pérégrin Lucullus (1). Mais ce n'est pas seulement la faculté d'introduire des actions, et, par là, de reconnaître et de consacrer de sa propre autorité de véritables droits, que la mission de rédiger la formule confère au préteur : il peut insérer dans la formule des *præscriptiones* et des *exceptiones*, et il a en elles des ressources précieuses pour donner satisfaction aux *desiderata* indéfiniment variés de la pratique et de l'équité.

La formule délivrée au demandeur, le préteur est dessaisi ; mais, par l'instruction qu'il a adressée au juré, il a exercé une influence prépondérante sur la décision du litige. Le juge est lié par l'instruction du préteur : il doit résoudre la question posée par la formule, condamner s'il la résout affirmativement, absoudre s'il la résout négativement (2). Aussi a-t-on pu dire que la formule est une sentence conditionnelle, une sentence subordonnée à la vérification par le juré des faits que le préteur a tenus pour constants. Mais, ce serait une erreur grave, et presque grossière, de croire, comme on l'a fait parfois, assez fréquemment même, que le préteur tranche dans la formule la question de droit, et que

(1) Nous reviendrons sur ce point, avec justification à l'appui, à propos de l'Édit du préteur pérégrin, au ch. IV.

(2) Le juge peut aussi jurer *sibi non liquere*, mais dans des cas manifestement exceptionnels.

le jury résout dans la sentence la question de fait. Dans tout procès, il y a deux questions : une question de droit, générale et abstraite, et une question d'application, à la fois de droit et de fait. La solution de la première question incombe au préteur, la solution de la seconde est confiée au jury.

39. — Ce jury devant lequel renvoie le préteur pérégrin, et devant lequel, la procédure *in jure* close, va s'accomplir la procédure *in judicio*, consiste en un ou plusieurs particuliers institués pour l'affaire actuellement pendante, savoir un *judex*, un *arbiter*, trois ou cinq *recuperatores*.

Le préteur pérégrin renvoie-t-il indistinctement devant l'une ou l'autre catégorie de jurés ? Entre le *judex* et l'*arbiter*, qui siégent toujours seuls, sauf à s'entourer d'un *consilium*, comme le fait le préteur lui-même, il semble bien qu'il n'y ait aucune différence essentielle. Les textes comprennent souvent l'*arbiter* sous la dénomination de *judex*. C'est ainsi que Gaius (IV, 105. 109) oppose les *judicia recuperatoria* à tous ceux *qui sub uno judice accipiuntur;* peut-être l'*arbiter* a-t-il des pouvoirs d'appréciation plus étendus, et l'expression *judex* s'applique-t-elle surtout lorsqu'il ne s'agit que de répondre par un oui ou par un non catégorique à la question de savoir si une *certa pecunia* est due, sans avoir à faire aucune évaluation (1). Quant aux *recuperatores*, qui siégeaient ordinairement au nombre de trois, quelquefois au nombre de cinq, l'opinion commune voit en eux, à l'origine, des commissaires internationaux chargés de juger, en vertu d'un traité, les différends entre romains et membres d'une nation étrangère (2). Quoiqu'il en soit, cette institution apparaît dans la seconde moitié du VI⁰ siècle avec un caractère purement national, et c'est sans doute devant les *recuperatores* que le préteur pérégrin

(1) Accarias, *Préc.*, II, p. 800-801.

(2) Zumpt, *op. cit.*, II, 1, p. 15, note 5, a combattu cette opinion : d'après lui, les *recuperatores* existèrent à côté des *judices* proprement dits dès la plus haute antiquité pour juger les procès entre citoyens romains, et furent employés plus tard au jugement des procès internationaux. Puchta, *Instit.*, I, p. 203-204, admet que la *recuperatio* est à l'origine une institution internationale, en ce sens qu'elle était établie dans des traités et qu'elle concernait les rapports entre membres de nations différentes ; mais, d'après lui, les tribunaux de récupérateurs n'étaient pas des tribunaux mixtes, et se composaient exclusivement des citoyens du pays où ils siégeaient,

renvoie à cette époque, pour les procès entre romains et pérégrins (Denys d'Hal., 6, 95). Enfin, on voit, au moins dès Cicéron, les *recuperatores* juger dans des procès entre citoyens romains. A l'inverse, l'*unus judex* figure dans des procès entre romains et pérégrins ou entre pérégrins (*Gai.*, IV, 105). Ainsi, il semble que vers la fin du VI° siècle et assez longtemps encore après, le préteur pérégrin ait dû instituer de préférence des *recuperatores* pour les procès entre romains et pérégrins. Mais, plus tard, à l'époque où l'on rencontre des *recuperatores* chargés de juger des procès entre citoyens romains, et l'*unus judex* institué dans des procès entre pérégrins ou entre romains et pérégrins, y avait-il des causes qui dussent être nécessairement renvoyées devant des *recuperatores* ? C'est une question qu'il est bien difficile de résoudre. Il est des matières pour lesquelles les parties étaient renvoyées devant un *judex* ou des *recuperatores*, sans doute à leur choix ; il en est ainsi, notamment, en matière d'injures et d'interdits (*Gai.*, III, 224 ; IV, 141). Peut-être, à partir de l'Empire, les questions d'état étaient-elles jugées exclusivement par des *recuperatores* (1). On admet, d'ailleurs, assez communément, que l'expédition des affaires était plus rapide devant les *recuperatores* que devant les *judex* ou l'*arbiter*. Zumpt a vivement attaqué cette manière de voir : et, de fait, il faut reconnaître, avec M. Accarias, que c'est une conjecture qui ne s'appuie que sur des indications peu précises (2). — Il est bien remarquable que l'intervention d'un *judex peregrinus* nous soit attestée (*Gai.*, IV, 105) : sans doute, l'institution de ce *judex peregrinus* ne se rencontrait pas dans les procès entre citoyens romains à l'origine, mais uniquement dans les procès entre pérégrins, ou entre romains et pérégrins.

Enfin, quel était le droit du préteur pérégrin relativement à l'institution de l'*unus judex* ou des *recuperatores* ? Il pouvait choisir l'*unus judex* en dehors de la liste annuelle des *selecti judices*, dressée par le préteur urbain, vraisem-

---

(1) Accarias, *Préc.*, II, p. 801.

(2) Zumpt, *op. cit.*, II, 1, p. 16 sq., note 6 ; Accarias, *op. cit.*, II, p. 801-802.

blablement à partir de 684 : cette liste ne liait pas le préteur pérégrin (1). Gaius suppose, nous venons de le constater, l'institution d'un *judex peregrinus* à Rome. Quant aux *recuperatores*, même si l'on admet que dans certains cas ils devaient être pris dans des catégories de personnes déterminées, il faut reconnaître que le préteur pérégrin avait toute latitude pour les désigner. Mais, soit qu'il s'agisse de *l'unus judex*, soit qu'il s'agisse des *recuperatores*, le préteur pérégrin ne pourra instituer que des personnes capables (2). Son intervention sera, d'ailleurs, subsidiaire, et limitée au cas où les parties ne pourraient pas s'entendre sur le choix d'un *judex* ou de *recuperatores* capables. Toutefois, pour ceux-ci, il semble que le sort joue un rôle qui ne lui est pas attribué dans la désignation du *judex* : les parties tiraient-elles au sort les *recuperatores* au lieu de les choisir, ou les préteur leur faisait-il tirer au sort ces mêmes *recuperatores* au lieu de les désigner lui-même? On peut n'admettre ni l'une ni l'autre de ces deux solutions et voir ainsi dans ce que suppose le *S.-C. de Thisbœis* une dérogation à ce qui avait habituellement lieu. Toujours est-il que dans ce sénatus-consulte, il est question de « *sitellam ferre ad prœtorem.* » Cette locution (*sitella* est synonyme, ou à peu près, de *urna*) signifie : tirer au sort en présence du préteur. On lit, d'ailleurs, dans le Panégyrique de Pline, *c.* 36 : «*recuperatores sors et urna adsignat* (3).

40. — Nous avons jusqu'ici raisonné dans l'hypothèse la plus fréquente, celle où le préteur pérégrin rédige une formule et adresse les parties à un juge ou à des récupérateurs. Mais si l'organisation d'un *judicium* est le cas le plus habituel, il s'en faut que ce soit le cas unique. De bonne heure, et de tout temps, vraisemblablement, le préteur a pu retenir l'affaire par devers lui, l'instruire et la juger. En pareil cas, il y a *cognitio extraordinaria*. Les cas de *cognitio extraordinaria* ne furent jamais exactement déterminés :

(1) Mommsen, *Rom. Staatsr.*, II, p. 224.
(2) Par personne capable, il faut entendre ici tout individu du sexe masculin, libre et pubère, qui n'est ni sourd, ni muet, ni fou sans intervalles lucides, et qui n'a pas été exclu du Sénat (Paul, D., 5, 1, 12, 2). Cf. Accarias, *op. cit.*, II, p. 803, note 3.
(3) Mommsen, *Ephem. Epigr.*, II, p. 103-104.

assez rares à l'origine, ils devinrent plus fréquents, et l'on comprend qu'il en ait été ainsi, car le préteur avait là un moyen de donner satisfaction à l'équité et de subvenir à des situations auxquelles son *imperium* seul pouvait remédier ; finalement, le système de la *cognitio extraordinaria* supplanta le système formulaire. Il y aura *cognitio extraordinaria*, quand le préteur imposera une *stipulatio prœtoria*, délivrera un interdit (1), prononcera une *missio in possessionem* ou une *restitutio in integrum*. Mais, dans les deux premiers cas, il naîtra de l'interdit et de la *stipulatio prœtoria* un droit qui donnera lieu ultérieurement à une action et à l'organisation d'un *judicium*; il pourra en être de même après la *restitutio in integrum*. Que le préteur pérégrin ait employé, comme le préteur urbain, le procédé de la *stipulatio præ toria*, il en existe une preuve à propos du *damnum infectum* (2). — Ces cas de *cognitio extraordinaria* sont les plus saillants ; mais il y en a une multitude d'autres : ce n'est point le lieu d'en parler ici.

41. — A côté de la juridiction proprement dite, ou juridiction contentieuse, que nous avons jusqu'ici seule envisagée, le préteur pérégrin avait la juridiction gracieuse ou *legis actio*, c'est-à-dire le droit de participer et de présider à certains actes juridiques dont l'accomplissement exige l'emploi des formes du *sacramentum* : par exemple, l'affranchissement *vindicta*, l'adoption, l'*in jure cessio*. Seulement, ces actes ne pourront tous être accomplis devant lui que par des citoyens romains; parmi les pérégrins, les Latins seuls pourront recourir devant le préteur pérégrin aux solennités de la *legis actio*, et encore ne le pourront-ils point pour les actes qui ont trait ou ont été rattachés au *jus connubii*, auquel ils n'ont point part, mais exclusivement pour ce qui concerne le *jus commercii* : ainsi, les Latins ne pourront adopter, émanciper, affranchir devant le préteur pérégrin,

______

(1) Sur ce point, on évitera toute confusion en se référant aux explications lumineuses de notre savant maître, M. Accarias, *Préc.*, II, n° 951, p. 1322 : « Si les interdits, considérés en eux-mêmes, c'est-à-dire en tant que simples ordres ou défenses, appartiennent à la *cognitio extra ordinem*, ils n'aboutissent, ils ne donnent de résultats certains, que par une application ultérieure de la procédure ordinaire, et, à vrai dire, ils n'ont d'autre but que de fournir une base à cette procédure. »

(2) Nous y reviendrons à propos de l'Édit.

non à cause de l'incapacité de celui-ci, mais en raison de leur incapacité propre ; ils pourront accomplir les solennités de l'*in jure cessio* devant ce magistrat. Nous nous croyons en droit de le conclure d'un passage de Gaius (IV, 31) où le jurisconsulte nous montre, dans un procès réel, la *legis actio* accomplie devant le préteur pérégrin, ce qui ne peut se référer, en dehors des citoyens romains, qu'à des Latins : si, dans un procès réel, les Latins recourent à la *legis actio* devant le préteur pérégrin, pourquoi n'y recourraient-ils pas dans ce procès fictif qui s'appelle l'*in jure cessio* ? Mais on voit par là, qu'en fait, la juridiction gracieuse du préteur pérégrin ne s'exercera que dans une mesure bien restreinte, et qu'elle sera loin d'avoir la large sphère d'application qui appartient à la juridiction gracieuse du préteur urbain : c'est à celui-ci, qu'en fait, s'adresseront les citoyens romains, et les Latins pourront s'adresser, théoriquement, aussi bien à lui qu'au préteur pérégrin pour accomplir les rites de l'*in jure cessio*. Cette considération sert à expliquer, jusqu'à un certain point, l'erreur dans laquelle étaient tombés presque tous les anciens interprètes. C'était, surtout depuis Hotman, mais déjà avant lui, une doctrine à peu près incontestée, que le préteur pérégrin n'avait pas la *legis actio* (1). Mais après avoir longtemps régné presque sans partage, cette opinion fut abandonnée vers le milieu du XVIIIe siècle. Campanius hésite, mais en fin de compte la rejette plutôt qu'il ne l'admet. Mylius et Conradi la repoussent catégoriquement (2). Déjà Cujas avait fait remarquer que la rubrique du titre *de Officio Prœtorum*, au Digeste, montre que ce titre a en vue le préteur pérégrin comme le préteur urbain ; or, il n'y est question que de cette partie de la juridiction qui concerne la *legis actio*, d'où il faut conclure que la *legis actio* a appartenu au préteur pérégrin. Conradi, après avoir montré

____

(1) Forster, *De hist. jur. civ. Rom.*, 1565, p. 208 ; Hotman, *Opp.*, III, 1600, *De Mag. Rom.*, f. 262-263 ; Bretus, *Ordo perant. jud. civ.*, 1604, p. 17ᵃ. 17ᵇ ; Gravina, *Origin. jur. civ.*, 1737, p. 35. Cet auteur déclare qu'à ses yeux : « *nondum liquet* », mais il incline vers la bonne opinion, quoiqu'il allègue en sa faveur de mauvaises raisons.

(2) Campanius, *De Offic. et potestate Mag. Rom.*, Genève, 1725, p. 210-211, c. 68 ; Mylius, *op. cit.*, 1732, § 12, *Par. Theoph.*, Reitz, II, p. 1088 ; Conradi, *op. cit.*, *Parerga*, 1740, § 16, p. 30-31.

que le passage de Cicéron (*pr. Flacc.*, 21) qu'avaient allégué les partisans de l'ancienne opinion, n'a en aucune façon trait à la *legis actio*, émet cette idée fort juste : de ce que les pérégrins dépourvus du *jus commercii* ne pouvaient exercer la *legis actio*, il ne résulte pas qu'on ne pût *lege agere* devant le préteur pérégrin ; rien n'empêchait les citoyens romains d'accomplir devant lui les actes qui relevaient de la juridiction gracieuse, et, devant lui, pouvaient *in jure cedere* les pérégrins qui avaient le *jus commercii* (1).

42. — C'est sous la République que nous avons étudié la juridiction du préteur pérégrin. Sous l'Empire elle demeura intacte, en apparence, mais, au fond, elle perdit presque tout son prestige, parce qu'elle perdit son indépendance ; et, de souveraine et sans appel qu'elle était auparavant, elle devint subordonnée et susceptible d'appel : on peut appeler du préteur devant le préfet du prétoire. La juridiction de ce haut fonctionnaire et celle du préfet de la ville s'accrurent, d'ailleurs, aux dépens de la juridiction du préteur urbain et du préteur pérégrin, grâce au droit d'évocation. La mission du préteur, désormais rangé, quant à la juridiction, parmi les magistrats inférieurs, ne consiste plus, comme on l'a dit (2), « à former le droit en l'appliquant, mais simplement à l'appliquer sous la surveillance et les ordres des hauts fonctionnaires institués par l'Empire. »

(1) Conradi, *op. cit.*, § 16, p. 30-31.
(2) Faure, *Essai hist. sur le prét. rom.*, p. 125.

CHAPITRE IV

L'ÉDIT DU PRÉTEUR PÉRÉGRIN

43. — *Edicere*, c'est faire à la cité une communication ayant le caractère d'un ordre ou d'une réglementation. Cette communication s'appelle *edictum*. En règle, l'*edictum* est lu tout d'abord par son auteur, qui est toujours un magistrat, à haute voix, *in concione*, c'est-à-dire dans l'assemblée des citoyens ; après cette publication orale, vient la publication écrite, par voie d'affiches. C'est ce qu'atteste, par exemple, Cicéron, *de fin.*, 2, 22 (Cf. *Id., de off.*, 3, 20) *:* « *Est enim tibi, jam cum magistratum inieris et* IN CONCIONEM ASCENDERIS, *edicendum.* » Le magistrat monte aux Rostres, et s'adresse au peuple. Cela explique, suivant la remarque de M. Mommsen, qu'en tête de l'édit, figure toujours immédiatement après le nom de son auteur, le mot *ait* ou *dicit*. On peut dire, encore avec M. Mommsen, que la *concio* est ainsi à l'*edictum* du magistrat présent ce qu'est à l'*edictum* du magistrat absent la lettre qui l'accompagne. De même que la *concio* a lieu, en règle, sur le *forum*, de même l'édit, en règle, est affiché (*proscribitur*) *apud forum palam, unde de plano recte legi possit* ; tout le monde pourra en prendre copie (loi *Repetundarum*, 1. 18) (1).

Le *jus edicendi* appartient à tous les magistrats, qui en usent dans les circonstances les plus multiples et les plus diverses. On rencontre des édits relatifs à la convocation des comices, aux séances du Sénat, aux levées, aux deuils publics, aux ventes publiques, aux fêtes, aux jeux (*edictum ludorum*). Mais entre tous, les plus importants sont ceux que les magistrats rendent à leur entrée en charge pour

---

(1) Sur tous ces points, Mommsen, *Rom. Staatsr*, I, p. 196-197, et les notes. Cf. *Pauly's Real-Enc.*, III, *v° Edictum*.

exposer les principes qui présideront à l'exercice de leurs fonctions. Ces édits, destinés à recevoir leur application aussi longtemps que durent les fonctions du magistrat dont ils émanent, c'est-à-dire un an, s'appellent pour cette raison *edicta perpetua* (1).

Si tous les magistrats ont le *jus edicendi*, leurs édits sont loin d'avoir tous la même importance ; le premier rang appartient incontestablement aux édits des préteurs. Ce sont leurs *edicta perpetua* qui ont été la source la plus féconde du droit dans les deux derniers siècles de la République ; c'est à eux que le Droit Romain est redevable pour une très-large part de ses plus belles conceptions, et du magnifique essor qui atteignit son apogée vers le ii° siècle de l'ère chrétienne. Aussi bien n'est-ce que de l'édit prétorien que nous avons à nous occuper ici, et spécialement de l'édit du préteur pérégrin.

44. — Mais, le préteur pérégrin rendait-il des *edicta perpetua* ? et a-t-il existé un édit du préteur pérégrin, comme il y a eu, cela n'a jamais été contesté, un édit du préteur urbain, un édit des gouverneurs de provinces? La question est dès longtemps résolue ; à vrai dire, elle ne se pose plus aujourd'hui. Mais il importe de montrer en quels termes elle se posait. Cela nous donnera l'occasion de présenter quelques aperçus d'ensemble sur le *jus edicendi* du préteur, ce qui est indispensable pour bien comprendre le caractère de l'œuvre du préteur en général et surtout celui de l'œuvre du préteur pérégrin.

Pour le préteur, l'*edictum perpetuum* que tout magistrat rendait ou pouvait rendre à son entrée en charge, était un programme de jurisprudence, un exposé des règles de droit qu'il devait suivre pendant l'année de ses fonctions. C'est l'*edictum perpetuæ jurisdictionis causa propositum*, selon l'expression d'Ulpien (D. 2, 1, 7, *pr.*) ; c'est à lui que fait allusion Cicéron en disant (*de finib.*, 2, 22): « *Est enim tibi — edicendum* QUÆ SIS OBSERVATURUS IN JURE DICENDO. » On oppose à l'*edictum perpetuum* les *edicta repentina* rendus à l'occasion d'un fait spécial ; à la différence de l'*edic-*

____

(1) Puchta, *Instit.*, I, p. 196, note *i* ; Mommsen, *op. cit.*, I, p. 198, note 1 ; Accarias, *Préc.*, I, 2° éd., p. 37, note 3 ; Faure, *op. cit.*, p. 55.

tum perpetuum qui n'avait trait qu'à la juridiction, ils
étaient relatifs, soit à l'administration de la justice et alors
ils intervenaient à propos d'une circonstance non prévue
dans l'*edictum perpetuum*, soit aux fonctions politiques et
administratives, et, dans ce cas, pouvaient concerner les
objets les plus divers (1). On rencontre parfois aussi des
edicta breviora et monitoria, par lesquels le préteur donne
de simples avis (*Plin.*, *ep.*, 5, 21), et des *edicta peremptoria*
par lesquels il termine un différend en cas de non comparution des parties (D. 1, 5, 1, 68, 70) (2). — Laissant de côté
ces différentes espèces d'édits, attachons-nous à l'*edictum
perpetuum*.

45. — Après avoir été lu à haute voix *in concione*, soit
au moment de l'entrée en fonctions, soit auparavant et
aussitôt le tirage au sort, il était affiché derrière le tribunal
du préteur sur une portion de mur recouverte d'un enduit
blanc (d'où le nom d'*album*), en caractères noirs, avec des
rubriques rouges, peut-être aussi sur une tablette ou sur un
écriteau quelconque, car on nous dit que le préteur pouvait
transporter son édit : il restait affiché pendant l'année que
duraient les fonctions du magistrat dont il émanait, et on
pouvait en prendre copie (*describere*) (3). Quelle était la
force obligatoire de l'*edictum perpetuum*? Il liait tout d'a-
bord le préteur qui l'avait rendu. Rien de plus naturel : voici
un magistrat qui proclame solennellement les règles auxquelles il se conformera, affirme-t-il ; ces règles sont pu-
bliées et restent exposées au grand jour tout le temps de sa

---

(1) *Cic.*, *II in Verr.*, 3, 14. 36, L'*edictum repentinum* est rendu *prout
res incidit*, selon l'expression d'Ulpien (D., 2, 1, 7, *pr.*). Mais l'expression d'*edictum repentinum*, n'est pas d'aussi bon aloi que celle
d'*edictum perpetuum*, qui est technique. Cf. Puchta, *Inst.*, I, p. 196,
note *h*. D'ailleurs l'*edictum repentinum* peut poser une règle générale
destinée à demeurer : tel était, comme le remarque Puchta, *l. c.*, l'édit
« *ne quis in publico sacrove loco novo aut externo ritu sacrificaret* »
(*Liv.*, 25, 1). *Adde* Faure, *op. cit.*, p. 55.

(2) Faure, *op. cit.*, p. 55-56.

(3) Heineccius, *Hist. Edictor. et Edicti perpet.*, *Opp.*, VIII, 1771,
p. 20 sqq.; Mommsen, *op. cit.*, I, p. 197 ; Labatut, *op. cit.*, p. 312. —
Sur le point de savoir s'il y avait deux albums, ce que nous ne croyons
pas, et ce dont nous dirons un mot plus loin à propos du contenu de
l'Édit pérégrin, V. Giraud, *Rev. de Législ.*, p. 207. 210-212; Faure,
op. cit., p. 56, note 69.

charge : ou le magistrat est lié par son édit, ou l'édit n'a pas de sens. Mais le préteur ne fut pendant longtemps, près de deux siècles après la création de la préture pérégrine, lié que moralement : il l'était d'autant mieux, avons-nous tout lieu de croire ; la force de l'opinion publique et l'intégrité des magistrats ne sont-elles pas les meilleures des garanties ? Aussi n'est-il pas douteux pour nous que la stabilité de l'édit annuel est un fait aussi ancien que l'usage même des édits. Mais viennent les époques de trouble et de désordre, l'ère des guerres civiles s'ouvre et l'impartialité des magistrats s'en ressent ; les abus se glissent jusque dans le tribunal du préteur. Les règles de l'*edictum perpetuum* perdent leur caractère primitif. Le préteur s'en écarte, par complaisance ou par haine. Tantôt, par un procédé aussi grossier que honteux, il viole son édit directement et dit le droit au mépris de ce qu'il a annoncé. Verrès ne recula pas devant cette extrémité, et son collègue, le préteur pérégrin, dut user fréquemment de son droit d'*intercessio* (*Cic.*, II *in Verr.*, 1, 46). Tantôt, par un procédé plus raffiné et plus machiavélique, le préteur changeait après coup, par des édits supplémentaires, les dispositions de son *edictum perpetuum.* Cette double atteinte à la stabilité de l'édit qu'at·teste Dion Cassius (36, 23), prit, à un moment donné, de telles proportions, qu'une loi intervint qui ordonna aux préteurs de dire le droit conformément à leurs édits perpétuels : c'est la loi *Cornelia*, plébiscite voté en 687, sur la proposition du tribun Cornelius (1), Cette loi ne créa pas un état de choses nouveau ; elle ne fit que rappeler les préteurs à l'observation d'un devoir d'honnêteté jadis respecté, maintenant méconnu ; elle interdit aux magistrats de modifier

---

(1) *Ascon.*, *in Cornel.* (Orelli, p. 58). Cf. Puchta, *Instit.*, I, § 81, p. 197-198 ; Faure, *op. cit.*, p. 59-60 ; Bachius, *Hist. jurispr. Romanæ*, 2ᵈ éd., Leips., 1765, p. 207-208. — Déjà en 1765, Bachius relève l'erreur dans laquelle étaient tombés Pighius (*Ann.*, I, p. 265), et, avec lui, Reinesius et Dodwellus, en admettant sur la foi d'un fragment prétendu des *Acta Diurna* qu'en 585 un sénatus-consulte avait prescrit aux préteurs ce que leur prescrivit de nouveau, cent ans plus tard, la loi *Cornelia* ; il déclare ce fragment « *confictum atque spurium* » ; Bachius en est convaincu au point d'ajouter que la démonstration en a été fournie de telle façon « *ut stupidus esse debeat, qui id fragmentum adhuc defendere tuerique velit.* »

arbitrairement leurs édits, mais ne leur enleva pas le pouvoir de protéger un droit jusqu'alors demeuré sans protection, de satisfaire aux exigences non prévues de la pratique et de l'équité (1). L'intervention du plébiscite de Cornelius était d'autant plus nécessaire ; il importait d'autant plus de relever l'autorité affaiblie des règles traditionnelles, comme le remarque fort justement M. Faure, qu'à ce moment l'Édit était déjà devenu la source la plus féconde du droit (2). Cette loi n'est donc pas autre chose qu'un épisode des guerres civiles ; c'est un retour pur et simple aux saines et constantes traditions du passé. — L'*edictum perpetum*, qui s'impose au magistrat lui-même, a force de loi pour les justiciables. Ce n'est pas une loi, au sens propre du mot, car l'Édit n'est pas l'expression directe de la volonté populaire, mais plutôt une des manifestations de la coutume. C'est une sorte de loi, dont l'autorité est limitée au point de vue de l'espace et du temps. Au point de vue de l'espace, l'autorité de l'Édit ne dépasse pas les bornes de la juridiction du préteur qui l'a rendu. L'Édit du préteur urbain et celui du préteur pérégrin ne s'appliquent qu'à Rome, et encore le premier ne s'applique à Rome même qu'aux citoyens romains, le second ne concerne que les rapports des pérégrins entre eux ou avec les romains. L'Édit du préteur de province ne s'applique pas au-delà de sa province. Mais, en fait, les Édits des préteurs de la ville furent consacrés et appliqués autant que possible, par les gouverneurs de provinces : faire passer les règles des *edicta urbica* dans l'Édit provincial devint un usage constant (3), et Cicéron reproche vivement à Verrès (II *in Verr.*, 1, 46) de ne s'y être pas conformé ; pour sa part, quand il a été lui-même préteur, il s'est référé, sur la plupart des points, aux *edicta urbica* (*ad Attic.*, 6, 1). Au point de vue du temps, l'autorité de l'Édit est circonscrite à la durée des fonctions du magistrat dont il émane. L'Édit ne peut s'appliquer qu'à des faits

______

(1) Mommsen, *op. cit.*, I, p. 198, note 2 ; II, p. 213 : M. Mommsen n'insiste pas sur ce point, mais il dit que la loi *Cornelia* prescrivit aux préteurs de ne pas s'écarter *arbitrairement* des règles par eux proposées au commencement de leur charge.

(2) Faure, *op. cit.*, p. 60.

(3) Cf. Kuntze, *Cursus*, 2ᵉ éd., 1879, § 190, p. 114.

à venir : il n'a pas d'effet rétroactif ; Cicéron pose le principe, pour constater que Verrès l'a méconnu (*Cic.* II *in
Verr.*, 1, 41). Il ne s'applique pas davantage au-delà du
terme des fonctions de son auteur. En principe, le successeur peut considérer comme non avenu l'édit de son prédécesseur. Mais on comprend qu'il n'en ait pas été ainsi. Le
successeur qui trouvait dans l'Édit de son prédécesseur des
dispositions d'un caractère rationnel, donnant satisfaction à
des besoins permanents, et sanctionnées par l'opinion publique, ne manquait pas de les reproduire dans le sien ; peu
à peu, une tradition se forma et l'on vit toute une série de
dispositions se transmettre et se perpétuer en quelque sorte
d'édit en édit : ces chefs de l'Édit, que se, passaient pour
ainsi dire les préteurs de main en main, s'appelaient *edicta
tralatitia* ou *translatitia*, ou *transcriptitia*, par opposition
aux nouveaux chefs de l'Édit, à ceux qui introduisaient dans
l'Édit des dispositions nouvelles, et qu'on qualifiait pour cela
de *edicta nova* (1). L'usage de ne modifier qu'à bon escient
les édits antérieurs, était assez fortement enraciné au temps
de Cicéron, pour que l'auteur des Verrines pût faire un
grief de plus à Verrès de ne l'avoir pas observé (II *in Verr.*,
1, 45 ; 2, 3). La stabilité de l'Édit en général, comme le dit
M. Faure, était aussi nécessaire que celle de chaque édit en
particulier (2). Et les Romains furent pénétrés de cette
vérité à un si haut degré que le *jus edicendi* se restreignit
sans effort à un droit de révision des édits antérieurs. C'est
ainsi que put se constituer le droit prétorien, cette source
si pure et si féconde, et que les préteurs purent arriver,
comme ne craint pas de le dire M. Mommsen, « à une codification du droit privé, toujours fixe et pourtant dans un perpétuel mouvement, sans contredit un des plus parfaits produits de la République, manifestation grandiose même dans
les fragments mutilés que nous en a conservés l'Empire (3).

46. — Après ces généralités qui donnent une idée som-

---

(1) *Cic.*, *II in Verr.*, I, 44. 46. 48 ; *ad. Attic.*, 5, 21 ; D., 4, 6, 1, *pr.* ;
13, 5, 1, *pr.*; 37, 8, 9 ; 37, 9, 1, 13. Cf. Faure, *op. cit.*, p. 55 ; Accarias,
Préc., I, 2° éd., p. 38 ; Mommsen, *op. cit.*, I, p. 198, note 33.

(2) Faure, *op. cit.*, p. 60.

(3) Mommsen, *op. cit.*, II, p. 212-213 ; Puchta, *Instit.*, I, § 82,
p. 198 sq.

maire de l'Édit., on peut se faire une idée de la portée de
ce que nous avançons quand nous affirmons qu'il y eut un
Édit du préteur pérégrin comme il y eut un Édit du préteur
urbain. Les anciens auteurs qui discutaient la question
l'avaient en général exactement posée. Il s'agissait pour
eux moins de savoir si le préteur pérégrin avait rendu çà et
là quelque *edictum repentinum*, ce qui d'ailleurs n'était
pas contestable, que de savoir s'il avait rendu annuellement
des *edicta perpetua* d'où était sorti, avec le temps, un
monument comparable à celui que constituait l'Édit du préteur urbain. Jusque vers le milieu du xviii°, on admit
communément que le préteur pérégrin n'avait pas rendu
d'édits annuels ; mais il était aussi difficile de justifier cette
négation que de prouver l'affirmation contraire, ou peu s'en
fallait. De là, le doute qui régnait dans beaucoup d'esprits
au commencement du xviii° siècle. Pourtant ce doute avait
fini par céder la place à la conviction de l'existence d'un
Édit du préteur pérégrin ; et, en 1765, Bachius écrit que
personne ne met plus en question l'existence de cet Édit ;
il parle avec mépris de la vieille opinion, disant de Mylius et
de Conradi : « *omnem istam dubitationem dissoluere.* »
Mylius et Conradi avaient, en effet, puissamment contribué
au triomphe de l'opinion qui, aujourd'hui bien plus encore
que du temps de Bachius, ne soulève aucune contestation.
L'opuscule de Conradi sur le préteur pérégrin contient un
exposé remarquable de l'état de la question en 1740, et nous
en dirons ici quelques mots, parce que l'histoire des idées
nous paraît offrir quelque intérêt (1). On avait invoqué, de

(1) Conradi, *De præt. peregr.*, 1740, § 10-14, p. 18-27. Pour la négative, Hotmanus, *De mag. Rom.*, *Opp.*, III, 1600, f. 262-263, « *quem plerique secuti sunt* », dit Conradi ; avant lui, Forster, *De hist. jur. civ.
Rom.*, 1565, p. 208 ; Pighius, *Ann.*, I, 1599. p. 264 ; après lui, Bretus,
Ordo perantiq. judic. civ., 1604, f. 17ᵇ ; *Adde* : Frantz, Schilter, Grund-
lingius, cités par Conradi. Pour l'affirmative, Sigonius, *De judic.*, lib. 1,
c. 7 ; Mylius, *De præt. peregr.*, 1732, § 8-9, *Paraphr. Theoph.*, Reitz, II,
p. 1086 sqq., et Reinoldus cité par lui ; Wieling, *Lection. jur. civ.*, 1740,
p. 229 sqq.; Nieupoort, *Rit. qui olim apud Rom.*, 1743, p. 120 ; Bachius,
Hist. jurispr. Rom., 1765, p. 206, sqq.; Heineccius, *Hist. Edictor. et Ed.
perp.*, *Opp.*, VIII, p. 91-92 ; Bouchaud, *Mém. sur les Édits des prét.*,
Acad. des Inscript. et B. Lettres, 1780, tom. 41, etc. — Campanius
(*De off. et pot. mag. Rom.*, 1725, p. 209-211) et Gravina (*Orig. jur. civ.*,
1737, p. 35, note *a*) pensent qu'on ne peut rien affirmer ; toutefois ils
inclinent vers l'opinion contraire à celle d'Hotman.

part et d'autre, des textes peu probants, et qui, de plus, pouvaient se plier aussi bien à l'affirmative qu'à la négative. On pouvait récuser l'autorité de Boèce, sur les *Topiques*, *c.* 5, et même celle de Théophile sur le § 7, I, 2, *Instit.*, qui, dans un amalgame étrange, semble confondre le *jus edicendi* avec le *jus legis ferendœ*. Cicéron écrit, il est vrai, à M. Curtius Peduceanus, préteur pérégrin : « *Servabis, ut tua fides et dignitas postulat*, EDICTUM ET INSTITUTUM TUUM » (*Cic. ad famil.*, 13, 59). Mais cela n'est pas une allusion certaine à un Édit du préteur pérégrin, distinct de celui du préteur urbain. Le mot *tuum* peut ne se rapporter qu'à *institutum*, et s'il se rapporte à *Edictum*, il est soutenable que Cicéron entend dire par là que Peduceanus fait sien en l'appliquant, l'Édit d'après lequel il dit le droit : reste à savoir quel est cet Edit. N'insistons pas sur ces subtilités chères aux anciens interprètes, si ce n'est pour ajouter que les « *Libri Prætoris Peregrini* », qui sont mentionnés dans une leçon au moins douteuse, mais alors couramment admise, de la L. 9, § 4, D. 4, 3, étaient pour les adversaires de l'Édit du préteur pérégrin un traité *de officio prætoris peregrini*, pour ses partisans, un commentaire de l'Édit. Mais, voici Otton, qui, dans son commentaire sur le § 7, I, 2, *Instit.*, produit un argument qu'il déclare suffire à lui seul, en admettant le défaut de témoignages positifs de la part des anciens : les pérégrins étaient régis par un droit autre que celui des citoyens ; il fallait donc que le préteur pérégrin rendît un Édit pour constater, préciser et sanctionner ce droit. C'est cet argument qui paraît décisif à Conradi, et enlève son adhésion. Le préteur pérégrin, conclut-il, ne rendit pas la justice d'après l'Édit du préteur urbain, ou d'après les principes mal définis d'un droit des gens universel et incertain : il eut un Édit propre. Sans doute il y avait entre l'Édit du préteur urbain et celui du préteur pérégrin, des points de contact et des ressemblances ; il y avait des chefs de l'Édit du préteur pérégrin qui reproduisaient ceux de l'Édit du préteur urbain, mais, en s'inspirant des dispositions de l'Édit de son collègue de la ville, le préteur pérégrin n'agissait pas autrement que les gouverneurs de provinces : il prenait dans cet Édit ce qui lui paraissait convenir à sa juridiction, et y faisait des additions ou des modifications dans une mesure aussi large que l'exigeait la variété infinie des faits et des besoins sociaux auxquels il fallait donner satisfaction (1).

42. — Ces témoignages décisifs qui manquaient encore au siècle dernier, nous les possédons aujourd'hui. Il est bien vrai que l'*edictum prœtoris peregrini* a totalement disparu de la littérature juridique qui nous est parvenue. On a cru, depuis bien longtemps, et on croit communément encore aujourd'hui, voir dans la L. 9, § 4, D., 4, 3, la mention d'un commentaire de Labéon sur l'Édit du préteur pérégrin. Mais la leçon de cette Loi est au moins douteuse. Jusqu'ici on avait lu : « *Labeo quoque libro trigensimo* PRÆ-TORIS PEREGRINI *scribit de dolo actionem servi nomine interdum de peculio interdum noxalem dari.* » Et c'est bien PRÆTORIS PEREGRINI que porte la belle édition des Florentines de 1553. M. Mommsen pense que cette leçon ne repose que sur une interprétation inexacte d'une abréviation du manuscrit des Florentines, et propose de lire : « *libro trigensimo* POSTERIORUM » (2). On sait que le nom de *posteriores* a été donné aux ouvrages de Labéon qui ont paru après sa mort (3). M. Rudorff ne met pas en doute la légitimité de la leçon proposée par M. Mommsen, d'autant plus que les mots *prœtoris peregrini*, s'ils ·étaient réellement dans le texte, devraient être précédés de ceux-ci « *ad edictum* » (4). On ne peut contester, devant l'affirmation de M. Mommsen, que le manuscrit ne se prête, pour le moins aussi bien, à la leçon *posteriorum* qu'à la leçon *prætoris peregrini*. De plus, cette leçon nous paraît infiniment vraisemblable, non-seulement parce que l'expression « *trigensimo libro prœtoris peregrini* » présente quelque chose de choquant, mais encore parce que l'auteur de la L. 9 mentionne au § 3 le livre trente-sept des *posteriores*

---

(1) « *Utebatur prætor peregrinus Edicto Urbano, tanquam tralatitio, adjectis,* UT JURISDICTIO EJUS POSCEBAT, *capitibus novis et singularibus.* » Conradi, *op. cit.*, p. 27.

(2) Mommsen, *op. cit.*, II, p. 212, note 3. — Dans son édition du Digeste, M. Mommsen laisse dans le texte la leçon courante *præ-toris peregrini* et met en note : « *libro trigensimo posteriorum* (p'ter = pr per) ? »

(3) V. notamment Gravina, *Orig. jur. civ.*, p. 65.

(4) Rudorff, *Edicti perpet. quæ reliqua sunt,* 1869, *præf.*, p. 8.

de Labéon : or, dans le § 4 comme dans le § 3 de la Loi précitée, c'est du même sujet qu'il est traité, de l'action de dol ; quoi de plus naturel que de croire que le jurisconsulte cite, à quelques lignes de distance, deux passages des *poste-riores* de Labéon, le livre trente-sept et le livre trente? En tous cas, il faut renoncer à voir dans la L. 9, § 4, D., 4, 3, une preuve de l'existence de l'Édit du préteur pérégrin, depuis que M. Mommsen a donné sa savante édition du Digeste (1). Mais, si ce texte nous fait défaut, l'existence de l'Édit du préteur pérégrin nous est attestée par deux documents dont l'autorité est du meilleur aloi. C'est d'abord Gaius (I, 6), qui mentionne l'importance de l'Édit du préteur pérégrin, et le place sur la même ligne que celui du préteur urbain : « *Amplissimum jus est in edictis duorum præto-rum, urbani, et peregrini.* En second lieu, la loi *Rubria* (705 ? ou 711 ?) renvoie les magistrats municipaux à la *stipulatio damni infecti* « *quam is quei Romæ inter peregrinos jus deicet in albo propositam habet* (2). » En présence de documents aussi authentiques et aussi formels, comment douter de l'existence de l'Édit du préteur pérégrin ? Aussi personne n'y songe-t-il (3).

48. — Le préteur pérégrin a le *jus edicendi* ; de l'exercice de ce droit est sorti un « *amplissimum jus* ». Mais quel usage fit-il, au juste, de son *jus edicendi* aux différen-tes époques de l'histoire du Droit Romain ? Comment se développa, et quand fut constitué l'Édit du préteur pérégrin ? Peut-on se faire quelque idée de son contenu ? Questions aussi difficiles qu'intéressantes, qu'il faut au

---

(1) M. Faure, en général si bien renseigné, semble ne connaître que la leçon vulgaire de la L. 9, § 4, D., 4, 3 ; il y voit une preuve de l'existence de l'Édit du préteur pérégrin. Faure, *op. cit.*, p. 98, note 36.

(2) Loi *Rubria*, c. 20, 1. 24. 26. 34. *C. I. L.*, I, p. 116 ; Rudorff, *Edict. perpet.*, p. 28-29 ; V. aussi l'*Enchiridion* de M. Giraud. — Éclairé par la loi *Rubria*, le § 31 du Comm. IV de Gaius contient une allusion à la *stipulatio damni infecti* de l'Édit du préteur pérégrin, aussi bien qu'à celle de l'Édit du préteur urbain ; celle-ci, d'ailleurs, ne devait différer de la première que par le mot *spondes*.

(3) Notamment Hugo, *Gesch. des Rom. Rechts*, 9° éd., I, p. 350, note 1 ; Zimmern, *Gesch. des Rom. Privat-Rechts,* I, p. 120, § 37, note 12a ; Willems, *Droit publ. rom.*, 3° éd., p. 262 ; Mommsen, *op. cit.*, II, p. 212 ; Labatut, *Hist. de la prét.*, p. 49-50 ; Rodière, *l. c.*, p. 332 ; Rein, *l. c.*, p. 25 ; Faure, *op. cit.*, p. 98.

moins poser et discuter, si l'on ne peut espérer les résoudre complétement. On peut douter à bon droit que, dès la création de la préture, le préteur ait usé de son *jus edicendi* pour publier un *edictum perpetuum* ; il est vraisemblable que l'usage des édits annuels n'est pas contemporain de la création même de la préture. Faut-il, avec Leist et Rudorff (1), admettre que l'*edictum perpetuum* servit au moins à publier les actions de la loi, quand elles eurent été divulguées en 450, par le scribe Flavius ? Étant donnée la haute antiquité des interdits, que personne ne conteste, n'est-il pas permis de supposer que la théorie des interdits, dès avant 450, avait été suffisament ébauchée par le préteur, pour pouvoir prendre place dans l'*edictum perpetuum* (2) ? Toujours est-il qu'il n'est point téméraire d'admettre que, quand le préteur pérégrin fit son apparition, l'usage de l'Édit annuel s'était déjà implanté depuis un temps plus ou moins long. Mais le *jus edicendi* de l'unique préteur qui eût existé jusqu'alors avait été comprimé par le système des *legis actiones*, et n'avait pu acquérir encore une importance bien considérable, surtout en ce qui concerne les rapports des romains entre eux ; peut-être avait-il déjà posé quelques règles de droit et jeté les premiers fondements d'une procédure, pour satisfaire aux relations les plus rudimentaires des romains et des pérégrins.

Si, contrairement à ce qui nous paraît très-probable, l'usage des *edicta perpetua* n'avait pas existé lors de la création du préteur pérégrin, le nouveau préteur eût introduit cet usage. Il rendit, dès le début, des *edicta perpetua* : comment ne pas le croire, si l'on songe, d'une part, à la situation en présence de laquelle il se trouvait, un droit et une procédure à créer, sinon de toutes pièces, du moins à faire surgir du chaos des usages commerciaux, à préciser, à fixer — si l'unique préteur avait entrepris la tâche avant lui, il n'avait pu l'avancer beaucoup, — et, d'autre part, à la liberté plus grande qui lui appartenait, les entraves du système des *legis actiones* ne pesant pas sur lui comme elles pesaient

---

(1) Leist, I *Versuch einer Geschichte der Romischen Rechtsysteme*, 1850, p. 20 ; Rudorff, *Rom. Rechtsgesch.*, I, p. 147 ; II, p. 90.
(2) Faure, *op. cit.*, p. 62 ; Cf. Leist, *op. cit.*, p. 21.

sur le préteur urbain ? Ainsi, le préteur pérégrin publia régulièrement un *edictum perpetuum* avant la loi *Æbutia*, comme le préteur urbain ; seulement, l'Édit de celui-ci ne créait pas encore d'actions, suivant le témoignage de Gaius (IV, 11) : « *Tunc edicta prœtoris quibus complures actiones introductæ sunt, nondum in usu habebantur* » (1), tandis que l'Édit du préteur pérégrin dut introduire des formules *in factum* qui auront été vraisemblablement l'origine première du système formulaire. La loi *Æbutia*, en délivrant le préteur urbain de l'étreinte des *legis actiones*, et en reculant indéfiniment les bornes de sa *jurisdictio*, c'est-à-dire de son *jus dicendi*, donna un nouvel essor à son *jus edicendi*, et par contre-coup au *jus edicendi* du préteur pérégrin, car le développement des Édits des deux préteurs nous apparaît comme solidaire et parallèle. Désormais, il n'y aura plus deux système généraux de procédure, l'un à l'usage des citoyens, revêtu de l'autorité de la loi des XII Tables, l'autre à l'usage des pérégrins ou des citoyens qui ont avec eux des rapports juridiques, produit des innovations de la pratique des affaires que l'Édit du préteur pérégrin consacrait peut-être tout d'abord avec quelque timidité : il y a une seule procédure, accessible à tous, la même pour tous, dont la clef est entre les mains des deux préteurs ; le préteur urbain pourra renouveler et transformer le droit civil, le préteur pérégrin constituer un droit général des pérégrins qui deviendra le *jus gentium* proprement dit, commun aux pérégrins et aux Romains ; et ces grands résultats seront atteints au moyen d'un simple jeu de formules, si l'on peut ainsi parler. Les préteurs pourront créer de nouvelles formules, étendre les anciennes, et tenir ainsi constamment la jurisprudence au courant des besoins sociaux ; et, comme ils exercent ce pouvoir qui nous paraît inouï, au grand jour de la publicité, sous les yeux de leurs concitoyens et des pérégrins qui affluent à à Rome, dans la seule préoccupation de donner satisfaction aux besoins qui se révèlent à eux, les progrès succèdent aux progrès, sans secousse et sans hâte, mais avec une infaillible

____

(1) C'est ainsi que nous entendons ce passage de Gaius : le contexte nous paraît justifier pleinement cette interprétation. C'est aussi la manière de voir de M. Faure, *op. cit.*, p. 62, note 87.

sûreté et une continuité inaltérable. Ces Édits annuels qui ne sont autre chose que des ordonnances de procédure annuelles, ou, si l'on veut, des recueils annuels de formules révisés et complétés par chaque préteur, finirent par former à la longue un véritable code de procédure ou plus exactement une vaste collection de formules d'action embrassant l'ensemble du droit (1).

49. — Mais qu'elle a été la marche suivie par le préteur pérégrin dans le développement de l'Édit ainsi entendu? Dans quel ordre chronologique les différentes formules d'action qu'il a consacrées, ont-elles fait leur apparition dans son Édit? Faute de documents, il est bien difficile de le savoir: trop heureux encore, si nous avions un grand nombre des formules que contenait l'Édit pérégrin. Mais, enfin, puisqu'il faut se contenter du peu que nous avons, il est presque certain, abstraction faite de la période antérieure à la loi *Æbutia*, que ce sont les actions fictices qui ont fait les premières leur apparition dans l'Édit du préteur pérégrin: on admet en général que ces actions sont les actions prétoriennes les plus anciennes. Parmi les actions fictices, les premières en date sont, selon toute vraisemblance, les actions fictices *ex delicto*, celles qui sont données à un pérégrin et contre lui en vertu d'une fiction qui l'investit de la cité: il fallait assurer, avant tout, la réparation du vol, du préjudice injustement causé, que le délit émanât du pérégrin ou fût dirigé contre lui: c'est ainsi que les actions *furti* et *legis Aquiliæ*, au témoignage de Gaius (IV, 37), furent données au pérégrin et contre lui. Les actions *in factum* firent ensuite leur apparition (2). Mais ici nous ne savons pas quelles actions *in factum* consacrait l'Édit du préteur pérégrin: peut-être c'est à cet Édit que doivent leur origine bien des actions *in factum* célèbres qui passèrent ensuite dans l'Édit du préteur urbain; à coup sûr, c'est à lui qu'il faut en rapporter quelques-unes. Nous n'avons de données

_____

(1) C'est ainsi que nous apparaît l'Édit. Nous empruntons l'idée et les expressions mêmes à : Leist, Versuch einer Gesch., p. 16 sqq.; Rudorff, Edict. perpet., præf., p. 2. 3 ; Giraud, Rev. de Législ., 1870, p. 207. Cf. Faure, op. cit., p. 63.

(2) Ici encore, nous faisons abstraction de la période obscure qui précède la loi Æbutia.

positives que pour l'action *vi bonorum raptorum*. Nous savons que cette action fut introduite par Lucullus, dont la préture se place très-probablement en 678, et qui fut préteur pérégrin, selon l'opinion commune (1). On peut affirmer que cette action si ingénieuse et dont l'invention fut amenée par suite des déprédations que traînèrent après elles les guerres civiles, fut loin d'être une des premières venues parmi les actions *in factum* créées par l'Édit pérégrin. Enfin, quant aux *stipulationes prœtoriœ*, on sait qu'une formule de *stipulatio damni infecti* figurait dans l'Édit du préteur pérégrin, et y était assez bien assise au commencement du viiie siècle pour que la loi *Rubria* prescrivît aux magistrats municipaux de la Gaule Cisalpine de s'y conformer. Mais, l'idée même et la formule première de cette stipulation prétorienne appartiennent-elles à l'Édit du préteur pérégrin ou à l'Édit du préteur urbain? La *stipulatio damni infecti* a-t-elle passé de celui-ci dans celui-là, ou du premier dans le second? A quelle date placer cette transition, qui dut suivre de près la création même de la stipulation? Nous l'ignorons, et nous n'avons pas même d'éléments de conjectures.

50. — Il arriva un moment où le droit prétorien fut constitué, nous voulons parler, non du moment où le droit prétorien manifesta son influence et s'affirma comme source distincte du droit (2), mais du moment où le développement de l'Édit atteignit son apogée, où ses grandes innovations furent toutes consommées, en un mot, du moment où l'Édit offrit à l'activité des jurisconsultes un corps de préceptes et de doctrines, qu'ils commentèrent et qui, désormais, se perfectionna par leur intermédiaire bien plus que par l'organe du préteur. A quelle date placer ce moment, pour l'Édit du préteur pérégrin? Nous n'hésitons pas à le placer à la fin de la République, pas au-delà. A cette date, l'Édit du préteur pérégrin était constitué, comme l'Édit du préteur urbain,

____

(1) Sell a contesté cette opinion, que M. Rudorff a adoptée, après Huschke, et avec la plupart des auteurs. Nous y reviendrons.

(2) Puchta (*Inst.*, I, p. 210-211) place ce moment dans la première moitié du VIe siècle, c'est-à-dire à la date qu'il assigne à la loi *Æbutia*. L'origine du droit prétorien, comme source distincte du droit, nous paraît remonter aussi haut que cela, ou peu s'en faut.

comme l'*Edictum provinciale* lui-même. On peut le démontrer directement, en citant des témoignages et des faits, et indirectement, en rappelant la situation que l'Empire fit au préteur pérégrin, comme aux autres préteurs, ses collègues. La démonstration directe s'appuie sur trois ordres d'arguments. En premier lieu, on peut établir approximativement la date de presque toutes les dispositions les plus importantes de l'Édit ; or, cette date se place toujours avant la fin de la République. La Publicienne, l'action *de dolo*, l'action *metus*, l'action *vi bonorum raptorum*, et bien d'autres, la *restitutio in integrum* (celle-ci existe déjà du temps de Térence, c'est-à-dire vers la fin du VI° siècle : *Terent., Phorm.*, 2, 4, 9), la *stipulatio damni infecti*, toutes ces grandes institutions se rencontrent dans l'Édit avant le commencement de la période impériale. En second lieu, Cicéron atteste hautement, et à bien des reprises, le caractère dès longtemps fixé du droit prétorien ; il a vu s'achever le couronnement de l'œuvre du préteur. Dans un passage souvent cité du traité *de Inventione*, II, 2, il s'exprime ainsi : « *Consuetudinis jam esse putatur id quod voluntate omnium sine lege vetustas comprobarit. In ea autem* JURA SUNT QUÆDAM IPSA JAM CERTA PROPTER VETUSTATEM, QUO IN GENERE ET ALIA SUNT MULTA ET EORUM MULTO MAXIMA PARS, *quæ prætores edicere consuerunt.* » Les plaidoyers contre Verrès sont l'affirmation redondante de la fixité bien assise du droit prétorien : ici, Cicéron reproche à Verrès d'avoir fait « *in re vetere edicta nova* » ; là, il parle de ce droit, comme d'un ensemble de règles et d'institutions bien établies et passées dans les mœurs : « *Postquam jus prætorium constitutum est, semper hoc jure usi sumus* (1) ; ailleurs encore, il blâme Verrès de n'avoir pas pris pour modèle l'Édit du préteur urbain et de n'y avoir pas puisé, pour son *edictum provinciale*, bien des dispositions applicables en Sicile aussi bien qu'à Rome (*Cic., II in Verr.*, 1, 43. 46) : Cicéron ne manqua pas de le faire quand il fut préteur de Cilicie (*Cic., ad. Attic.*, 6, 1). Enfin, dans les écoles, ce n'est plus les XII

---

(1) *Cic., II in Verr.*, 1, 44. — Puchta (*Instit.*, I, § 81, p. 195, note *g*) fait remarquer que le scholiaste de Cicéron exagère manifestement sa pensée, en l'expliquant ainsi : « *quasi diceret, post conditam urbem Romam aut post hominum memoriam, ex quo jus prætorium.* »

Tables qu'on apprend, du temps de Cicéron (*de leg.*, 1, 5 ; 2, 23): c'est l'Édit prétorien. En troisième lieu, c'est vers la fin de la République, que commencent les travaux scientifiques sur l'Édit ; de plus, Pomponius (D. 1, 2, 2, 44) nous apprend que César tenta la codification de l'Édit, et que, sur son ordre, le jurisconsulte Ofilius « *edictum prœtoris primum diligenter composuit.* » La loi *Julia Municipalis* et la loi *Rubria* attestent, avec plus d'autorité encore, qu'à la fin de la République, l'Édit avait cessé d'être un droit en voie de formation (1). Mais, tout cela se réfère à l'Édit en général, et surtout à l'Édit du préteur urbain. Nous sommes en droit toutefois de l'appliquer à l'Édit du préteur pérégrin. Le développement de l'Édit pérégrin a été, nous l'avons déjà indiqué, solidaire du développement de l'Édit du préteur urbain ; les deux Édits se sont fait de mutuels emprunts ; une sorte de fusion s'est opérée entre eux, et c'est au même moment que tous deux ont atteint leur apogée. Mais, il y a plus et mieux que ces inductions générales : l'existence de l'Édit pérégrin comme un tout déjà constitué à la fin de la République, nous est spécialement attestée. Les préteurs de provinces, dans la composition de leur *edictum provinciale,* prennent pour modèle les *edicta urbica* (*Cic.*, *ad. Attic.*, 6, 1), et ils font passer dans leur Édit celui du préteur urbain pour les citoyens, celui du préteur pérégrin pour régler les rapports des pérégrins entre eux et avec les citoyens romains. La loi *Rubria,* en prescrivant aux magistrats municipaux de se conformer à la formule de *stipulatio damni infecti* « *quam is quei Romœ inter peregrinos jus deicet in albo propositam habet* », indique avec évidence qu'au commencement du VIIIe siècle l'Édit du préteur pérégrin était bien et dûment constitué (2). Une loi ne renvoie pas à un Édit à peine ébauché ; et ce n'est pas à un Édit à peine ébauché que peuvent se référer les gouverneurs de provinces, par simple renvoi, dans leurs Édits. — A cette démonstration directe, vient s'ajouter, pour la confirmer, une démonstration indirecte : le droit prétorien ne pouvait pas se développer, et, en fait, ne s'est pas développé sous l'Empire, par l'or-

---

(1) Cf. Faure, *op. cit.*, p. 63-64.
(2) Cf. Giraud, *Rev. de Législ.*, 1870, p. 196.

gane du préteur. Les préteurs conservèrent le *jus edicendi*, au moins jusqu'à Hadrien, de l'aveu de tous : le préteur pérégrin conserva intact son *jus edicendi*, et « la forme de l'édit annuel, comme l'a dit Puchta (1), subsista, avec les vieilles formes républicaines. » Mais, alors que le Sénat et tous les magistrats sans exception étaient à la dévotion du prince, le préteur pouvait-il, comme autrefois, se servir de son *jus edicendi* pour introduire de nouvelles règles et de nouvelles institutions ? Il exerça ce droit, mais simplement pour confirmer, coordonner et retoucher dans des points de détail, les dispositions des édits antérieurs ; il combla quelques lacunes d'importance secondaire, et fit quelques additions et quelques suppressions de forme plutôt que de fond. Il faut remarquer, avec Puchta, que toutes les additions ou toutes les suppressions dans les *capita* ou *clausulæ* de l'Édit, dont le souvenir nous est parvenu, sont de minime importance, et ont trait surtout à la rédaction de l'Édit (2) : les témoignages que nous pourrions citer concernent l'Édit du préteur urbain, mais il en fut de même pour l'Édit du préteur pérégrin. Sous l'Empire, ce ne sont ni le préteur urbain ni le préteur pérégrin qui développent le droit prétorien ; ce sont les jurisconsultes, dans leurs travaux scientifiques sur l'Édit, ce sont parfois les sénatus-consultes, et tant s'en faut que le droit prétorien perde son importance et son caractère distinctif, que les sénatus-consultes et les constitutions impériales lui empruntent assez volontiers ses procédés et ses institutions ; mais la matière sur laquelle s'exerce, pour la développer et la perfectionner, l'activité scientifique des jurisconsultes qui commentent l'Édit, ils la trouvent tout entière dans l'Édit du préteur urbain et dans celui du préteur pérégrin, tels qu'ils étaient à la fin de la République.

51. — Si, à cette époque, les Édits du préteur urbain et du préteur pérégrin formaient l'élément le plus considérable du droit, à quel titre le droit prétorien comptait-il parmi les sources du droit, à titre de droit coutumier, ou à titre de droit écrit ? On doit, ce nous semble, voir dans le préteur

____

(1) Puchta, *Instit.*, I, p. 316.
(2) Puchta, *Instit.*, 1, § 114, p. 316-318 ; Cf. Faure, *op. cit.*, p. 120-121.

l'organe (*viva vox*) de la coutume, de la volonté populaire
manifestée par la coutume : cette coutume a son expression
annuelle dans l'Édit : en ce sens, on peut dire que l'Édit est
une sorte de *lex annua*, car, comme la *lex* proprement dite,
l'Édit puise sa force et son autorité dans la volonté populaire, qui est, sous la République, l'unique source du droit.
De ces manifestations annuelles de la coutume, se dégage
avec le temps un ensemble de dispositions bien arrêtées,
qui en sont comme la résultante, et qui constituent un véritable monument juridique appelé l'Édit ou le droit prétorien. Mais le monument n'est pas d'une autre nature que les
pierres avec lesquelles il a été érigé : c'est un monument
coutumier, et l'aspect grandiose qu'il présente ne doit pas
en faire méconnaître le véritable caractère (1). C'est ce
caractère coutumier du droit prétorien qui constitue le titre
le plus authentique de sa légitimité. Toutefois, à partir
d'Hadrien, le droit prétorien prend place parmi les sources
du *jus scriptum ;* mais, lorsqu'une compilation du droit
prétorien fut consacrée par un sénatus-consulte, l'Édit ne
devint une section du droit écrit que parce que, en fait, il
avait cessé d'être la loi vivante « *viva vox juris* ».

52. — Nous n'avons point ici à nous arrêter longuement
sur la refonte et la codification de l'Édit opérées sous
Hadrien, mais à nous demander uniquement si la compilation célèbre de Salvius Julianus, désignée sous le nom
d'*Edictum perpetuum*, comprit l'Édit du préteur pérégrin.
La question a plus ou moins d'importance, selon la portée
qu'on assigne à la réforme d'Hadrien : d'où, la nécessité de
dire en quelques mots quelle nous paraît être cette portée (2).
Nous l'avons vu : dès avant Hadrien, le *jus edicendi* n'était
plus exercé par le préteur que pour remanier l'Édit dans
quelques dispositions de détail ou pour combler des lacunes
d'importance tout à fait secondaire ; le *jus edicendi* avec son
caractère primitif et original, celui d'un pouvoir quasi

(1) L'opinion la plus commune est fixée en ce sens : notamment
Accarias, *Préc.*, 1, 2ᵉ éd., p. 39-40. — *Contra*, Faure, *op. cit.*, p. 64-65.
(2) Les seuls renseignements que nous ayons sur la réforme d'Hadrien nous viennent de Justinien : Const. *Tanta*, L. 2, § 18, C., 1, 17 ;
Const. *Dedit*, § 18, *De confirm. Dig.* — Cf. Giraud, *Rev. de Législ.*,
1870, p. 198-202.

législatif qui pourvoit aux besoins de chaque jour, a disparu, ou plutôt il se concentre dans l'Empereur ; l'Édit prétorien a acquis une immobilité de fait qui ressemble à l'immobilité de la loi proprement dite. C'est cet état de choses bien établi et déjà séculaire qu'Hadrien a voulu définitivement consacrer, en faisant entrer l'Édit dans le *jus scriptum*. Pour cela, un travail de coordination, de refonte, de classification méthodique, de condensation même, était nécessaire : le jurisconsulte Julien en fut chargé et son œuvre reçut la sanction d'un sénatus-consulte. Notons avec M. Faure (1) que cette sorte de codification de l'Édit par Julien avait été préparée de longue main par les préteurs eux-mêmes qui, n'innovant plus depuis le commencement de l'Empire, s'étaient sans doute préoccupés de la coordination de l'Édit, et par les jurisconsultes qui, tout en songeant surtout à le commenter et à le développer, avaient suivi dans leurs commentaires un certain ordre : Julien, jurisconsulte lui-même, ne put manquer de s'inspirer de cet ordre. Mais, après son travail et le sénatus-consulte qui le consacra, que devint le *jus edicendi*? Il ne disparut pas, Gaius l'atteste : « *jus edicendi* HABENT *magistratus populi Romani* » écrit-il (I, 6), après la réforme d'Hadrien. Mais l'Empereur conseille, par la plume de Julien, aux magistrats de s'abstenir d'innover sur les points que l'Édit ne prévoit pas : qu'ils en réfèrent à l'Empereur (Const. *Dedit*, § 18, *in fine*). Une invitation partie de si haut ne pouvait manquer d'être écoutée : Hadrien engageait moins les magistrats à entrer dans une voie nouvelle, qu'à ne pas s'écarter de celle dans laquelle ils marchaient dès longtemps, témoin les lettres de Pline à Trajan. Avant Hadrien, le préteur faisait à l'Édit des changements de rédaction et n'innovait que timidement sur les points non prévus : après Hadrien, il put encore modifier la rédaction de ce même Édit, telle qu'elle avait été arrêtée par Julien ; quant aux questions que ne tranche pas l'Édit de Julien, il recourra à l'Empereur ; encore moins songera-t-il à méconnaître les dispositions formelles de cet Édit. En somme, le *jus edicendi* n'est pas essentiellement modifié : tout au plus, le caractère précaire

(3) Faure, *op. cit.*, p. 122.

en est-il aggravé par le fait que désormais cet Édit, déjà
immuable en fait, le devient en droit, sinon pour la forme,
du moins pour le fond, de par la volonté officiellement
manifestée de l'Empereur (1). — Telle étant la portée de la
réforme d'Hadrien, la question de savoir si le travail de
Julien embrassa l'Édit pérégrin offre surtout un intérêt
scientifique. Que son Édit ait été compris ou n'ait pas été
compris dans la codification de Julien ; que, s'il y a été compris, il ait été fondu dans l'Édit du préteur urbain ou ait
conservé dans cette codification une existence indépendante,
le rôle du préteur pérégrin n'est pas en jeu : il resta après
Hadrien ce qu'il était auparavant ; le préteur pérégrin conserva, aussi bien que le préteur urbain, son *jus edicendi*
tel que l'avait fait l'Empire ; peu importe à ce point de vue
la solution à laquelle on s'arrête. Il y a plus : il s'était
accompli certainement, bien avant Hadrien, une sorte de
rapprochement et de fusion entre les deux Édits ; ils
devaient présenter une partie commune, qui était assurément la plus importante de leur contenu, ou peut-être l'Édit
du préteur pérégrin se bornait-il à renvoyer à l'Édit du préteur urbain ; en tous cas, ce dernier Édit avait accueilli et
s'était approprié bien des dispositions de l'Édit pérégrin.
Mais enfin, que penser de la question en elle-même ? Il n'y
a que matière à conjectures. D'après la conjecture la plus
répandue, le travail de Julien ne porta ni sur l'Édit du préteur pérégrin ni sur l'Édit provincial (2). La conjecture
contraire a, cependant, un assez grand nombre de partisans : ils admettent que le travail de Julien a embrassé
toutes les parties du droit honoraire, l'Édit pérégrin et l'Édit
provincial, aussi bien que l'Édit urbain et que celui des
Édiles curules ; l'Édit pérégrin a été fondu dans l'Édit
urbain, ou peut-être, suivant quelques-uns, dans l'Édit provincial. Pour notre part, nous croyons que, si l'Édit pérégrin
a été compris dans le travail de Julien, il n'a pas fait l'objet

(1) **Accarias**, *Préc.* I, 2° éd., p. 40-42 ; Faure, *op. cit.*, p. 121-123. —
Cf. Giraud, *Rev. de Législ.*, 1870, p. 197. 207.
(2) Rudorff, *op. cit.*, I, p. 268 ; Accarias, *op. cit.*, I, p. 42, note 1 ;
Faure, *op. cit.*, p. 123, note 9 : ce dernier auteur ne se prononce pas ;
M. Rudorff, d'ailleurs, n'est guère plus affirmatif. Dans le même sens,
Giraud, *l. c.*, p. 202.

d'une rédaction à part et a été fondu dans l'Édit urbain bien plutôt que dans l'Édit provincial. Nous serions plus porté à conjecturer que cette fusion fut, en effet, accomplie par Julien. Ce qui nous paraît certain, c'est que l'Édit pérégrin eût pu être fondu dans l'Édit urbain, si cette fusion n'eut pas lieu réellement ; il avait atteint dès longtemps sa pleine maturité, il était, aussi invariablement que l'Édit urbain, reproduit par les préteurs pérégrins qui se succédaient ; enfin, il y avait eu pénétration réciproque des deux Édits l'un par l'autre, et la fusion que Julien dut opérer ou plutôt consommer officiellement était un fait presque accompli (1).

53. — Nous avons essayé de retracer dans ses phases successives le développement de l'Édit du préteur pérégrin. Pouvons-nous nous faire une idée de son contenu ? L'Édit du préteur pérégrin, comme celui du préteur urbain, contenait des *sententiæ* et des *formulæ* : les *formulæ* ne formaient-elles point l'objet d'un *album* à part ? Nous ne le pensons pas, et nous croyons qu'après chacun des chefs de l'Édit figurait la formule correspondante (2). Quoi qu'il en soit de cette question de forme, l'Édit pérégrin était, comme l'Édit urbain, avant tout une sorte de code de procédure (3). Nous est-il parvenu quelques débris qu'on puisse attribuer avec quelque certitude à cet Édit ? On a rapporté quelquefois à l'*album* du *prætor peregrinus* de 582 le fameux Édit Carbonien, qui consacre en faveur des pupilles menacés de perdre leur état dans une procédure régulière mais compromettante pour eux, une disposition protectrice que, selon la remarque de M. Giraud, on ne rencontre plus dans aucune autre

----

(1) Nous ne voulons pas dire par là que toutes les institutions que consacrait l'Édit du préteur urbain avaient indistinctement pris place dans l'Édit pérégrin, ou étaient sanctionnées par le préteur pérégrin: ce serait commettre une erreur, notamment en ce qui concerne le système des *Bonorum possessiones*.

(2) C'est ce qu'a admis M. Rudorff, sans le discuter, comme le remarque M. Giraud, et en considérant la question comme résolue, par le fait même de la découverte de Gaius. Rudorff, *Edict. perpet.*, *passim*. -- M. Giraud, *l. c.*, p. 210-212, incline à admettre l'existence de deux albums distincts, l'un pour les *sententiæ*, l'autre pour les *formulæ*.

(3) Rudorff, *op. cit.*, *præs.* p. 8. — M. Giraud, *l. c.*, p. 207, adhère à ce point de vue sous quelques réserves.

législation (1). Mais rien n'est plus douteux que cette paternité de l'Édit Carbonien. — Plus certaine, et très généralement admise, est celle de l'action *vi bonorum raptorum* :
on attribue l'invention de cette action à Lucullus, qui fut
préteur pérégrin en 678 (2). Voici le texte de ce chef de
l'Édit de Lucullus, tel que l'admet M. Rudorff, d'après *Ulp.*
D., 47, 8, 2, *pr.*, et *Cic.*, *pro Tull.*, 7, en pensant, d'ailleurs,
avec Keller, que ce texte diffère assez peu de celui du *vetus
edictum* de Lucullus : « *Si cui dolo malo vi hominibus
coactis armatisve damni quid factum esse, dicetur, sive
cujus bona rapta esse dicentur, quanti ea res erit, tantæ
pecuniæ in eum qui id fecisse dicetur, intra annum quo
primum de ea re experiundi potestas fuit, in quadruplum,
post annum in simplum judicium, recuperatorium dabo
testibusque publice duntaxat decem denuntiandi potestatem faciam. Item si servus aut familia fecisse dicetur, in
dominum judicium noxale dabo.* » Venait ensuite la formule
de l'action : « *Recuperatores sunto.... Quantæ pecuniæ
paret in hoc anno quo primum de ea re experiundi potestas
fuit, dolo malo servi, familiæ Numeri Negidii vi hominibus coactis armatisve damnum Aulo Agerio datum (bona
Auli Agerii rapta) esse, tantam pecuniam (dumtaxat
quanti ea res esset, si unus liber fecisset) quadruplam (aut
eum eosve qui dolo fecisse comperientur noxæ dare) recuperatores N^m N^m A° A° c. s. n. p. a.* » Le préteur Lucullus
créa l'action *vi bonorum raptorum* dans un double but :
couper court aux allégations de légitime défense derrière
lesquelles ne manquaient pas, paraît-il, de se retrancher
les auteurs des violences à main armée pour dire qu'il n'y
avait pas *damnum injuria datum* et échapper ainsi à
l'action de la loi Aquilia, en constituant un *judicium* dans

---

(1) Giraud, *l. c.*, p. 215-216. M. Giraud cite Hingst, *De bon. poss.*,
p. 157, comme ayant admis cela. Sur la date de l'Édit Carbonien, qui
peut avoir été 672, 673, 674, aussi bien que 582, V. Rudorff, *Ed.
perpet.*. p. 144, § 152.

(2) Rudorff, *Ed. perpet.*, p. 171-173, § 185 ; Voigt, *Das jus naturale*, II, p. 649. Sell, *Die Recuperatio*, p. 414, note 2, conteste que
Lucullus, qui est certainement l'inventeur de l'action *vi bonorum
raptorum*, ait été préteur pérégrin, soit en 678, soit en 677 : il essaie
de réfuter Huschke, mais par des raisons qui ne sont pas du tout
probantes.

lequel les récupérateurs devaient rechercher uniquement *videreturne vi hominibus coactis armatisve damnum dolo malo familiæ datum (Cic., pro Tull., 12)*; mettre un frein aux habitudes de désordres et de brigandages qu'avaient fait naître ou qu'avaient singulièrement développées les guerres civiles, en édictant contre elles une action plus rigoureuse que celle qui existait jusqu'alors. C'est ce que nous apprend Cicéron (*pro Tull.*, 10. 11) : « *His temporibus, quum ex bello diuturno atque domestico res in eam consuetudinem venisset, ut homines minore religione armis uterentur, necesse putavit esse et in universam familiam judicium dare, quod a familia factum diceretur ;.....* ET PÆNAM GRAVIOREM CONSTITUERE UT METU COMPRIMERETUR AUDACIA, ET ILLAM LATEBRAM TOLLERE : DAMNUM INJURIA....»

Figuraient encore dans l'Édit du préteur pérégrin les formules fictices des actions *furti* et *legis Aquiliæ*, dont Gaius IV, 37, atteste l'existence et dont il donne cet exemple : « *Judex esto. Si paret a Dione Hermæi filio furtum factum esse L. Titio, aut si paret ope consiliove Dionis Hermæi filii furtum factum esse pateræ aureæ, quamobrem eum,* SI CIVIS ROMANUS ESSET, *pro fure damnum decidere oporteret, reliq.* » Le préteur pérégrin délivrait ces actions ainsi modifiées par une fiction aussi bien au pérégrin que contre lui. Il dut aussi très-vraisemblablement accommoder de la sorte à l'usage des pérégrins ou permettre de tourner contre eux l'action *injuriarum* des XII Tables, jusqu'à l'époque où le préteur régla à nouveau la matière des injures, c'est-à-dire vers la seconde moitié du VIᵉ siècle, selon la conjecture de Huschke pleinement confirmée par le *S.-C.—de Thisbœis*, qui atteste en 584 l'existence de l'action d'injures prétorienne et estimatoire : lorsque l'action *injuriarum* devint, de *civilis, honoraria*, la fiction de la cité perdit sa raison d'être, et l'action fut délivrée directement au pérégrin et contre lui (1). Ces actions fictices sont fort anciennes : il faut en placer la constitution à l'origine même du système formulaire. — Que les actions *furti* et *legis Aquiliæ* n'aient été primitivement données ni aux pérégrins ni contre eux, cela s'explique par

____

(1) *S.-C. de Thisbæis, Ephem. Epigr.*, I, p. 297 ; Voigt, *op. cit.*, II, § 82, p. 648-649.

le caractère strictement national de la législation antique :
l'antiquité hellénique et l'antiquité romaine sont parties du
principe de la personnalité des lois ; celles-ci n'existent que
pour et contre le citoyen, non pour et contre l'étranger (1).
Il fallait sortir au plus vite d'un tel état de choses, au moins
pour la matière des délits privés. Mais, pourquoi recourut-
on à une fiction de la cité chez le pérégrin, au lieu de faire
passer les actions *furti* et *legis Aquiliæ* telles quelles dans le
jus gentium ? Il n'est point aisé d'en donner une explication
pleinement satisfaisante : on peut admettre, et il est vraisemblable, que ces actions furent étendues aux pérégrins
activement et passivement, à une date où le *jus gentium*
était à peine constitué, et qu'ainsi une fiction était nécessaire; puis, que cette fiction se maintint par la force de l'habitude, lorsque le *jus gentium* fut bien et dûment constitué,
et subsista aussi longtemps que le système formulaire lui-
même (2). — Resterait maintenant à savoir si, en dehors des
deux hypothèses prévues expressément par Gaius, et de la
troisième qu'on peut y ajouter— le cas d'injures,— le préteur
pérégrin recourut à de telles fictions : Gaius, au premier
abord, semble dire qu'il en fut fait un aussi large usage que
l'exigea l'équité : « *Civitas Romana peregrino fingitur, si
eo nomine agat aut cum eo agatur, quo nomine nostris legibus actio constitua est,* SI MODO JUSTUM SIT EAM ACTIONEM
AD PEREGRINUM EXTENDI.* » Mais le *veluti*, dont il fait précé-
der les deux exemples qu'il donne, peut avoir un sens limi-
tatif, aussi bien qu'un sens énonciatif ; et, de fait, dans l'ordre d'idées où il se place, Gaius ne pouvait citer que ces
deux exemples, puisque de son temps les deux seules actions
ex delicto qui appartiennent au droit civil sont l'action *furti*
et l'action *legis Aquiliæ*, l'action *injuriarum* et l'action *vi
bonorum raptorum* reposant sur l'Édit prétorien. Le doute
est donc permis et la carrière ouverte aux conjectures des

____

(1) Il s'agit ici de l'étranger non soumis à la domination de Rome,
car à l'époque où nous nous plaçons, les plus anciennes provinces
romaines n'avaient pas encore été constituées. Accarias, *Préc.*, II,
p. 923, note 1. — Le système de la personnalité du droit, avec celui de
l'exclusion des droits des États étrangers, se retrouve au début chez
tous les peuples de race aryenne, sauf à être abandonné plus ou
moins promptement. Voigt, *op. cit.*, II, p. 64.

(2) Cf. Voigt, *op. cit.*, II, p. 127-128.

interprètes. Les uns admettent que la fiction de la cité devait se rencontrer dans toutes les actions civiles, qui devenaient ainsi accessibles aux pérégrins sur le fondement de la *recuperatio* ou de tout autre titre public : dès qu'un pérégrin participait à la protection juridique, les actions du *jus civile* lui étaient ménagées au moyen de cette fiction, qu'on introduisit même dans les formules des actes juridiques solennels pour en ouvrir l'accès à ce pérégrin privilégié (1). Les autres pensent qu'une telle fiction trouvait place « *ubicunque æquitas suppeteret* », selon l'expression de Huschke (2). Pour notre part, nous ne sommes pas porté à voir une panacée dans les fictions dont Gaius nous présente l'application à la matière des délits privés : en cette matière, l'extension du droit civil romain était tout naturellement indiquée ; elle l'était beaucoup moins dans la matière des rapports contractuels ; ici, elle nous apparaît même comme inadmissible, les relations commerciales ne pouvant s'accommoder des lenteurs et des cérémonies que prodiguait le *jus civile* ; il leur fallait des institutions nouvelles. — Si le procédé le premier employé fut la formule fictice, il était loin d'être le seul que le préteur pérégrin eût à sa disposition : la formule *in factum* est aussi fort ancienne, peut-être même est-elle antérieure au système formulaire lui-même.

54. — Enfin l'Édit du préteur pérégrin contenait une formule de stipulation pour le *damnum infectum*. La loi *Rubria* (705-711 ?) en offre le témoignage irrécusable. En vertu de son *imperium*, le préteur exige souvent, pour prévenir un dommage éventuel, qu'une personne se lie envers une autre par une stipulation, qui, une fois intervenue, engendre une action civile : c'est le procédé bien connu de la *stipulatio prætoria*. Un des cas de *stipulatio prætoria* est le *damnum infectum*, et la promesse qu'impose ici le préteur prend le nom de *cautio damni infecti* (3). Les magis-

---

(1) Voigt, *op. cit.*, II, p. 128-130 ; 62. — Sell, *op. cit.*, p. 229, sqq., avait, dès 1837, repoussé l'application des formules fictices au cas de *recuperatio*.

(2) Huschke, *Anal. litter.*, p. 216. Cf. Voigt, *op. cit.*, II, p. 129 note 110.

(3) Des promesses et des expressions analogues se rencontrent en matière d'usufruit (*D.* 7, 9, 5. *pr.*), de legs : *cautio legatorum* (*D.*, 36, 3, 1, *pr.*) ; il y a encore la *cautio judicatum solvi* (*D.*, 46, 7, 6), la *cautio de rato* (D., 46, 8, 22, 7). Cf. Accarias, *Préc.*, II, p. 746-747.

trats de la Gaule Cisalpine n'avaient pas le droit, en leur qualité de magistrats *minores*, d'imposer une telle *cautio*. La loi *Rubria* le leur confère : après avoir reçu le *jusjurandum calumniæ* du postulant, ils pourront rendre un décret ordonnant la *repromissio* ou la *satisdatio*. Puis elle détermine l'effet du décret, bien entendu, comme le remarque Puchta, en ce qui touche le cas où la *cautio* n'est pas fournie, car si elle l'est, elle engendre une action civile, et tout est dit. Si la *cautio* n'a pas été fournie, c'est-à-dire, comme l'explique expressément la loi, si la partie qui en reçoit l'ordre refuse de *repromittere* ou de *satisdare, « sei damnei infectei repromissum non erit, aut sei damnei infectei satisdatum non erit »* (*lex Rubria, c.* 20, *C. I. L.*, I, p. 116, I, 1. 23. 32), et que le dommage redouté soit survenu, alors, le magistrat auquel s'adressera la victime du dommage, se conduira comme si la *cautio* avait été fournie, et constituera un *judicium* dans lequel il supposera la *cautio* intervenue et dont la loi elle-même détermine ainsi la formule (1) : « *Sei, antequam id judicium qua de re agitur factum est, Q. Licinius damnei infectei eo nomine qua de re agitur eam stipulationem, quam is quei Romæ inter peregrinos jus deicet in albo propositam habet, L. Seio repromisisset, tum quicquid eum Q. Licinium ex ea stipulatione L. Seio facere oporteret ex fide bona dumtaxat HS ejus judex Q. Licinium L. Seio, sei ex decreto IIvirei, IIIIvirei præfecteive Mutinensis, quod ejus is IIvir IIIIvir præfectusve ex lege Rubria seive id plebeive scitum est decreverit, Q. Licinius eo nomine qua de re agitur L. Seio damnei infectei repromittere noluit, condemnato; sei non parret, absolvito.* » Ainsi, voilà une action fictice : le juge doit statuer comme si la promesse eût été faite, et fût devenue exigible par la réalisation du dommage ; il supposera qu'il y a eu *stipulatio damni infecti*, dans les termes énoncés par l'Édit du préteur pérégrin ; c'est selon cette formule « *eam stipulationem quam*

---

(1) La loi *Rubria, c.* 20, *C. I. L.*, I, p. 116, I, 1. 23-31 et 32-40, donne deux formules d'action, l'une pour le cas où il y a eu refus de *repromittere*, l'autre pour le cas où la *contumacia* a consisté à ne pas *satisdare*. Ces deux formules ne diffèrent qu'à ce point de vue : dans la première, on lit *repromittere eam stipulationem — repromittere* ; dans la seconde, *satisdare, ea stipulatione — satisdare*. Nous ne donnons au texte que la première formule, I, 1. 23-31.

*is quei Romœ inter peregrinos jus deicet in albo proposi-
tam habet* », que le magistrat municipal avait ordonné au
contumax de s'engager : c'est selon cette formule qu'il sera
réputé s'être engagé. Or, la sanction du refus de la *cautio
damni infecti*, telle que nous la fait connaître le Digeste, est
la *missio in possessionem* : c'est le moyen de contrainte ordinaire du préteur. Ici, quel est le caractère de cet envoi en
possession? Il faut distinguer deux envois en possession
successifs. Par un premier décret, le préteur envoie le postulant en possession de l'immeuble dont l'état constitue un
danger pour lui : cet envoi en possession n'a qu'un caractère purement provisoire et conservatoire (*vice cautionis*) ;
il permet à celui qui l'obtient de prendre les mesures nécessaires pour prévenir le dommage imminent, mais non d'ex-
pulser le propriétaire, qui est toujours libre d'échapper à la
cohabitation que lui inflige le préteur, en fournissant la
cautio et en remboursant les dépenses légitimes que son
hôte forcé aura pu faire sur la chose. Si la *contumacia* se
prolonge, interviendra, après un délai qui dépend des circonstances, un second décret, qui constitue aux yeux du
préteur un juste titre d'acquisition : celui en faveur de qui
il est rendu pourra usucaper, et jusqu'à l'usucapion accomplie, sera protégé par le préteur contre toute attaque : c'en
est fait de l'immeuble du *contumax*, qui ne peut en recou-
vrer la possession par l'exécution tardive de l'ordre prétorien (D., 39, 2, 15, 11. 16. 20-23. 30. 31. 33) (1).

Comment expliquer que la sanction prévue par la loi
Rubria soit différente, et consiste non en une *missio in possessionem* mais en une action fictice ? On a cru y réussir, en
s'emparant du renvoi de l'Édit du préteur pérégrin, que contient la formule prescrite par la loi pour cette action fictice.
Cet Edit n'a, dit-on, connu que l'action fictice comme
moyen de contrainte, non la *missio* ; et s'il en est ainsi,
c'est, aux yeux de Dirksen, qui a proposé cette conjecture,
parce que le premier moyen de contrainte appartient au *jus
gentium*, le second au *jus civile*. Huschke, après avoir montré
combien il est difficile d'admettre cette conjecture, a amélioré

____

(1) Accarias, *Préc.*, II, p. 754-755. — Cf. Gault, *De la cautio damni
infecti, Thèse pour le Doctorat*, Paris, 1880.

l'explication, comme le dit Puchta, en proposant d'admettre qu'à la date de notre plébiscite, l'Édit du préteur urbain ne contenait absolument aucune disposition sur le *damnum infectum*, et que la *legis actio* des XII Tables était seule usitée devant le tribunal de ce préteur au moment où fut rendue la loi *Rubria* : il reconnaît, d'ailleurs, que cet état de choses changea très-peu de temps après, assez peu pour que Labéon ait pu commenter le chef de l'*Edictum prætoris urbani de damno infecto*. Le préteur pérégrin n'a connu dans son Édit que l'action fictice comme moyen indirect de contrainte ; cet autre moyen qui s'appelle la *missio in possessionem* n'a été introduit en matière de *damnum infectum* que par le préteur urbain, par analogie d'une disposition des XII Tables. Une troisième opinion consisterait à dire qu'à la date de la loi *Rubria*, l'Édit du préteur pérégrin, comme celui du préteur urbain, ne connaissait encore que l'action fictice, mais que peu après, et presque simultanément, les deux Édits admirent la *missio in possessionem* pour cette hypothèse : cet état de choses, auquel se réfère le Digeste, était déjà fermement établi du temps de Labéon.— Toutes ces conjectures ont le tort commun d'attacher une grande importance à la mention que font de l'Édit du préteur pérégrin les deux formules d'action indiquées par la loi *Rubria*. Comme le dit Puchta dans la dissertation aussi ingénieuse que judicieuse qu'il a consacrée à la loi *Rubria*, en y regardant de près, on voit qu'il n'est dit dans ces deux formules « ni directement ni indirectement que l'action contre l'obligé, c'est-à-dire la conséquence de la désobéissance au décret, soit tirée de cet Édit. Il est indiqué seulement quelle stipulation doit être tenue pour fournie, savoir celle que le préteur pérégrin impose. La loi adresse aux magistrats municipaux cette instruction : imposez la *repromissio* et la *satisdatio*, d'après les principes que suit ce préteur, et faites-les fournir dans les termes indiqués par son Édit ; mais elle ne renvoie en aucune façon à cet Édit, au point de vue des conséquences du refus de fournir la *cautio*. Par conséquent, la menace de la *missio* peut aussi bien avoir figuré dans cet Édit ; notre loi ne contient rien qui puisse en faire douter (1). »

(1) *Puchta's Kleine Civilistiche Schriften*, éd. Rudorff, Leips., 1851, p. 518-544 ; p. 532-533. Cf. p. 530-534.

Il faut donc, conclut Puchta, séparer complètement ces deux questions, qui sont bien distinctes : pourquoi la désobéissance au décret municipal n'entraîne-t-elle qu'une action, non la *missio* ? et pourquoi, au point de vue de la conception de la *cautio*, renvoie-t-on à l'Édit pérégrin ? Sans doute, il faut bien le reconnaître, la raison du premier de ces faits pourrait être qu'alors la *missio damni infecti causa* n'existait pas encore ; mais c'est très-problématique, d'autant plus que, si on l'admet, il faut placer presque aussitôt après la loi *Rubria* l'apparition de la *missio in possessionem damni infecti causa*. Il nous paraît préférable d'admettre que l'Édit du préteur pérégrin connaissait ce moyen de contrainte, mais que la loi *Rubria* ne voulut pas attribuer au décret municipal un effet aussi grave que la *missio in possessionem ;* et nous tirons argument, à l'appui de cette manière de voir, si naturelle et si plausible en elle-même, du fait que, plus tard, faisant un pas de plus, on délégua aux magistrats municipaux la *missio*, mais non la *missio ex secundo decreto* (D.39,2,4,3). La loi *Rubria* ne veut pas conférer aux magistrats municipaux de la Gaule Cisalpine le droit de prononcer la *missio in possessionem* pour refus de fournir la *cautio damni infecti;* elle crée une action fictice qui permet d'obtenir la réparation du dommage survenu après que la *cautio damni infecti* a été demandée et avant qu'elle ait été fournie ; dans la formule de cette action, elle se réfère expressément à l'Édit du préteur pérégrin (1). Sans doute, il est bien remarquable de voir un plébiscite créer une action fictice et emprunter ainsi au préteur ses procédés indirects et ses détours ; mais, l'histoire du Droit Romain présente d'autres exemples de ce fait si curieux, qui atteste combien les innovations et les hardiesses prétoriennes étaient légitimes aux yeux des Romains et combien était étroite, quoique secrète et se dissimulant sous un antagonisme apparent, l'harmonie qui régnait entre le droit civil et l'Édit du préteur.

Quant à la seconde question, celle de savoir pourquoi la loi *Rubria* renvoie à l'Édit du préteur pérégrin en ce qui concerne la formule de la *cautio*, on pourrait, il faut encore

____

(1) Puchta, *l. c.*, p. 533; Mommsen, *C. I. L*, 1, p. 118, sur le ch. 20 de la loi *Rubria* ; Accarias, *Préc.*, II, p. 754, note 2 ; p. 924.

l'avouer, la résoudre, en disant que cet Édit seul contenait une formule pour la *cautio damni infecti* ; mais rien n'est plus incertain : voir dans l'existence de la *legis actio* en matière de *damnum infectum* à l'époque de la loi *Rubria*, un empêchement à ce que le préteur urbain eût encore introduit la *stipulatio damni infecti*, c'est méconnaître que, quelques années plus tard, l'existence de cette même *legis actio* ne fit point obstacle à l'admission dans l'Édit urbain de la *cautio damni infecti*. Nous admettrons dès lors que, malgré la *legis actio damni infecti causa*, l'Édit urbain contenait une réglementation du *damnum infectum* et une formule de *cautio*, avant comme après la loi *Rubria*. Que si cette loi renvoie à l'Édit du préteur pérégrin, la raison en est, admettrons-nous avec Puchta, notre guide en cette matière, dans la conception de la stipulation. La stipulation qui figurait dans l'Édit du préteur urbain était conçue, selon toute vraisemblance, avec les mots *spondesne spondeo*, à la façon proprement romaine ; or, comme dans les municipes il n'y avait pas de magistrat spécial pour les pérégrins, il était naturel de choisir ici la formule de l'Édit du préteur pérégrin, qui était accessible aux deux classes d'habitants, aux *peregrini* aussi bien qu'aux *cives*. C'est l'opinion à laquelle s'est rallié Savigny, après avoir proposé une autre explication que Puchta a très-bien réfutée, au témoignage de Savigny lui-même (1). Maintenant, quelle était la teneur

(1) Savigny s'est approprié ici, avec une bonne foi et une bonne grâce parfaites, la conduite et les belles paroles de Papinien rappelées avec esprit dans un réquisitoire célèbre du procureur général Dupin : « *Hæc nobis aliquando placebant, sed in contrarium me vertit Sabini sententia.* » Savigny avait d'abord admis que, si la loi *Rubria* prescrivait aux magistrats municipaux d'employer dans leurs stipulations la formule de l'Édit du préteur pérégrin, c'est parce que le préteur urbain n'avait de formules que pour les *judicia legitima*, qui, dans les municipes, étaient aussi peu possibles que devant le préteur pérégrin. Mais, dans un appendice à la dissertation où il avait émis cet avis, il ajouta : « Puchta combat cette opinion pour deux raisons à mes yeux pleinement convaincantes, et donne lui-même une explication tout à fait satisfaisante. On ne peut nullement, en effet, admettre que dans les *legitima judicia* des formules spéciales d'action aient été employées ; aussi, cette mention faite à deux reprises du préteur pérégrin, ne se rapporte pas du tout à une *formule d'action*, mais à une *formule de stipulation* tirée de son Édit. » Savigny, *Verm. Schrift.*, 1850, III, p. 321, et p. 399-400 ; Puchta, *l. c.*, p. 533-534.

de cette *stipulatio damni infecti* dans l'Édit du préteur pérégrin? Elle ne différait de la formule de l'Édit urbain, croyons-nous, que par les mots *promittisne promittis*, qui devaient y figurer au lieu de *spondesne spondeo*.

Mais, dans les deux Édits, la formule de la *cautio* variait suivant les hypothèses de *damnum infectum*. Ces hypothèses peuvent se répartir en deux classes. Dans la première classe d'hypothèses, il s'agit d'un tiers qui veut entrer sur le fonds d'autrui pour y faire des travaux que comporte l'exercice d'un droit de servitude, pour détruire ou enlever des ouvrages qu'il y a établis comme locataire, pour y rechercher ou en retirer des objets qui lui appartiennent : dans tous ces cas, le propriétaire peut exiger la *cautio damni infecti* (*D.*, 10, 4, 15 ; — 19, 2, 19, 4 ; 39, 2, 9, 3 ; 30). Dans la seconde classe d'hypothèses, la menace du dommage ne vient pas d'un droit à exercer sur le fonds menacé, elle vient d'un fonds voisin : un éboulement de terrain est à craindre ; il s'agit d'une maison ou d'un mur qui menace ruine, ou de travaux qui vont être entrepris, tous événements dont la réalisation va causer un dommage au voisin. Cette classe d'hypothèses est la plus nombreuse et la plus importante (1). Voici, d'après M. Rudorff, la formule de *cautio damni infecti* qui s'y réfère ; nous y substituons aux mots *spondesne spondeo*, ceux-ci : *promittisne promitto*, et nous pouvons admettre que telle était, du moins à peu près, la *cautio damni infecti* qui figurait dans l'Édit du préteur pérégrin : « *Si quid in œdibus tuis (illius), q. d. a. ruet, scindetur, fodietur, œdificabitur, quod œdium, arborum, loci, operis vitio intra diem illum damnum datum erit, quanti ea res erit tantam pecuniam mihi heredique meo eive ad quem ea res pertinet, te heredemque tuum eumve ad quem ea res pertinet, daturum dolumque malum huic rei abesse abfuturumque esse promittis ? promitto* (2). » Cette *cautio*, et la formule proposée les met bien en relief, contient trois clauses : d'abord, elle porte fixation d'un terme à l'échéance duquel elle cessera d'avoir effet, et devra être renouvelée si le danger subsiste (*D.*, 39, 2, 13, 15 ; 14) ; en second lieu,

(1) Accarias, *Préc.*, II, p. 752-755.
(2) Rudorff, *Ed. perpet.*, § 309, p. 257-259.

elle exprime catégoriquement que les droits et les obligations des parties se transmettront à leurs successeurs à titre universel ou à titre particulier (*D.*, 39, 2, 24, 1 ; 17, 4) ; enfin, elle renferme la *clausula doli.* C'est par cette *clausula doli*, qui se retrouve, d'ailleurs, dans presque toutes les stipulations prétoriennes, que s'explique la présence des mots : « *Dare facere oporteret* EX FIDE BONA » dans la formule de l'action fictice qu'organise la loi *Rubria.* — En règle générale, la *cautio damni infecti* se borne à une promesse pure et simple ; mais le préteur urbain et le préteur pérégrin, comme le magistrat municipal, exigeront parfois une *satisdatio* : c'est lorsque le promettant figurera dans la *cautio alieno nomine*, c'est-à-dire sans y être obligé par l'Édit. Or, d'après l'Édit, l'obligation de fournir une *cautio damni infecti* n'incombe jamais qu'au propriétaire de l'immeuble qui menace ruine, ou au possesseur, si la propriété est douteuse (*D.*, 39, 2, 31, 1 ; 39, 1) : si donc le gagiste, le *superficiarius*, l'usufruitier, mus par leur intérêt personnel, fournissent la *cautio damni infecti*, ils devront *satisdare* (*D.*, 39, 2, 9, 4. 5 ; 10 ; 15, 25) (1).

Reste une difficulté sur l'application de cette *cautio* aux rapports des pérégrins entre eux ou avec les citoyens romains. Nous venons de le voir : on ne peut exiger la *cautio damni infecti* que du propriétaire de l'immeuble qui menace ruine ; et le droit de l'exiger en son propre nom et sans fournir soi-même la *cautio de rato*, n'appartient en principe qu'au propriétaire menacé et aux détenteurs responsables de la garde de la chose (*D.*, 39, 2, 18, *pr.*) ; on a bien étendu ce droit au gagiste, au *superficiarius* et à l'usufruitier, mais on ne l'admit jamais à l'égard du possesseur de bonne foi (*D.*, 39, 2, 11 ; 13, 8. 9) (2). S'il en est ainsi, comment la *cautio damni infecti* peut-elle figurer dans l'Édit pérégrin ? Les pérégrins ne sauraient être propriétaires d'immeubles *mancipi*, c'est-à-dire de fonds italiques, ruraux ou urbains. Faut-il admettre ici ce que Huschke suppose pour expliquer une *legis actio* introduite devant le préteur pérégrin, savoir la compétence de ce préteur à

_____

(1) Accarias, *Préc.*, II, p. 753 ; p. 754, note 1.
(2) *Id., ibid.*, p. 753, note 3.

l'égard des alliés italiques et même des Cisalpins entrés dans la cité (1)? Ou faut-il dire avec M. Voigt que l'Édit du préteur pérégrin sur la *cautio damni infecti*, supposant nécessairement la propriété foncière, ne peut s'adresser qu'aux Latins, les autres pérégrins étant exclus de cette propriété (2)? Le texte de Gaius, IV, 31, est d'autant plus embarrassant, qu'il semble en résulter que devant le préteur pérégrin comme devant le préteur urbain, on pourra choisir en matière de *damnum infectum* entre la *legis actio* et la *cautio damni infecti* : « *Damni infecti nemo vult lege agere, sed potius stipulatione quæ in edicto proposita est, obligat adversarium suum, idque et commodius jus et plenius est.* » La loi *Rubria* ne nous donne aucune lumière à ce sujet. Comment résoudre cette question? On peut s'étonner à bon droit, ce semble, que les interprètes se soient aussi peu préoccupés de cette question : M. Voigt est, à notre connaissance, le seul auteur qui la pose *in terminis*. Il est vrai, ce qui frappe avant tout dans la loi *Rubria*, c'est le renvoi à l'Édit du préteur pérégrin pour la *cautio damni infecti* et la création des deux actions fictices; et dans le texte de Gaius, c'est surtout le fait d'une *legis actio* intentée devant le préteur pérégrin, qui attire l'attention. A ce dernier point de vue, il est des auteurs qui admettent que le préteur pérégrin accorda aux pérégrins, en vertu de son *imperium*, la *legis actio* en matière contentieuse (3). Cette opinion heurte de front les notions les mieux établies sur le caractère rigoureusement national des *legis actiones*, et cadre mal avec le fait que la *sponsio* était encore du temps de Gaius réservée aux seuls citoyens (*Gai.*, III, 93); de plus, elle ne s'appuie directement sur aucun texte. Aussi restreindrons-nous la concession de la *legis actio* aux Latins seuls, et n'admettrons-nous pas que la *legis actio damni infecti causa*

<hr>

(1) Huschke, *Die Multa und das Sacramentum*, p. 405-406.

(2) Voigt, *op. cit*, II, p. 732-733.

(3) Mommsen (*C. I. L.*, I, p. 66, *lex Repetundarum*, 23) ne met pas en doute que les pérégrins n'aient la *legis actio*. En ce sens, Rudorff, *Rom. Rechtsgesch.*, II, § 20, p. 76, note 9; Humbert, *De la condit. des pérégr.*, *Acad. de Lég. de Toul.*, 1870, p. 25-26. — M. Faure considère cette opinion comme un peu risquée (*op. cit.* p. 97, note 34); M. Voigt la considère comme inadmissible et restreint aux Latins l'octroi par le préteur pérégrin de la *legis actio* (*op. cit.*, II, p. 732).

ait été ouverte à tous les pérégrins, d'autant plus qu'elle eût été un luxe inutile : la *cautio* leur suffisait pleinement elle était même plus avantageuse. Mais la *cautio* leur était-elle applicable, et cela dès l'époque de la loi *Rubria* ? Il n'y a aucun doute pour les Latins, aptes à la propriété foncière, et il suffirait, à la rigueur, de constater que la *cautio damni infecti* avait cours entre Latins et entre Romains et Latins, pour donner une explication telle quelle de la loi *Rubria* et du texte de Gaius. Mais ce serait singulièrement restreindre la portée de l'Édit du préteur pérégrin sur la *cautio damni infecti*. Nous avons quelque peine à croire que, si un pérégrin non Latin ayant reçu la tradition d'un fonds italique *a domino* en vertu d'une juste cause venait demander au préteur pérégrin, au nom de son Édit, le bénéfice de la *cautio damni infecti*, ou qu'un Romain ou un autre pérégrin, dans une situation aussi favorable, vînt le solliciter contre lui, le préteur pérégrin fermât l'oreille et leur opposât un *nescio vos* sans rémission. Nous avons constaté que le droit d'exiger la *cautio damni infecti* n'a jamais été accordé au possesseur de bonne foi ; mais le pérégrin qui a reçu *a domino* en vertu d'une juste cause un immeuble italique est encore plus favorable que le possesseur de bonne foi ; il est protégé par la *prœscriptio longi temporis*, qui lui donne un moyen de défense envers et contre tous, et, si cette institution n'existait pas encore du temps de la loi *Rubria* (1), le préteur lui donnera un interdit. En un mot, le préteur, autant qu'il est en lui, traitera le pérégrin comme propriétaire : il nous paraît plausible de conjecturer que la *cautio damni infecti* s'appliquait, pour et contre lui, qu'il fût en présence d'un Romain ou d'un autre pérégrin.

55. — Voilà tout ce qui nous est parvenu de l'Édit du préteur pérégrin : la formule fictice de l'action *furti* dont Gaius donne le texte même, la formule de l'action *vi bonorum raptorum*, qui a fait son apparition dans l'Édit du préteur pérégrin, et la formule de la *cautio damni infecti*, conforme à celle de l'Édit du préteur urbain, sauf en deux mots ; ces

____

(1) Voigt, *op. cit.*, IV, App. XVI, p. 328, affirme que l'institution de la *prœscriptio longi temporis* n'était pas encore connue du temps de Cicéron. C'est fort possible, mais la vérité est qu'on n'en sait rien. Cf. Accarias, *Préc.* I, 2ᵉ éd., p. 549.

deux dernières formules, telles qu'on a pu les reconstituer avec une grande vraisemblance et dans leur sens général qui n'est pas douteux. La curiosité est bien plus éveillée que satisfaite. Ces documents, malgré leur petit nombre, permettent d'affirmer que le préteur pérégrin recourut, aussi bien que le préteur urbain, à ces procédés si variés et si féconds qui furent les instruments de tant de progrès, et que son Édit, notamment, inventa des formules fictices, créa des actions *in factum*, proposa des stipulations. A un point de vue général, on peut dire que l'Édit du préteur pérégrin fut le berceau du *jus gentium* ; or, aucun événement de l'époque républicaine n'a une importance théorique aussi vaste et aussi profonde que la constitution du *jus gentium* (1). L'origine de ce droit se rattache aux relations commerciales des pérégrins à Rome : c'est l'Édit du préteur pérégrin qui contribua pour une très-large part à la formation d'un droit général des pérégrins, applicable d'abord aux rapports des pérégrins avec les Romains ou des pérégrins entre eux, et non en dehors de cette sphère, bien que ce fût un droit romain, né sur le sol romain, façonné et élaboré par un magistrat romain, — puis étendu aux citoyens romains en dehors de leurs rapports avec les pérégrins. Les modifications les plus profondes du droit privé romain s'accomplirent sous l'influence de l'Édit pérégrin. Mais, réservant ces considérations pour le chapitre V, nous voulons faire observer ici que, quelle que fût l'importance de cet Édit, il ne pouvait contenir toutes les règles appliquées par le préteur pérégrin pour la solution des procès qui lui étaient soumis. Sans doute, les formules des actions du *jus gentium* figuraient dans son Édit. Mais, s'il est vrai de dire, d'une manière générale, que le *jus gentium* suffisait aux relations entre *cives* et *peregrini* ou entre *peregrini* seuls, il y a des points sur lesquels il était insuffisant, car il ne connaissait pas des institutions indispensables aux relations commerciales entre *peregrini* ou entre *cives* et *peregrini* ; et, de plus, dans les limites des règles générales du *jus gentium*, il y avait place pour bien des particularités : comment combler ces lacunes et régler les points de détail ? En se

(2) Voigt, *op. cit.*, § 65, p. 528.

référant aux *jura peregrinorum*. Mais, ici, il importe de marquer avec quelque exactitude ce qu'il faut entendre par ces *jura peregrinorum* auxquels le préteur pérégrin pourra avoir à se référer, et, avant tout, de distinguer entre les différentes classes de ses justiciables.

56. — Le préteur pérégrin, avons-nous vu (n° 31, p. 64), est compétent dans les procès qu'ont entre eux ou avec des citoyens romains, les membres des États souverains étrangers en relations diplomatiques avec Rome ; ceux qui sont sous la domination plus ou moins directe de Rome, les alliés italiques, les Latins coloniaires ou les populations auxquelles Rome a conféré la Latinité, les membres des *liberæ civitates* au sein de l'*orbis Romanus*, les provinciaux ; enfin ceux qui constituent la catégorie des *apolides* (ἀπολιδες), savoir les *cives romani* qui ont subi la *capitis deminutio media*, les affranchis Latins Juniens et les affranchis déditices.

Éliminons, tout d'abord, les alliés italiques, qui reçurent tous la cité entre 664 et 705 ; nous n'admettons pas la conjecture de Huschke, d'après laquelle ils continuèrent de relever du préteur pérégrin, même après la collation de la cité ; l'admettrions-nous, nous n'aurions rien à dire d'eux, l'accès du droit civil romain leur ayant été ouvert en même temps que celui de la cité. Avant que tous les Italiens fussent devenus citoyens, il y aurait à mettre à part parmi eux, si l'on voulait parler du droit que le préteur pérégrin leur appliquait, les *Latini veteres*, qui eurent à toutes les époques le *jus commercii*, qui perdirent peut-être le *jus connubii* vers la fin du ɪᴠ° siècle, en un mot, dont la condition varia avec la fortune politique. Les *Latini veteres* ont disparu en 664, après la guerre sociale ; mais leur condition a servi de type à celle des *Latini coloniarii* (1).

Les *Latini coloniarii* ont le *commercium*, ce qui comprend la *testamenti factio* active et passive (*Ulp.*, 20, 8). Mais ils n'ont pas le *jus connubii* : quant au droit de famille et des successions ab intestat, quelles règles le préteur pérégrin leur appliquait-il ? Il y avait pour eux un *jus dediticiorum*, calqué dans ses traits essentiels sur le droit

____

(1) Accarias, *Préc.*, I, 2ᵉ éd., p. 93.

romain : ce *jus dediticiorum* avait pour eux la valeur d'un *jus municipale*, et l'Édit du préteur pérégrin put être pour quelque chose dans la constitution de ce droit ; à tout le moins, il interposa son autorité pour combler les lacunes qui ne pouvaient manquer d'exister (1). A côté des *Latini coloniarii*, et sur la même ligne qu'eux, il faut placer les populations auxquelles Rome conféra la Latinité : cette collation était un acheminement vers la collation de la cité.

Vient ensuite la catégorie des *apolides* ou individus *sine civitate*. Parmi eux, il faut placer en première ligne les affranchis Latins Juniens dont la condition a été modelée sur celle des Latins coloniaires. Ils ont le *jus commercii (Ulp.*, 19, 4). Ce droit leur permet de jouer dans une mancipation le rôle d'acquéreur ou d'aliénateur. Il leur confère, en principe, la *testamenti factio*. Mais ici, la loi *Junia Norbana* restreignit singulièrement les conséquences naturelles du principe. Elle leur laisse bien le droit de figurer dans le testament *per œs et libram*, à titre de *libripens*, de *familiœ emptor* ou de témoin (*Ulp.*, 20, 8), et d'être institués héritiers ou appelés à un legs. Mais elle leur enlève le *jus capiendi directo*, c'est-à-dire subordonne le bénéfice de l'institution ou du legs faits en leur faveur, à la condition qu'ils seront devenus citoyens romains au plus tard dans les cent jours du décès du testateur (*Ulp.*, 17, 1 ; 22, 3 ; *Gai.*, I, 23). Toutefois, comme le remarque *Gaius* (I, 24), le Latin Junien peut recueillir un fidéicommis ; il en fut ainsi à partir d'Auguste, qui rendit les fidéicommis obligatoires, et même après Hadrien, sous le règne duquel un sénatus-consulte attribua au fisc les fidéicommis faits par des citoyens romains en faveur de tout pérégrin non Latin (*Gai.*, II, 275. 285). Il est de règle qu'on peut nommer tuteur testamentaire quiconque à la *testamenti factio* par rapport au testateur ; mais la loi *Junia* retire au Latin Junien le droit d'être tuteur testamentaire, malgré la *testamenti factio* qui lui appartient (*Ulp.*, 11, 16). Enfin la même loi lui refuse expressément le droit de tester (*Gai.*, I, 23 ; *Ulp.*, 20, 14), et attribue ses biens, à titre de pécule, à son patron ou aux héritiers de celui-ci (*Gai.*, III, 56, 58) (2). En

(1) Voigt, *op. cit.*, II, § 98, p. 741.
(2) Accarias, *Préc.*, I, 2ᵉ éd., p. 115.

dehors de ce qui touche au *jus commercii*, qui appartenait, on le voit, bien imparfaitement au Latin Junien, et pour les points que la loi *Junia Norbana* ne réglait pas, on dut leur appliquer par analogie le *jus civile*, comme on le fit pour les Latins coloniaires ; mais, dans cette application, le *jus civile Romanorum* perd son caractère de *jus civile* et revêt la qualité d'un *jus dediticiorum* ; d'ailleurs, ici encore, dut intervenir l'Édit du préteur pérégrin (1).

A côté et au-dessous des Latins Juniens, figurent dans la classe des *apolides*, les affranchis pérégrins déditices. Ils sont assimiliés aux pérégrins déditices (*Gai.*, I, 13), et, de plus, soumis à certaines prohibitions spéciales qui ne pèsent pas sur les pérégrins déditices ingénus. On entend par pérégrins déditices les peuples qui, après une résistance ou une révolte, se sont soumis à discrétion, et se sont livrés à merci à la puissance Romaine (*Gai.*, I, 14). Cette soumission sans réserve se réalisait dans la forme d'un contrat ; ces formules de *deditio* que rapporte Tite-Live (1, 38 ; 7, 31) expriment avec une effrayante énergie cette abdication de tous les droits entre les mains du peuple Romain (2). Le peuple *deditus* n'a pas d'indépendance locale, il ne conserve pas ses lois, à moins que l'État romain n'en décide autrement ; Rome exerce, en effet, sur lui un patronage ou une tutelle, qui lui garantit l'existence et la liberté personnelle de ses membres ; peut-être lui rendra-t-elle un jour une certaine indépendance locale, peut-être lui concédera-t-elle tout ou partie de ses lois nationales, en qualité de *jus dediticiorum ;* en tous cas elle lui donnera un droit privé (3), à titre gracieux, et elle ne lui refusera pas le béné-

(1) Voigt, *op. cit.*, II, p. 748.

(2) Voigt, *op. cit.*, II, § 38, *præs.* p. 280-82 ; 285-286. A côté du peuple *in ditione populi Romani*, il fallait distinguer, pendant les premières guerres de Rome, le peuple *in arbitratu populi Romani* : on désigne sous ce nom la condition du peuple *bello devictus* dont la ville (il ne s'agit ici que de petits peuples) peut être mise à feu et à sang, le sol voué par une imprécation à une dévastation éternelle et les habitants réduits en esclavage. Mais, quand Rome eut acquis une réelle importance, elle ne détruisit plus les *civitates*, dans lesquelles elle laissa les vaincus, et la situation des *devicti* se confondit avec celle des *dediti*. Sur ces points, M. Voigt donne les renseignements les plus complets (*op. cit.*, II, § 39, p. 291-293 ; 293-303).

(3) C'est l'expression technique : *jus dare, leges dare* (Voigt, *op. cit.*, II, p. 314, note 339 ; Cf. p. 312-321, note 338 ; note 549).

fice du *jus gentium*. C'est à ces pérégrins dédicites que la loi *Ælia Sentia* assimile les affranchis qui pendant leur servitude se sont attiré des châtiments d'un caractère ignominieux, tout en édictant contre eux des rigueurs spéciales : ils ne pourront jamais arriver à la Latinité ni à la cité (*Gai.*, I, 26) ; il leur est interdit de séjourner à Rome ou dans un rayon de cent milles autour (1), sous peine de perdre leurs biens qui seront vendus au profit du peuple Romain, et d'être vendus eux-mêmes, à charge par l'acquéreur de ne pas les garder à Rome ou dans un rayon de cent milles et de ne pas les affranchir : si, au mépris de cette dernière clause, leur nouveau maître tente de les affranchir, il n'en fera que des *servi publici* (*Gai.*, I, 27). Ils ont la capacité du *jus gentium*, mais n'ont aucune participation au *jus civile* et ne peuvent réclamer le bénéfice d'aucun droit local, n'appartenant à aucune *certa civitas*. Ils ne peuvent pas recueillir une libéralité testamentaire, pas même par voie de fidéicommis : il en fut ainsi, même pendant l'époque antérieure à Hadrien et avant qu'un sénatus-consulte eût rendu tout pérégrin non Latin incapable de recueillir par fidéicommis (*Gai.*, I, 25 ; II, 285). Ils ne peuvent pas non plus tester. Cela semble tout naturel et aurait dû aller de soi, serait-on tenté de croire, étant donnée leur qualité de pérégrins. Pourtant on l'avait contesté, nous apprend *Gaius* (I, 25 ; III, 75). Mais l'opinion qui leur déniait le droit de tester l'avait emporté, soit parce que, comme le dit *Gaius* (III, 75), « *incredibile videbatur pessimæ condicionis hominibus voluisse legislatorem testamenti faciendi jus concedere* », soit parce que, suivant la remarque d'Ulpien (20, 14), « *nec quasi civis romanus testari potest, cum sit peregrinus, nec quasi peregrinus quoniam nullius certæ civitatis est, ut adversus leges civitatis suæ testetur.* » Que deviennent les biens de l'affranchi déditice après sa mort ? La loi *Ælia Sentia* s'en était préoccupée, et avait distingué suivant que cet affranchi, sans le vice qui en avait fait un déditice, au-

---

(1) Il est bien évident que, vu cette prohibition, les affranchis déditices ne pourront plaider en personne devant le préteur pérégrin ; mais rien ne les empêchera de plaider par l'intermédiaire d'un *procurator*, mandataire ou gérant d'affaires.

rait été citoyen romain ou Latin Junien : au premier cas, on applique les règles de la succession des affranchis citoyens ; au second cas, ses biens sont traités comme ceux du Latin Junien, c'est-à-dire attribués au patron ou à ses héritiers (*Gai.*, III, 74. 75). Cette dernière solution est bien remarquable et ne laisse pas que d'être fort embarrassante. Quelles sont en effet ces règles qui s'appliquent à la succession des affranchis citoyens ? Le patron ou ses descendants mâles *per masculos* ne recueillent la succession de l'affranchi citoyen que si cet affranchi ne laisse pas de descendants naturels admis à demander la *bonorum possessio unde liberi*; d'ailleurs, le patron ou ses descendants ont une *bonorum possessio dimidiœ partis* en présence d'une femme *in manu* ou d'un enfant adoptif. Or, pour l'affranchi déditice il ne saurait être question de descendants naturels en droit d'invoquer la bonorum *possessio unde liberi*, encore moins de fils adoptifs ou de femme *in manu*. Qu'est-ce à dire et quel sens donner à la disposition de la loi *Ælia Sentia* qui nous occupe ? Nous n'en apercevons pas d'autre que celui-ci : les descendants *ex injustis nuptiis* de l'affranchi déditice excluront le patron ou ses descendants, et les biens de leur père leur seront attribués par le préteur pérégrin, de par la loi *Ælia Sentia*, soit au moyen d'un interdit concédé par voie de *cognitio extraordinaria*, soit en vertu de la *bonorum possessio unde cognati*. Mais alors ne faut-il pas admettre que la *bonorum possessio* appartient au *jus gentium*, non au *jus civile*, et que le préteur pérégrin a appliqué, autant qu'il a été possible, le système des *bonorum possessiones* en faveur des parents pérégrins d'un défunt également pérégrin ? Nous examinerons plus loin cette question (1). En tous cas, il nous paraît résulter formellement de la loi *Ælia Sentia* que les enfants de l'affranchi déditice qui fût devenu citoyen sans le vice qui l'a rélégué dans la catégorie des déditices, recueillent ses biens à l'exclusion du patron et de ses descendants. Ces enfants de l'affranchi déditice sont dans la même condition que leur père, en ce sens qu'il ne sont membres d'aucune *certa civitas* ; mais les incapacités spéciales de leur auteur ne pèsent

____

(1) Cf. Accarias, *Préc.*, II, p. 76, note 1.

pas sur eux : ils pourront venir à Rome du vivant même de leur père. Ce sont des pérégrins ordinaires, mais sans cité. Leurs biens, à leur mort, seront des biens vacants, suivant la rigueur des principes. Mais le préteur pérégrin ne les attribuera-t-il pas suivant les règles de la *bonorum possessio unde cognati* ? Il nous paraît infiniment vraisemblable qu'à tout le moins, en vertu de son *imperium*, le préteur pérégrin dut intervenir ici, comme peut-être sous d'autres rapports, et régler les choses pour le bien général et la plus grande satisfaction de l'équité, « à supposer, ajoute M. Voigt, que la science du droit elle-même ne fût pas venue au secours de ces enfants de l'affranchi déditice au moyen d'une application analogique du *jus civile Romanorum* (1). »

Figurent enfin parmi les *apolides* ceux qu'une condamnation pénale a frappés de *capitis deminutio media* : sont privés du droit de cité et deviennent *peregrini sine civitate*, ceux qui ont été condamnés à l'interdiction de l'eau et du feu, à la déportation, ou aux travaux publics perpétuels (*Inst.*, I, 12, 1 ; *D.*, 48, 19, 2, 1. 2 ; 17). Ce n'est point le lieu de dire en quoi consistent ces peines ni quand elles furent introduites dans le droit romain : il suffit de constater que, sous l'Empire, la déportation, qui paraît ne dater que d'Auguste, se confondit avec l'interdiction de l'eau et du feu ; c'est ce que prouve Tacite en disant (*Ann.*, 6, 30) : « *In insulas, interdicto igni atque aqua, demoti sunt* » ; si les jurisconsultes emploient deux expressions pour désigner une même peine, c'est qu'ils veulent, comme le remarque M. Accarias, respecter à la fois le langage des lois antérieures à Auguste qui avaient prononcé l'interdiction de l'eau et du feu et celui des lois postérieures qui prononçaient la déportation (2). Ces condamnés ont la jouissance du *jus gentium*, et c'est en un mariage du *jus gentium* que se transforme leur mariage antérieur à la condamnation. Le *jus civile* n'existe plus pour eux : « *Ea quæ juris civilis sunt non habent* », dit Marcien (D. 48, 19, 17, 1). La *bonorum possessio* leur est refusée (D. 37, 1, 13). Comment l'expliquer ? Africain se borne à indiquer la décision sans en donner une

----

(1) Voigt, *op. cit.*, II, p. 760.
(2) Accarias, *Préc.*, I, 2ᵉ éd., p. 91, note 1.

raison quelconque. « *Edicto prætoris bonorum possessio his denegatur qui rei capitalis damnati sunt neque in integrum restituti sunt. Rei autem capitalis damnatus intellegitur is cui pœna mors aut aquœ et ignis interdictio sit. Quum autem in relegationem quis erit, ad bonorum possessionem admittitur.* » Faut-il dire que c'est parce qu'il a perdu le droit de cité que la *bonorum possessio*, même la *bonorum possessio unde cognati*, lui est refusée, et qu'ainsi cette *bonorum possessio* doit être considérée comme *juris civilis*? Ou faut-il admettre que l'exclusion de la *bonorum possessio* tient à la qualité de condamné plutôt qu'à celle de pérégrin, et voir ainsi dans la décision d'Africain une décision d'un caractère purement pénal? Les biens du condamné ont été confisqués ; mais ceux qu'il a pu acquérir *jure gentium* depuis sa condamnation seront-ils attribués, grâce à l'intervention du préteur pérégrin, à ses enfants, par la *bonorum possessio unde cognati* ou par toute autre voie? En l'absence de textes, nous sommes porté à croire que ces biens allaient aux enfants, par un moyen quelconque, et qu'ils ne devenaient pas la proie du trésor public ou du premier occupant.

Il nous reste à envisager parmi les justiciables du préteur pérégrin les citoyens des États étrangers souverains en relations diplomatiques avec Rome ; et, au sein de la domination romaine, les membres des *liberœ civitates*, et les provinciaux. — Les *liberi populi*, dit *Proculus* (D., 49, 15, 7), sont ceux qui ne sont soumis à la puissance d'aucun autre, soit qu'ils aient conclu avec nous un *fœdus œquum*, soit qu'il y ait eu entre eux et nous un *fœdus* dans lequel il a été dit qu'ils doivent « *majestatem nostram comiter conservare* » : cela marque notre supériorité, mais ne nie pas leur indépendance. Les membres de ces *liberi populi* en dehors de l'*orbis Romanus* auront accès devant le préteur pérégrin, et invoqueront à son tribunal toutes les règles et toutes les institutions du *jus gentium* : nous verrons tout à l'heure ce qu'elles comprennent au juste. Mais ils ne pourront bénéficier de leur droit propre : les institutions de leur droit national ne furent jamais admises par le préteur pérégrin ; le droit romain put se les approprier et se les assimiler, après les avoir plus ou moins transformées : le principe de l'exclusion des droits pérégrins, c'est-à-dire des droits des États étrangers souverains, se maintint avec son inflexible rigueur. Une étude superficielle des témoignages qui nous sont parvenus pourrait faire croire qu'il en fut autrement. Il ne s'agit pas tant du sénatus-consulte de 561, et de celui de 576 relatif à Asclépiade de Clazomène, à Polystrate de Caryste, à Mcniscus de Milet, et à leurs femmes et à leurs enfants (1), que des passages assez nombreux où Gaius exprime sans aucune réserve l'admission du droit de *civitates* pérégrines dans le forum romain (*Gai.*, I, 92. 189. 193. 197. 198 ; III, 96. 120. 134), et des documents qui attestent la validité d'un affranchissement, d'un testament faits conformément au statut personnel du *manumissor* ou du testateur *peregrinus* (Bœckh, *C. I. Gr.*, II, p. 1005, n° 2114 bb ; *Ulp.*, 20, 14). Mais, dans les passages de Pline le Jeune (*ep.*, 10, 38 ; 10, 109. 110) qui indiquent les règles locales relatives aux choses vacantes ou aux successions en déshérence et les priviléges des cités en cas de déconfiture de leurs débiteurs, et dans le texte de Papinien qui donne un exemple d'un tel privilége pour la ville d'Antioche (2), il est bien manifeste qu'il s'agit du droit des *liberæ civitates* au sein de l'Empire Romain. Il en est de même dans les passages plus généraux de Gaius et d'Ulpien : les jurisconsultes entendent renvoyer au droit des *civitates liberæ* comprises dans l'*orbis Romanus* ; et, à l'époque où ils écrivent, ces *liberæ civitates* deviennent de plus en plus des parties intégrantes de l'Empire (3). On ne peut citer aucun exemple d'application du droit d'État souverain étranger. Toutes les fois que nous parlerons du droit propre des cités pérégrines, il est donc bien entendu qu'il s'agira uniquement des *liberæ civitates* en deçà et non au-delà des frontières de l'Empire Romain. De même que pour les membres des *liberæ civitates* en dedans des limites de l'*orbis Romanus*, le préteur pérégrin appliquera, dans certains cas qu'il faudra préciser, les règles

_____

(1) Sur le *S.-C.* de 561, V. Voigt., *op. cit.*, IV, App. XII, § 31 ; et sur celui de 576, notamment Voigt, *op. cit.*, II, § 90, p. 695-697.

(2) *Papin.*, D., 42, 5, 37. « *Antiochensium Cœlæ Syriæ civitati quod lege sua privilegium in bonis debitoris accepit, jus persequendi pignoris durare constitit.* » Cf. Humbert, *l. c.*, p. 31-32.

(3) Voigt, *op. cit.*, II, p. 697-699.

de leur droit national ; de même, il pourra appliquer les dispositions du *jus provinciale* (1) aux provinciaux qui s'adresseront à lui.

57. — Le *jus provinciale* et le *jus civile* des *liberæ civitates* ne seront pris en considération par le préteur pérégrin que subsidiairement au *jus gentium* : c'est le *jus gentium* qui règle, en principe, les rapports des pérégrins entre eux, aussi bien que leurs rapports avec les Romains. Mais dans les matières qui ne sont pas du domaine du *jus gentium*, comme le testament, l'adoption, les successions ab intestat, le droit provincial et le droit civil des *liberæ civitates* seront appliqués entre pérégrins. Il y a plus : même dans les rapports des *cives Romani* avec les *peregrini*, il y a parfois à tenir compte du *jus provinciale* et du *jus civile* des *liberæ civitates*. Ce point est assez curieux et assez intéressant pour que nous essayions de le mettre en lumière.

Sans doute, il est vrai de dire d'une manière générale que le *jus gentium* fournissait les règles juridiques applicables aux relations d'affaires entre les *cives* et les *peregrini* membres des *liberæ civitates* de l'*orbis Romanus* ou provinciaux ; et ainsi, il semble qu'il n'y a à s'occuper ni du *jus provinciale* ni du *jus* des *liberæ civitates*, tant qu'on ne sort pas du domaine des rapports pécuniaires entre-vifs.

Mais, d'une part, le *jus gentium* n'offre pas toujours une satisfaction pleine et entière aux exigences de la vie commerciale. C'est ainsi qu'à l'époque de Cicéron, bien que la stipulation soit déjà devenue *juris gentium* (2), on n'en

______

(1) Sur le *jus provinciale*, sa formation, sa teneur, Cf. Voigt, *op. cit.*, II, p. 517-526. Nous ne pouvons entrer ici dans aucun développement à ce sujet. Disons seulement que le droit provincial applicable aux habitants des villes qui ne sont pas des *liberæ civitates*, se compose d'une matière d'origine locale et d'une matière d'origine romaine ; c'est un amalgame de l'ancien *jus civile* local et du *jus civile Romanorum*.

(2) M. Voigt (*op. cit.*, IV, App. XVI, § 14, p. 326-28) prétend que du temps de Cicéron la stipulation n'existait pas comme contrat du *jus gentium* ; il allègue que pour le prêt à intérêts il fallait recourir à des *syngraphæ*, et voit dans ce fait la preuve du caractère strictement civil de la stipulation à cette époque. — C'est une assertion que rendent absolument inadmissible les faits suivants : 1° La loi *Apuleia*, rendue probablement en l'an 652, « *introduxit quandam societatem* » entre les *fidepromissores* (Gai., III, 122). 2° La loi *Furia*, rapportée généralement à l'an 659, limitait à deux ans l'obligation du *fidepromissor* et divisait

trouve pas commode l'application au prêt à intérêts, et on ne s'en contente pas. A la même époque, le droit romain ignore le *pignus* comme droit réel, et l'hypothèque : c'est fort vraisemblacle, si ce n'est absolumcnt certain ; Cicéron (*ad fam.*, 13, 56) a bien l'air de considérer l'hypothèque uniquement comme une institution provinciale. Or, les relations entre citoyens et pérégrins ne pouvaient se passer de ces institutions du prêt à intérêts et de l'hypothèque qui ne se rencontraient pas sous une forme commode ou ne se rencontraient pas du tout dans le *jus gentium*.

D'autre part, dans la limite des règles générales posées par le *jus gentium*, il y avait place pour des particularités secondaires : et, de fait, des particularités de ce genre se sont maintenues en grand nombre dans les droits provinciaux comme dans ceux des *liberæ civitates*.

Eh bien ! toutes ces relations qui dépassaient la sphère du *jus gentium* ou pour lesquelles il était insuffisant et que repoussait le *jus civile Romanorum* en vertu du principe de la personnalité du droit, se transportaient sur le terrain du *jus peregrinorum*, c'est-à-dire du *jus provinciale* ou du *jus civile* des *liberæ civitates*. C'est ce qu'attestent les sources, avec une précision, qui, comme le dit M. Voigt (1), ne laisse rien à désirer. C'est surtout pour le prêt à intérêts, que les témoignages abondent. Nous voyons des affaires de ce genre conclues fréquemment entre Romains et pérégrins et revêtues de la forme des *syngraphæ*, ce qui indique bien que ces affaires relevaient du *jus peregrinorum* ; et, il en

de plein droit cette obligation au jour de l'échéance entre les *fidepromissores* vivants à ce moment. 3° En 673, une loi *Cornelia* s'occupait de la *fidejussio*. Or, la *fidepromissio* et la *fidejussio* sont *juris gentium* ; et les formules *fidepromittis fidejubes* ont été employées comme formules de stipulations principales avant de servir de formules aux stipulations accessoires. On peut affirmer qu'elles existaient à l'époque de Cicéron; il faut même en faire remonter plus haut l'origine. 4° Sabinus tenait pour valable, ce qui ne fut admis que bien plus tard, une stipulation conçue dans une langue quelconque (*D.*, 45, 1, 1, 6) ; cette décision suppose que, de son temps, il est reçu qu'une stipulation est possible dans d'autres formules que l'intraduisible formule *spondes? spondeo*, et que, par conséquent, la stipulation appartient au *jus gentium* quand elle est conçue dans toute autre formule latine.

(1) Voigt, *op. cit.*, IV, App. XVI, § 14, p. 328. Sur tout ce qui va suivre, on trouvera dans cet auteur (p. 326-332) les développements les plus complets et les plus curieux.

était ainsi, même si elles avaient été conclues à Rome. La loi *Gabinia*, rendue en 687, prouve à la fois que les citoyens romains prêtaient fréquemment à intérêts aux provinciaux, et que ces prêts, revêtus de la forme des *syngraphæ*, ne manquaient pas de sanction. Elle était ainsi conçue : « *ne provincialibus liceret Romæ versuram facere neque ex syngrapha ejus rei causa facta jus diceretur* (1). Cette loi n'interdisait que l'acceptation de prêts d'argent à intérêts par des provinciaux, à Rome ; elle la tolérait tant de la part de ces mêmes provinciaux hors de Rome, que de la part des *liberæ civitates* à Rome. Il est, d'ailleurs, douteux que la loi *Gabinia* ait été longtemps appliquée. Toujours est-il que c'est vers 698 que se place le prêt de Scaptius et Matinius à Salamine, ville provinciale, prêt qui fut conclu à Rome et donna lieu à la rédaction d'une *syngrapha* (*Cic.*, *ad Attic.*, 5, 21 ; 6, 1. 2) (2) ; un certain Sittius avait prêté avant 703 de l'argent à intérêts, contre une *syngrapha*, à des ressortissants de la province de Cilicie (*Cic.*, *ad. fam.*), 8, 2. 7. 8. 9. 11). Bien plus nombreux encore sont les exemples que nous avons de la conclusion de telles affaires entre Romains et *liberæ civitates* ou leurs membres. Déjà, en 660, le Sénat rend un sénatus-consulte « *ne quis Cretensibus pecuniam mutuam daret* » : il va de soi, comme le fait remarquer M. Voigt, qu'il ne faut pas songer ici au *mutuum* du *jus gentium*, mais au *fœnus* (3). En 696, P. Clodius prête de l'argent à intérêts à Brogitarus, ambassadeur de Dejotarus, roi de Galatie, à Rome, et conclut d'autres affaires de ce genre ; ici, comme toujours, interviennent des *syngraphæ* (*Cic.*, *de Harusp. Resp.*, 13. 16 ; *pro Sest.*, 26 ; *pro dom.*, 50). En 698, Ptolémée Aulète emprunte pendant son séjour à Rome, de l'argent à intérêts à Rabirius Postumus, chevalier romain; pour cet emprunt, des *syngraphæ* furent, nous dit-on,

---

(1) Sur cette loi, Voigt, *op. cit.*, IV, p. 329, note 22, et les auteurs qu'il cite.

(2) Savigny, *Verm. Schrift.*, I, p. 386 sq.; Egger, *Etudes histor. sur les traités publ. chez les Grecs et chez les Rom.*, nouv. éd., 1866, p. 176-179. M. Egger oppose la conduite odieuse et cruelle de l'usurier Scaptius envers Salamine à celle du banquier Aufidius Bassus à qui Ténos, reconnaissante pour les procédés humains de son créancier, éleva un monument (*C. I. Gr.*, n° 2335).

(3) Voigt, *op. cit.*, IV, p. 330.

placées sur la villa d'Albanie de Cn. Pompée (*Cic.*, *pro Rab. Postum.*, 3), et Ptolémée conclut de semblables affaires avec d'autres citoyens romains (*Cic.*, *ad fam.*, 1, 1 ; 7, 17). Vers la même date, L. Aufidius Bassus prêta de l'argent à intérêts à Ténos, *libera civitas* de l'île de ce nom, et se montra un créancier humain, nous atteste le monument que lui fit élever sa débitrice (*C. I. Gr.*, n° 2335). Parfois, sous l'apparence d'un prêt à intérêts constaté par une *syngrapha*, se cache une toute autre affaire plus ou moins honorable : témoin les *syngraphœ* que se fit souscrire Antoine, en 710, par les ambassadeurs du roi Dejotarus à Rome (*Cic.*, *Phil.*, II, 37). On mentionne plus souvent encore des prêts à intérêts constatés par des *syngraphœ* — et cela nous intéresse plus à notre point de vue, — entre des *cives Romani* et des *peregrini* (*Cic.*, *Phil.*, II, 38 ; V, 47). — En matière de crédit réel, le droit romain n'a encore admis à l'époque de Cicéron ni le *pignus* comme droit réel, ni l'hypothèque ; et la *fiducie*, qui donne dans la propriété révocable (il faudrait dire retransférable, si ce mot pouvait trouver grâce) une sorte de crédit réel bien imparfait, appartient au *jus civile* : dès qu'il faudra une sûreté réelle pour une affaire quelconque entre Romains et pérégrins, on en sera réduit à recourir au droit des pays helléniques, qui présente l'institution des ὑποθῆκαι. C'est ainsi que nous voyons Lysianas, citoyen de Temnos, ville provinciale, constituer hypothèque, pour un prêt, sur un *fundus Temnites* sis à Appollinis, *libera civitas* de Mysie, au profit de C. Appuleius Decianus (*Cic.*, *pro Flacc.*, 21), et, vers 670, Philoclès d'Alabanda, *libera civitas* de Carie, en constituer aussi une sur un *fundus Alabandensis*, pour un prêt, au profit de M. Cluvius, citoyen romain (*Cic.*, *ad fam.*, 13, 56).

58. — Mais ces aperçus généraux sont insuffisants, sauf en ce qui touche l'application aux rapports entre *cives* et *peregrini* du *jus provinciale* et du *jus civile* des *liberœ civitates* comprises dans l'*orbis Romanus*. Il faut savoir d'après quelles règles le préteur pérégrin jugeait les contestations de différentes sortes dont il pouvait être saisi. Pour cela, il est nécessaire de passer rapidement en revue les diverses parties du droit et de rechercher dans chacune d'elles quels principes le préteur pérégrin appliquait. Cette étude complé-

tera celle de la Juridiction et de l'Édit de notre préteur ; elle trouve sa place naturelle à la fin du présent chapitre, parce qu'elle permettra d'entrevoir quelles règles pouvait contenir l'Édit pérégrin et prouvera qu'à côté des règles de son Édit le préteur pérégrin avait à en appliquer d'autres qui n'y figuraient pas et ne pouvaient pas y figurer. Nous nous placerons à l'époque qui va de Gaius à Ulpien, et nous aurons surtout en vue les provinciaux et les membres des *liberæ civitates* englobées dans l'Empire Romain ; on démêlera aisément parmi les règles que nous allons poser celles qui seront applicables aux autres classes de *peregrini* : ce seront toutes les règles qui appartiennent au *jus gentium*, à l'exclusion de celles qui se rattachent au droit provincial et au droit des *liberæ civitates*.

C'est, à nos yeux, une erreur profonde que de penser qu' « à Rome, aux brillantes années des Empereurs, les pérégrins se trouvent, d'abord, sous l'empire de leur droit local, de leur loi personnelle, que le préteur pérégrin était chargé de leur appliquer », et qu' « entre eux, ils usent du droit de leur cité ». (1) C'est le *jus gentium* qui s'applique avant tout ; il régit aussi bien les rapports entre pérégrins que les rapports entre Romains et pérégrins. Le droit local n'est admis que pour des points isolés : ainsi, pour les formes de la manumission, pour le testament et les successions. Mais, en matière de propriété, de possession et de contrats, comme en matière de procédure, c'est le droit romain, en tant que *jus gentium*, qui s'applique exclusivement (sauf une réserve unique à faire pour la *fidepromissio* : *Gai,*. III, 120) (2).

Abordons tout de suite, sans autres préambules, l'étude annoncée.

59. — A). **Droit de la famille.** — Supposons qu'un mariage, ou plutôt une union qui a la prétention d'être un mariage, intervient entre un *civis romanus* et une *peregrina*, ou entre un *peregrinus* et une *civis romana* (nous supposons qu'il n'y a pas d'erreur de la part des conjoints

(1) Frenoy, *Thèses de doct. Paris*, 1879, 8, p. 42.
(2) Conradi (*op. cit.*, § 14, p. 27-28) était allé aussi trop loin, mais pas aussi loin que M. Frenoy, qui nous paraît dépasser toute mesure. — Dans notre sens, Humbert, *l. c.*, p. 15.

sur leur condition respective) ou entre un *Latinus* et une *civis romana*, ou entre un *civis romanus* et une *Latina*, — ou bien encore entre deux *peregrini*, soit entre deux membres de la même *civitas libera* ou entre deux provinciaux de la même province, soit entre deux ressortissants de provinces différentes ou deux membres de différentes *civitates liberæ*, soit enfin entre deux membres d'un même État souverain étranger en relations diplomatiques avec Rome ou d'États différents rentrant dans cette catégorie, ou entre deux pérégrins *sine certa civitate*.

Comment, dans toutes ces hypothèses, le préteur pérégrin va-t-il traiter ces unions ? Trois points sont hors de doute.

En premier lieu, aucune de ces unions ne constitue un mariage civil romain, un *matrimonium justum*, parce que les pérégrins, à quelque catégorie qu'ils appartiennent, n'ont pas le *jus connubii*, sauf concession spéciale.

En second lieu, un mariage civil est possible entre membres d'une même *civitas libera* de l'*orbis Romanus* et entre deux provinciaux de la même province, admettrons-nous par analogie ; c'est le mariage *secundum leges moresque peregrinorum*, auquel Gaius (I, 92) fait allusion. Ce mariage aura tous les effets civils que lui attribue le droit provincial ou le *jus* de la *libera civitas* des conjoints. S'agit-il d'un mariage entre deux Galates ? il engendrera cette *patria potestas* galate, voisine de la *patria potestas* romaine, au témoignage de Gaius (I, 55). Nous croyons, quoique cela ait été contesté (1), que les juridictions romaines la feront respecter, soit le gouverneur de province, soit le préteur pérégrin, si les époux Galates viennent

---

(1) Accarias, *Préc.*, I, 2º éd., p. 142. — M. Voigt voit dans le mariage du pérégrin et de la *civis romana* un mariage régi par le droit pérégrin, tandis que le mariage du *civis romanus* avec la *peregrina* devrait être régi par le *jus civile Romanorum*, qui le déclare inexistant, et, dès lors, n'est qu'un mariage *juris gentium* (Voigt, *op. cit.*, IV, p. 324-325). Cette opinion ne nous paraît reposer que sur une confusion et une interprétation manifestement erronée de *Gai.*, I, 92. — Le même auteur admet que le mariage contracté par un Bithynien avec une Galate, en Galatie, sera régi par la *lex Bithynorum (Id., ibid.*, IV, p. 309). C'est une conjecture séduisante, mais qui ne repose sur aucune donnée positive : à nos yeux, un tel mariage ne sera pas régi par la *lex Bithy*·*norum*, encore moins par la *lex Galatarum* ; ce sera un mariage du *jus gentium*, sommes-nous forcé d'admettre.

s'établir à Rome : le nier serait restreindre singulièrement la portée du texte de Gaius qui n'a pas, sans doute,
parlé pour ne rien dire ; si, d'ailleurs, les Galates, devenus
sujets de Rome, ont conservé sur leurs enfants un droit
analogue à la puissance paternelle romaine, c'est que Rome
l'a bien voulu, et on ne voit pas pourquoi elle ne sanction-
nerait pas un droit qu'elle laisse subsister, à moins qu'on ne
prétende peut-être voir dans le texte de Gaius une simple
réminiscence historique.

En troisième lieu, les Romains admettent un mariage du
droit des gens, partout où il n'y a ni mariage civil romain,
ni mariage civil pérégrin : ainsi, toutes les fois qu'il ne
s'agira pas d'un mariage entre citoyens ou personnes investies du *jus connubii* ou d'un mariage entre membres
d'une même *civitas libera* ou d'une même province, il y aura
matrimonium non legitimum, non justum, sine connubio
(*Gai.*, I, 57. 75 ; D., 48, 5, 13, 1. 3 ; 50, 1, 37, 2), pourvu
toutefois que le vœu des parties se soit élevé au-dessus du
concubinatus et qu'elles aient entendu réaliser un mariage,
autant qu'il était en elles.

Quels sont les effets de ce mariage du *jus gentium*, qu'on
a eu parfois le tort de confondre avec le mariage *secundum leges moresque peregrinorum* dont parle Gaius ? (1) Ce
mariage ne fonde pas la *patria potestas* (*Gai.*, I, 55. 128 ;
Ulp., 10, 3) ; la *manus* ne pourra se greffer sur un tel mariage (*Gai.*, I, 108). Mais il impose à la femme le devoir de
fidélité, et l'adultère de l'*uxor injusta* tombe sous le coup
de la loi *Julia* (D., 48, 5, 13, 1. 3): mais le mari n'a ici aucun
privilége quant à la poursuite de l'adultère (*Coll. leg. Mos.*,
IV, 5), à la différence de ce qui a lieu en cas de *justæ
nuptiæ*. Les enfants issus de ce mariage ont une filiation
certaine (D., 2, 4, 5 ; *Arg. Ulp.*, 7, 4 ; *Gai.*, I, 68 ; *Frag.
Vat.*, 194), mais ils suivent la condition de leur mère : telle
est la règle du *jus gentium* (*Ulp.*, D., 1, 5, 24 ; *Gai.*, I, 78 ;
Ulp., 5, 9) ; seulement une loi *Mensia* ou *Minicia* (il n'est
pas aisé de dire quel est le véritable nom de cette loi : le
manuscrit de Gaius porte, paraît-il, très-lisiblement *Minicia*, I, 78, éd. Krueger et Studemund ; Cf. éd. Giraud, 1881 ;

____

(1) Humbert, *l. c.*, p. 19 ; Frenoy, *Thèses de doct. Paris*, 1879, 8, p. 48.

le manuscrit d'Ulpien porte *Mensia*, ce que M. Krueger, *Ulp.*, 5, 8, éd. Krueger, corrige d'après le manuscrit de Gaius en *Minicia*; ce qui est certain, c'est que Gaius et Ulpien parlent d'une seule et même loi), avait disposé que l'enfant né du mariage d'une *civis romana* avec un pérégrin, devait suivre la condition de son père et être ainsi pérégrin, malgré la cité de sa mère, tandis que l'enfant du mariage d'une *civis romana* avec un Latin était *civis* (*Ulp.*, 3, 3 ; 5, 8 ; *Gai.*, I, 80) (1). Les *liberi injusti* compteront au citoyen romain pour l'*excusatio tutelæ propter liberos* (*Frag. Vat.*, 194). Le mariage du droit des gens engendre l'exception *de eo quod facere potest,* plus connue sous l'expression barbare de bénéfice de compétence ; la dette alimentaire entre les époux, le père et les enfants ; enfin l'action *rei uxoriæ,* et certaines *retentiones dotis,* comme les *retentiones propter mores, impensas,* mais non la *retentio propter liberos* (2).

Il ne saurait être question d'adoption entre un citoyen romain et un pérégrin. Mais entre pérégrins membres d'une même cité, une adoption est possible, conformément au droit de cette cité : Cicéron en donne un exemple (*ad fam.*, 13, 19) : il recommande à Servius Sulpicius le fils de Lyson, *civis Patrensis,* que C. Memmius Gemellus « *quum in calamitate exsilii sui civis Patrensis factus est, Patrensium legibus adoptaverat* », pour que Sulpicius « *ipsius hereditatis jus causamque tueatur.* » Nous n'admettrons pas, malgré l'autorité de Conradi, que les pérégrins *sine certa civitate* puissent adopter « par un mode simple et naturel, sans aucune solennité civile » (3).

Les pérégrins ne sont pas aptes à la tutelle ni à la curatelle, soit activement, soit passivement : ces deux institutions sont toujours demeurées *juris civilis,* même sous Justinien, qui le dit formellement à l'égard de la tutelle (*Inst.*, I, 13, 1 : « *tutela est vis ac potestas* — JURE CIVILI — *data ac permissa* »; I, 22, 1. 4 ; Cf. D., 26, 7, 1, *pr.*) (4). En

____

(1) Becker, *Handb.*, II, 1, p. 89.
(2) Voigt, *op. cit.*, II, p. 849, et les textes et les autorités à l'appui.
(3) Conradi, *op. cit.*, § 14, p. 28.
(4) Il est vrai qu'on trouve en Italie des Romains tuteurs de Goths, comme le prouvent des *Gesta de constituto tutore habita* de 557 (Spangenberg, *Jur. Roman. tab. neg.*, n° 20). Seulement on peut admettre

revanche, leur statut personnel admettait, en général, une tutelle même testamentaire (*Gai.*, I, 189 : *nec fere ulla civitas est in qua non licet parentibus, liberis suis impuberibus tutores dare*) à laquelle le préteur pérégrin devait avoir égard pour les pérégrins résidant à Rome, selon la remarque de M. Humbert (1). Les lois pérégrines consacraient aussi, en général, une curatelle (*Gai.*, I, 197) ; ces lois s'appliqueront aux pérégrins établis à Rome. Bien plus : nous admettrons que le préteur pérégrin nommait un curateur aux adolescents pérégrins, à plus forte raison un tuteur aux pérégrins impubères ; et nous tirons, à l'appui de cette assertion, argument de ce que les présidents de provinces reçurent des empereurs l'instruction de nommer des curateurs aux adolescents même non romains (*Gai.*, I, 198 ; Cf. D., 26, 5, 12, 2).

On peut rattacher au droit de la famille ce qui est relatif à l'affranchissement et au patronat. La *potestas dominica* est de droit des gens (D., 1, 5, 5, 2. 3 ; *Inst.* I, 8, 1 ; *Gai.*, I, 9. 52), bien que l'institution de l'esclavage ait été déclarée contraire au droit naturel. Cependant les formes de l'affranchissement et les *jura patronatus* sont établis par la loi romaine uniquement pour les Romains, et sont étrangers au pérégrin. Mais celui-ci pourra user des modes d'affranchissement consacrés par la loi de sa cité. Une inscription fournit un curieux exemple d'affranchissement selon la loi juive (Bœckh, *C. I. Gr.*, II, p. 1005, n° 2114 *bb*). C'est à un affranchissement accompli suivant la loi égyptienne que fait vraisemblablement allusion Pline le Jeune, quand il demande la cité romaine à Trajan « *Harpocrati Iatraliptæ suo manumisso a peregrina, Termuthi Theonis, Ægyptia* » (*ep.*, 10, 4). L'affranchi suit la condition du *manumissor peregrinus*, et leurs droits repectifs sont réglés par la loi du *manumissor*. Si un affranchissement a eu lieu *inter amicos* par un maître pérégrin *sine certa civitate* ou membre d'un État souverain étranger en relations diplomatiques avec Rome, le préteur pérégrin permettra-t-il que cette liberté de fait soit arbitrairement retirée, selon le caprice

---

avec M. Voigt (*op. cit.*, II, p. 959, note 1074), que ces Goths sont en même temps citoyens romains.

(1) Humbert, *l. c.*, p. 19.

du maître, à celui qui, en droit, est encore son esclave ? Par mesure de police et d'humanité, cet esclave sera maintenu en liberté : ce que le préteur urbain fit, avant la loi *Junia Norbana*, pour l'esclave affranchi *inter amicos* par un citoyen romain, le préteur pérégrin ne manqua pas de le faire, avant comme après cette loi, qui ne concerne pas les pérégrins, admit-on après discussion. Mais, si cet affranchissement *inter amicos* émane d'un provincial ou d'un membre d'une *libera civitas* de l'*orbis Romanus* dont le droit local prescrit des formes d'affranchissement à peine de nullité, en sera-t-il de même ? La négative semble bien résulter d'un fragment de la *disputatio forensis de manumissionibus* (§ 12 suivant l'éd. de M. Giraud, § 14 suivant d'autres éditions) qui, d'ailleurs, confirme expressément les autres décisions que nous avons proposées : « *Peregrinus manumissor non potest ad Latinitatem perducere, quia lex Junia quæ Latinorum genus introduxit, non pertinet ad peregrinos, sicut et Octavenus probat. Prætor tamen vel proconsul non permittet manumissum servire,* NISI ALITER LEGE PEREGRINA CAVEATUR. » Ces mots « à moins que la loi pérégrine n'en ordonne autrement » signifient, croyons-nous avec M. Humbert, « à moins que la loi pérégrine n'ait prescrit à peine de nullité des formes non observées dans l'espèce. » (1) — On pourrait placer ici ce qui concerne la succession *ab intestat*, mais il en sera parlé avec les testaments et les donations. Passons aux droits patrimoniaux.

60. — B). **Droit de propriété.** — Ici le champ des controverses est indéfini. Nous n'indiquons que les conclusions auxquelles nous nous sommes arrêté.

Tant que le droit romain ne reconnut pas des modes d'acquérir *jure gentium*, il ne put être question de propriété pour les pérégrins : s'il était besoin d'une confirmation, on la trouverait dans le fait que la formule de l'action *furti* délivrée pour ou contre le pérégrin est une formule fictice. Mais il nous paraît vraisemblable qu'alors même, le préteur dut protéger par des interdits la propriété de fait de ces pérégrins qu'aux yeux du droit civil on pouvait voler impu-

(1) Humbert, *l. c.*, 31-32.

nément, à charge de revanche. Au commencement du VI°
siècle, qui est à la fois la date de la constitution du *jus
gentium* et de la création du préteur pérégrin, il en fut
autrement : les moyens d'acquérir *jure gentium*, l'occupa-
tion et la tradition, sont désormais ouverts aux pérégrins,
et, entre les mains du préteur, la tradition devient le mer-
veilleux instrument des innovations les plus fécondes. Pour
les choses *nec mancipi*, dont le *dominium* se transfère par
la simple tradition (*Gai.*, II, 10 ; *Ulp.*, 19, 7), les pérégrins
sont sur le même pied que les citoyens.

Mais, sous la pression des nécessités de la pratique, on
fit un pas de plus : les pérégrins furent admis à la propriété
des meubles *mancipi* (*Arg. Frag. Vat.*, 47 ; *Ulp.*, 1, 16),
notamment des esclaves. On n'est arrivé à ce résultat qu'en
reconnaissant à la tradition intervenue entre un citoyen et
un pérégrin ou entre deux pérégrins relativement à un
meuble *mancipi*, un effet plus complet que si elle fût intervenue entre deux citoyens, celui de transférer la propriété.
Nous ne voyons pas qu'on ait admis rien de pareil quant
aux immeubles *mancipi*, c'est-à-dire, quant aux immeubles
italiques. Pour les fonds provinciaux, on sait que le véri-
ble propriétaire en était le peuple Romain, et que les particuliers n'en avaient que la possession ; celle-ci fut toujours
reconnue aux pérégrins, et reçut de l'institution de la *præscriptio longi temporis* le même bienfait que la possession
des citoyens eux-mêmes.

Mais quelle est cette propriété qui existe au profit des
pérégrins sur les choses *nec mancipi* et sur les meubles
mancipi? Est-ce le *dominium ex jure quiritium* ou bien
une propriété du droit des gens, ou bien enfin l'*in bonis*,
propriété prétorienne distincte de la propriété du droit des
gens en dépit de la confusion que font parfois les interprètes? Ce n'est pas l'*in bonis*. Gaius semble bien vouloir le
marquer en disant «*apud peregrinos unum esse dominium*»
(II, 40), et encore «*quum* APUD CIVES ROMANOS *duplex sit
dominium....*» (I, 54). Est-ce la propriété *ex jure quiritium*,
ou une propriété *juris gentium ?* Il est vrai que les textes,
parlant de la propriété des pérégrins, n'ajoutent jamais au
mot *dominium* ceux-ci : *ex jure quiritium*. Mais on ne peut
admettre une propriété du droit des gens ou de droit natu-

rel, sans reconnaître qu'elle s'applique tant aux meubles qu'aux immeubles *mancipi* et sans conclure de ce qui a lieu pour l'esclave (*Frag. Vat.*, 47) à ce qui doit avoir lieu pour l'immeuble. Or, une telle conclusion nous paraît bien hardie, et ne repose, d'ailleurs, sur aucune autre donnée. Nous serions donc plutôt porté à croire que, quand les pérégrins sont propriétaires, ils le sont *ex jure quiritium* : la propriété *ex jure quiritium* dérive pour les Romains d'un mode d'acquisition *juris gentium*; c'est la même propriété qu'un tel mode d'acquisition engendre au profit du pérégrin (1).

Jusqu'à l'apparition de la *longi temporis præscriptio*, les pérégrins ne furent, à nos yeux, protégés dans la possession des immeubles italiques que par des interdits qu'accordait le préteur pérégrin pour assurer la paix et le bon ordre. Ils ne pouvaient alors invoquer la Publicienne, qui, dans ses deux applications, supposait accompli le délai de l'usucapion simplement commencée, car l'usucapion n'était pas admise en faveur des pérégrins suivant la formule bien connue des XII Tables : *adversus hostem æterna auctoritas esto* (*Cic.*, *de off.*, 1, 12), et le témoignage de Gaius (I, 65). Mais, lorsque, à une époque qu'on ne saurait préciser, vraisemblablement postérieure à Cicéron, mais peut-être de bien peu, le préteur introduisit la *præscriptio longi temporis*, cette institution, soumise d'ailleurs aux mêmes règles que l'usucapion quant à la bonne foi, à la juste cause, au mode de calcul du délai et à l'*accessio temporis*, fournit au possesseur pérégrin d'un immeuble italique acquis *a domino* ou *a non domino* un moyen de défense contre la revendication du propriétaire : la protection d'un tel possesseur est même un des motifs qui amenèrent le préteur à introduire cette institution, dont bénéficient, d'ailleurs, le possesseur pérégrin

______

(1) En ce sens, Humbert, *l. c.*, p. 21-22. Seulement, cet auteur nous paraît aller trop loin; en admettant que par la tradition les pérégrins acquièrent le *dominium ex jure quiritium* sur toutes choses, même sur les immeubles *mancipi*, et en disant que la distinction des choses *mancipi* et *nec mancipi*, créée à une époque antérieure au développement du *jus gentium*, n'existait pas pour eux; cela est vrai, pour les meubles, mais il nous faudrait un texte pour que nous pussions y souscrire quant aux immeubles. Nous adhérons de tous points, sauf réserve pour les immeubles *mancipi*, aux arguments allégués dans la savante discussion de M. Humbert.

ou romain d'un fonds provincial livré *a non proprietario* et le possesseur pérégrin de meubles acquis *a non domino*. La *præscriptio longi temporis* ne donne qu'un moyen de défense : elle consiste même en un moyen de défense qui s'appelle une *præscriptio longi temporis*. Si donc celui qui a prescrit vient à perdre la possession, il ne peut revendiquer ; mais le préteur, par une extension de l'idée première de l'institution, finit par accorder en pareille hypothèse une revendication utile : Justinien, par une constitution de 528, consacre cette décision, en avertissant qu'elle est fort ancienne (C., 7, 39, 8, *pr.*).

En matière de servitudes, tant que les servitudes ne furent constituées que par des modes civils, aucune servitude, soit personnelle, soit réelle, ne put appartenir aux pérégrins ; bien plus, pendant longtemps, s'ils pouvaient, en fait, exercer une servitude, ils ne furent pas protégés dans cet exercice au moyen d'interdits, l'idée d'une quasi-possession ayant tout d'abord été rejetée par les Romains. La théorie de la quasi-possession s'élaborait vers la fin de la République : c'est ce qui résulte de deux décisions, l'une de Labéon, l'autre d'Alfenus, tous deux contemporains d'Auguste (D., 8, 1, 20 ; 8, 5, 17, 2). Elle était constituée à la fin du Ier siècle de l'ère chrétienne, comme le prouve la note de Javolenus (qui vivait sous Trajan) sur la première de ces décisions. Dès lors, le droit des servitudes est ouvert aux pérégrins, sous les auspices du préteur. Une fois reconnues susceptibles de quasi-possession, les servitudes peuvent s'établir, au profit des pérégrins comme des citoyens, par quasi-tradition : il y a quasi-tradition dès que le propriétaire du fonds dominant commence à exercer la servitude du consentement du propriétaire du fonds grevé (D., 6, 2, 11, 1 ; 8, 3, 1, 2, *Ulp.* : « *traditio et patientia servitutium inducet officium prætoris* »). Une servitude établie par quasi-tradition, comme toute servitude qui n'existe que selon le droit prétorien, est protégée, soit par une action confessoire utile, soit par une exception (D., 8, 5, 16) (1). Toute sorte de servitude pourra être constituée par ce procédé, et il n'y a même pas à distinguer, à ce point de vue, entre les servi-

---

(1) Accarias, *Préc.*, I, 2ᵉ éd., p. 615, note 1.

tudes urbaines et entre les servitudes rurales. « Au point de vue du rôle que jouait la possession relativement à la constitution des servitudes, il y avait assimilation entre toutes les servitudes. » (1) Les servitudes sont désormais protégées par des interdits quasi-possessoires (*D.*, 8, 1, 20), que le pérégrin peut invoquer aussi bien que le citoyen. Enfin, les servitudes constituées *a non domino* s'acquièrent par un exercice longtemps prolongé, peut-être faut-il dire par une *quasi longi temporis possessio :* nous avons ici d'autant moins à entrer dans cette controverse que les pérégrins sont, à cet égard, sur le même pied que les citoyens.

61. — C). Donation, testament, succcession ab intestat. — Les pérégrins peuvent faire et recevoir des donations entre-vifs, en tant qu'elles se réalisent par une opération qui appartient au droit des gens, comme une tradition, une délégation, — une remise de dette par *acceptilatio* ou par pacte *de non petendo*. La capacité du Latin Junien de recevoir une donation entre-vifs est expressément attestée par le § 259 des *Frag. Vat.*, mais niée en ce qui concerne la donation *mortis causa* par Gaius, I, 24, et par la L. 9, D., 39, 6. Ce qui est plus remarquable, c'est que la loi *Cincia* s'applique à la donation entre-vifs faite par un Romain à un pérégrin : c'est ce qui résulte d'une façon certaine de § 259, *Frag. Vat.*, précité, prévoyant l'hypothèse d'une donation entre-vifs faite par une *civis romana* à un Latin Junien.

Dans la matière des testaments, faute de la *testamenti factio* active et passive (nous avons vu qu'en ce qui touche les Latins Juniens la *testamenti factio* qui leur appartient en principe est singulièrement écornée, au point de devenir à peu près illusoire), qui, selon Papinien (D., 28, 1, 3), est « *non privati sed publici juris* » (2), les pérégrins ne peu-

---

(1) Machelard, *Distinct. adm. en ce qui conc. les serv. préd.*, Paris, 1868, p. 43 ; Cf. p. 34-44.

(2) Par là, Papinien entend dire que « les règles relatives à la capacité de tester et d'être institué appartiennent au *jus publicum*, en ce sens que cette capacité exige le *commercium*, et que c'est le droit public qui détermine les personnes investies ou privées du *commercium* », comme le dit fort bien M. Accarias (*Préc.*, I, 2ᵉ éd., p. 772, note 1).

vent pas faire un testament romain valable, pas même aux yeux du préteur ; ils ne peuvent être institués héritiers ni recevoir un legs ou une donation *mortis causa*, ni enfin être témoins dans un testament (*Ulp.*, 22, 1-3 ; *Gai.*, I, 25 ; II, 104. 110). Toutefois, en vertu d'une concession spéciale, les militaires ont le droit de les instituer héritiers et de leur faire des legs. Gaius (II, 110) nous l'apprend en ces termes : « *Permissum est militibus et peregrinos et Latinos instituere heredes vel iis legare ;* CUM ALIOQUIN PEREGRINI QUIDEM RATIONE CIVILI PROHIBEANTUR CAPERE HEREDITATEM LEGATA-QUE, LATINI VERO PER LEGEM JUNIAM. » Mais le pérégrin qui appartient à une cité, teste valablement suivant son droit local, pourvu, cela nous paraît aller de soi, qu'il teste en faveur d'un membre de la même cité. Ulpien affirme ce droit du pérégrin dans un texte remarquable (20, 14) : après avoir posé l'incapacité de tester de l'affranchi déditice et de l'affranchi Latin Junien, et donné comme motif de l'incapacité de celui-ci la prohibition de la loi *Junia*, il indique ainsi la raison de l'incapacité de celui-là : « *Quoniam nec quasi civis Romanus testari potest, cum sit peregrinus, nec* QUASI PERE-GRINUS, QUONIAM NULLIUS CERTÆ CIVITATIS EST, UT ADVERSUS LEGES CIVITATIS SUÆ TESTETUR. »

Si le droit romain a dénié de tout temps aux pérégrins le *jus capiendi directo*, il leur a reconnu d'Auguste à Hadrien celui de recevoir par fidéicommis : ce dernier droit ne fut enlevé par le sénatus-consulte d'Hadrien qu'aux pérégrins proprement dits, savoir à tous les pérégrins qui n'étaient pas en même temps des Latins ; il est demeuré aux Latins Juniens (*Gai.*, I, 24 ; II, 275 ; *Ulp.*, 25, 7, quant aux Latins ; — *Gai.*, I, 25 ; II, 285, quant aux autres pérégrins). Disposer par voie indirecte au profit d'un pérégrin, tel fut un des principaux motifs qui firent inventer à la pratique romaine l'institution du fidéicommis : « *Fere hæc fuit origo fideicommissorum,* » dit Gaius (II, 285). Cette institution était vraiment nécessaire. Le droit romain, en tant que *jus gentium*, admettait le mariage entre Romains et pérégrins ; mais il n'ad-

Mais il nous paraît inadmissible de croire, avec M. Accarias, que Papinien a peut-être voulu marquer par la phrase citée le caractère d'ordre public de ces règles : non que cela soit faux, mais parce que Papinien, s'il avait eu en vue une telle pensée, l'eût exprimée autrement.

mettait pas, verrons-nous tout à l'heure, parmi les effets de ce mariage, le droit de succession ab intestat entre époux, ni entre parents et enfants ; de plus, un testament ne pouvait, venons-nous de voir, suppléer par voie de legs ou d'institution d'héritier à l'absence de vocation ab intestat. Donc, le patrimoine de l'époux romain allait forcément à ses agnats ; le patrimoine de l'époux pérégrin et celui des enfants issus d'un tel mariage suivaient la dévolution héréditaire prescrite par leur *jus peregrinorum*. De là, les fidéicommis (1). Toutefois, il est à remarquer que le fidéicommis pouvait émaner d'un citoyen romain au profit d'un pérégrin, mais non d'un pérégrin au profit d'un citoyen, par la raison bien simple qu'il suppose un testament ou un codicille, réservés au citoyen romain. Auguste rendit les fidéicommis obligatoires, et, chose qui paraît étrange, confia aux consuls le soin d'en assurer l'exécution. Mais, avant ce moment, le préteur pérégrin était, bien vraisemblablement, venu plus d'une fois au secours de celui qui avait invoqué devant son tribunal une telle disposition, et il n'est point téméraire de penser qu'il contribua puissamment à développer et à affermir la pratique des fidéicommis. Dès l'époque de Cicéron, les honnêtes gens étaient sévères pour le grevé qui n'exécutait pas un fidéicommis au profit d'un incapable, sans désapprouver formellement le magistrat qui refusait son concours à cette exécution (*Cic.*, *de fin.*, II, 17 ; II *in Verr.*, 1, 47) (2).

Lorsque Hadrien eut attribué au fisc les fidéicommis faits par des citoyens romains en faveur de pérégrins, le motif qui les avait suscités ne disparut pas, et, loin de perdre de sa force, en acquit une nouvelle par suite de la multiplication toujours croissante des relations entre Romains et pérégrins ; le droit des dispositions de dernière volonté, dans son effort à se placer sur le terrain du *jus gentium*, s'empara désormais de la *mortis causa capio*, institution qui existait déjà au moins à la fin du Iᵉʳ siècle de l'ère chrétienne (3). On entend par *mortis causa capio* au sens restreint (dans un

----

(1) M. Voigt (*op. cit.*, II, p. 853), met bien en lumière cette idée, qui nous touche le plus et qui est la plus décisive, sans être la seule qu'on puisse faire valoir.

(2) Accarias, *op. cit.*, I, 2ᵉ éd., p. 986.

(3) Voigt, *op. cit.*, II, p. 854.

sens large cette expression embrasse toutes les acquisitions à cause de mort), une acquisition à titre particulier, qui ne rentre ni dans la catégorie des legs, ni dans celle des fidéicommis, ni dans celle des donations à cause de mort ; c'est un avantage qui survient à l'occasion d'un décès. Les textes mentionnent surtout les hypothèses dans lesquelles on obtient une prestation dont le défunt a fait dépendre une institution d'héritier, un legs, un affranchissement: *conditionis implendœ* ou *explendœ causa datum et acceptum* (1). Que, de fait, les pérégrins puissent bénéficier d'une *mortis causa capio* ainsi définie, et que les Romains aient employé ce détour pour les gratifier, c'est ce que démontre ce texte de Javolenus (*D.,* 35, 1, 55) : « *Mœvius, cui fundus legatus est, si Callimacho, cum quo testamenti factionem non habebat, ducenta dedisset, conditioni parere debet, et ducenta dare, ut ad eum fundus legatus pertineat, quamvis nummos non faciat accipientis. Quid enim interest, utrum tali personœ dare jubeatur, an aliquo loco ponere, vel in mare dejicere? Neque enim illud, quod ad talem personam perventurum est, testamenti nomine, sed mortis causa capitur* (2). » Ce passage nous apprend que la capacité pour la *mortis causa capio* était conçue comme un élément de la capacité juridique différent de la *testamenti factio*, et qu'on l'accorda aux pérégrins comme indépendante de celle-ci. Mais c'est à ce succès, comme le dit M. Voigt, que s'arrêtent sur le terrain du droit des dispositions de dernière volonté, les conquêtes du *jus gentium* : sous tous les autres rapports, ce droit demeure soumis à l'empire du *jus civile.*

En ce qui touche les successions ab intestat, le droit romain, plus humain en cela que certaines législations modernes ne le sont envers les étrangers, ne frappa les pérégrins d'aucune incapacité spéciale à cause de leur qualité de pérégrins ; ils peuvent transmettre et succéder *ab intes-*

_____

(1) Maynz, *Cours,* 4° éd., 1877, III, p. 711.

(2) Ce texte appellerait plusieurs explications. La grande préoccupation de Javolenus est d'écarter l'idée d'un legs à Callimaque, legs qui serait frappé de nullité : il dit qu'on peut ne pas attribuer à Callimaque la qualité de légataire, pas plus qu'on ne peut l'attribuer à un *locus* ou à la mer. Cf. notamment *Grande Glose,* II, col. 1485, éd. Lugduni, 1627.

tat, s'ils ont une loi nationale, et que cette loi leur reconnaisse ce double droit : c'est la loi du défunt provincial ou membre d'une *libera civitas* de l'*orbis Romanus*, qui règle la dévolution de sa succession ab intestat. A l'appui de cette assertion, admise par tout le monde ou à peu près, si nous sommes bien renseigné (1), on ne peut invoquer aucun texte direct et formel. Mais on peut conclure de la succession testamentaire à la succession ab intestat, et, de plus, penser que ce qui était admis à l'égard des pérégrins résidant en province l'était aussi à l'égard des pérégrins résidant à Rome : Cicéron nous montre Épicrate héritier *Bidinorum legibus* (*II in Verr.*, 2, 22 sqq.). Or, cette loi du défunt n'admettra en général à succéder ab intestat que les concitoyens du défunt. Cependant, il pourra se faire qu'elle admette aussi le citoyen romain : c'est ainsi que nous voyons L. Manlius Sosis, *civis romanus*, hériter d'un provincial, son frère, de Catinum, en Sicile (*Cic.*, *ad. fam.*, 13, 30).

Mais ne faut-il pas aller plus loin, et croire que le préteur pérégrin a appliqué aux pérégrins, autant que possible, le système des *bonorum possessiones* ? Les *bonorum possessiones* ne sont-elles pas *juris gentium* ? La question ne peut guère se poser que pour la *bonorum possessio unde cognati*. Il est des auteurs qui pensent que cette *bonorum possessio* appelait les cognats, sans avoir égard à la qualité de citoyen romain ou de pérégrin ; d'autres, plus réservés, sont portés à croire que le préteur appliquait, autant qu'il était possible, le système des *bonorum possessiones* en faveur des parents pérégrins d'un défunt également pérégrin ; pour d'autres enfin, les règles de la *bonorum possessio* n'étaient pas plus applicables aux pérégrins que celles de l'*hereditas* (2). Cela va de soi : ce serait une grossière erreur, que d'invoquer en faveur de l'opinion qui attribue la *bonorum possessio* au *jus gentium*, le fait que les règles de la *bonorum possessio* trouvaient place dans l'*edictum provinciale* (*Cic.*, *II in Verr.*, 1, 46) : non pas seulement parce que ces règles

____

(1) Notamment Conradi, *op. cit.*, § 14, p. 28 ; Voigt, *op. cit.*, IV, p. 324, note 12 ; Humbert, *l. c.*, p. 24 ; Frenoy, *op. cit.*, p. 56.

(2) Frenoy, *l. c.*; — Accarias, *Préc.*, II, p. 76, note 1 ; Humbert, *l. c.*, p. 24.

pouvaient bien ne concerner que les seuls citoyens romains domiciliés dans la province, mais parce qu'en réalité ces règles ne concernaient que les citoyens romains et non les autres habitants ; on peut l'induire, ce nous semble, avec une quasi certitude, de la mention que fait Cicéron des *mulierum hereditates* à côté des *bonorum possessiones*, comme d'ailleurs, de tout le contexte du passage indiqué des Verrines : « *Quœro abs te, sicut modo in illo capite Anniano de mulierum hereditatibus, nunc in hoc de hereditatum possessionibus, cur ea capita in edictum provinciale transferre nolueris? Non enim hoc potest loco dici multa esse in provinciis aliter edicenda : non de hereditatum quidam possessionibus, non de mulierum hereditatibus.* » Plus légitime peut-être, quoi qu'en disent certains interprètes, serait l'allégation en sens contraire d'un texte d'Africain déjà cité qui refuse la *bonorum possessio* à celui qui a été frappé de l'interdiction de l'eau et du feu (D. 37, 1, 13). Mais il faut le reconnaître : l'argument qu'on pourrait tirer de ce texte serait loin d'être décisif, et il ne saurait fournir une base solide à l'opinion qui dénie à la *bonorum possessio* toute application en faveur du pérégrin. Pour nous, nous croyons qu'en instituant les *bonorum possessiones* le préteur n'a eu en vue que les citoyens romains, que, notamment, en introduisant la *bonorum possessio unde cognati*, il a songé aux seuls cognats investis de la cité romaine. Que cette *bonorum possessio* ait été étendue par le préteur pérégrin, dans une certaine mesure, en faveur des pérégrins, cela n'est point invraisemblable ; toutefois on ne saurait en admettre l'application générale tant aux pérégrins qu'aux citoyens. Les membres d'une même cité succèdent entre eux à Rome, avons-nous dit, d'après la loi de cette cité : la *bonorum possessio unde cognati* a pu être le moyen employé par le préteur pérégrin pour sanctionner cette loi, quand elle concordait avec la dévolution prétorienne. Ce qu'on peut tenir pour très-probable, c'est qu'au moyen de la *bonorum possessio* ou par voie de décisions spéciales rendues en vertu de son *imperium*, le préteur pérégrin a donné satisfaction, en matière de succession ab intestat, aux exigences de l'équité et qu'il est venu au secours des personnes les plus favorables : on peut penser que le droit d'aubaine et le droit

du premier occupant ont trouvé peu de faveur auprès de lui,
et lui étaient même franchement antipathiques.

62. — D). **Obligations**. — Pas plus en matière d'obligations que d'une manière générale, — encore moins, si possible, — il n'est exact de dire qu'« entre eux les pérégrins
peuvent employer leur droit local (1) ». C'est avant tout le *jus
gentium* qui régit les rapports d'obligations entre pérégrins, comme entre Romains et pérégrins : on ne se réfè-
rera au droit local, pour le fond du droit, que dans des cas
tout à fait exceptionnels, très-rares, et qu'il n'est point
aisé d'expliquer.

C'est sur le terrain des obligations que se meut surtout la
vie commerciale ; c'est sur ce terrain que le *jus gentium* a
fait ses conquêtes les plus brillantes et les plus étendues.
Tous les effets que le préteur urbain a reconnus aux pactes
intervenus entre citoyens romains, le préteur les a consacrés pour les pactes conclus entre pérégrins ou entre
Romains et pérégrins : il est même permis de penser que
souvent ce fut le préteur pérégrin qui marcha le premier
dans la voie de l'innovation et du progrès, et que le préteur
urbain ne fit que le suivre. De tous les pactes, le plus important est sans contredit le pacte d'hypothèque : c'est à
lui que se rattache le *fœnus nauticum*, ou prêt à la grosse
aventure, si utile à la navigation.

Il y a plus : presque tous les contrats sont du *jus gentium*,
qu'ils aient été tels dès l'instant de leur invention, ou qu'ils le
soient devenus dans le cours du temps. Les contrats con-
sensuels, l'*emptio venditio*, la *locatio conductio*, la *societas*,
le *mandatum*, sont accessibles aux pérégrins ; il en est de
même des contrats *re*, du *depositum*, du *commodatum*, du
pignus et du *mutuum*, qui est pourtant *stricti juris* (*Gai.*,
III, 142 ; *Inst.*, I, 2, 2) ; le champ si vaste des contrats innom-
més que sanctionne l'action *præscriptis verbis* s'ouvre aux
pérégrins, comme aux citoyens (*Ulp.*, D., 2, 14, 7, *pr.* 1. 2;
Marc., D., 19, 5, 25 ; *id.*, D., 48, 22, 15, *pr.* : *permutatio* ;
Ulp., D., 43, 26, 1, 1 : *precarium*). La stipulation, sans perdre son caractère de contrat solennel, passa du *jus civile*

(1) **Frenoy**, *op. cit.*, p. 58.

dans le *jus gentium*. Le pérégrin peut figurer comme stipulant ou comme promettant dans le contrat *verbis* ainsi conçu : *dabis ? dabo ; promittis ? promitto ; fidepromittis ? fidepromitto ; fidejubes ? fidejubeo ; facies ? faciam* (*Gai.* III, 92. 93. 96. 119. 120). Mais, à tout le moins jusqu'à l'époque de Gaius, la forme primitive *spondes? spondeo* fut réservée aux citoyens romains (*Gai.*, III, 93). Il n'est pas croyable que la jurisprudence romaine ait persisté long-temps après Gaius dans cette distinction de pure forme ; en tous cas, les témoignages ultérieurs ne la mentionnent pas. (*Paul.*, *Sent.*, II, 3, 1) (1). L'accès de la stipulation ouvert aux pérégrins, toutes les obligations entre pérégrins ou entre Romains et pérégrins purent désormais être munies d'une action, car le contrat *verbis* ouvre à la liberté des conventions un champ indéfini ; c'est comme un moule dans lequel on peut couler tous les *negotia juris*, depuis le *fœnus* jusqu'à l'*acceptilatio*, y compris le cautionnement par voie de *fidepromissio* ou de *fidejussio*. Quant à la *fidejussio*, nous ne rencontrons rien de spécial aux pérégrins. Il en est autrement de la *fidepromissio*.

D'après une loi *Furia*, rapportée généralement à l'an 659 (2), l'obligation du *fidepromissor*, comme celle du *sponsor*, était limitée à une durée de deux ans, mais cette loi ne s'appliquait qu'en Italie (*Gai.* III, 121. 122). Si nous supposons un pérégrin s'engageant à Rome par voie de *fidepromissio* envers un citoyen romain ou un autre pérégrin, la loi *Furia* s'appliquera-t-elle? Nous sommes porté à le croire, étant donné le motif d'ordre politique sur lequel repose cette loi, et eu égard à ce qui va suivre. L'obligation du *fidepromissor*, comme celle du *sponsor*, ne passe pas à ses héritiers ; mais elle devient transmissible, s'il s'agit d'un *fidepromissor peregrinus*, et que le droit de sa cité s'écarte, sur ce point, du droit romain : « *Sponsoris et fidepromissoris*

---

(1) Voigt, *op. cit.*, II, p. 847. — Suivant cet auteur, la stipulation fut *juris gentium*, comme *stipulatio prætoria*, avant de le devenir comme contrat : c'est forcé, quelque singulier que cela paraisse, si l'on admet avec lui que la stipulation n'existait pas comme contrat *juris gentium* à l'époque de Cicéron ; mais, nous l'avons déjà dit, c'est là une asser-tion qui nous paraît absolument inadmissible.

(2) Accarias, *Préc.*, II, p. 942, note 1.

heres non tenetur, *nisi si* DE PEREGRINO FIDEPROMISSORE QUÆRAMUS, ET ALIO JURE CIVITAS EJUS UTATUR » (*Gai.*, III, 120). Ainsi, le membre d'une *libera civitas* ou un provincial, après s'être engagé, à Rome ou ailleurs, par voie de *fidepromissio*, envers un citoyen romain ou un pérégrin quelconque, meurt sans avoir accompli son obligation de débiteur accessoire. Le créancier poursuit son héritier devant le préteur pérégrin ou le gouverneur de province : le magistrat délivrera-t-il une action contre cet héritier ? Oui, si le droit de la *civitas* ou de la province du *fidepromissor* admet, contrairement au droit romain, la transmissibilité de la dette dérivant de la *fidepromissio*. Cette décision a beaucoup exercé la sagacité des interprètes. M. Humbert pense qu'« elle tient peut-être à ce que la loi *Furia* ne s'appliquait qu'en Italie et aux citoyens romains, comme dérogeant au *jus gentium*. » Mais nous ne voyons nulle part que l'intransmissibilité de la dette du *fidepromissor* vienne de la loi *Furia* : elle résulte, comme le pense M. Accarias, de la même idée de mandat qui avait fait admettre le caractère viager du droit de *l'adstipulator*. A un autre en droit de sa dissertation sur la condition des pérégrins, M. Humbert dit que, peut-être, suivant l'opinion de Walter, la décision en question s'appliquait aux pérégrins résidant en province (1). Suivant M. Voigt, dans le cas où un provincial s'est engagé pour un tiers par voie de *fidepromissio* envers un citoyen romain ou un autre provincial, et meurt avant l'accomplissement de son obligation de caution, le *jus gentium* n'accorde aucune action contre ses héritiers ; seulement, en tant que le *jus provinciale* donne une telle action, il est tout à fait logique de l'attribuer au créancier (2). A nos yeux, il est difficile de donner une explication pleinement satisfaisante de la solution rapportée par Gaius : nous serions tenté de croire que les Romains se sont aperçus que l'idée de l'intransmissibilité de la dette du *fidepromissor*, en rendant singulièrement fragile la sûreté du créancier, nuisait au débiteur au lieu de le protéger, attendu que son crédit souffre du caractère aléatoire qui infecte la garantie du créancier ; sans abandonner entièrement cette

____

(1) Humbert, *l. c.*, p. 16 ; p. 24 ; Accarias, *Préc.*, II, p. 343 ; Walter, *Gesch. des Rom. Rechts*, 3° éd., I, n° 115.

(2) Voigt, *op. cit.*, IV, App. XVI, § 12, p. 322.

idée malencontreuse, ils l'ont écartée au cas où le droit propre du *fidepromissor* pérégrin l'écartait lui-même. Au surplus, au temps de Gaius, la *fidejussio* a presque complètement supplanté la *fidepromissio*.

Le contrat *litteris* fut-il ouvert au pérégrin ? Les Sabiniens avaient admis le pérégrin à s'obliger *litteris* au cas de *transcriptio a re in personam*, c'est-à-dire au cas où il y avait novation sans que la personne du débiteur changeât ; mais Nerva, l'un des premiers disciples de Proculus, décidait en sens contraire, aussi bien au cas de *transcriptio a re in personam* qu'au cas de *transcriptio a persona in personam*, « *quia quodammodo juris civilis est talis obligatio* » (*Gai.*, III, 133). On ne sait si la distinction sabinienne avait prévalu. L'usage des *arcaria nomina*, simple moyen de preuve de la numération des espèces, était commun aux citoyens et aux pérégrins. Mais, comme le remarque Gaius (III, 131. 132), il serait inexact de dire que les pérégrins s'obligent *arcariis nominibus* « *quia, non ipso nomine, sed numeratione pecuniæ obligantur.* » Tout le monde admettait les pérégrins à faire usage des écrits consacrés par leur droit propre et appelés *chirographa* et *syngraphæ* (*Gai.*, III, 134). Dans le *chirographum*, l'écriture émane du débiteur, et non du créancier, comme dans les *transcriptia nomina* du *codex :* le *chirographum* n'est autre chose qu'un billet signé du débiteur, qui reste entre les mains du créancier. Les *syngraphæ* étaient rédigées en double et portaient la signature des deux parties. Mais, quelle était la portée réelle de ces écrits ? Étaient-ils de simples moyens de preuve (*cautiones, instrumenta*), ou avaient-ils par eux-mêmes une force obligatoire, comme la *scriptura* du *codex accepti et expensi ?* En un mot, s'agit-il ici d'une véritable *obligatio litteris* analogue à l'ancienne, et qui l'a remplacée ? On ne connaît chez les Grecs et chez les peuples de culture hellénique, où les mots *chirographum* et *syngrapha* nous adressent directement, rien qui ressemble de près ou de loin à une *obligatio litteris* : c'est là un argument très-grave, bien qu'ils ne paraissent guère s'en préoccuper, contre ceux qui attribuent aux *chirographa* et aux *syngraphæ* une vertu obligatoire. Pour nous, il nous touche fort ; mais nous ne pouvons nous attarder à discuter cette question.

Les quasi-contrats obligent les pérégrins ou les rendent créanciers, par exemple la *negotiorum gestio*, la communauté, l'*indebiti solutio*. La *conductio indebiti* ou *sine causa* leur est applicable ; la *condictio indebiti* est qualifiée de *naturalis* (*Paul.*, *D.*, 12, 6, 15, *pr.*). — La théorie des délits et des quasi-délits existe au profit comme à l'encontre des pérégrins, sauf, au cas de délits, à modifier parfois la formule d'une antique action civile et à y introduire la fiction de la cité, comme cela a eu lieu pour l'action *furti* et l'action *legis Aquiliæ*, et vraisemblablement aussi pour l'action *injuriarum*, jusqu'à ce qu'elle devînt une action prétorienne (elle l'était en 584 : témoin le *S.-C. de Thisbœis*) ; l'action *vi bonorum raptorum*, nous l'avons vu, fut introduite par le préteur pérégrin lui-même. Quant aux actions pénales prétoriennes, elles sont données pour et contre les pérégrins, aussi bien que pour et contre les citoyens. — Enfin, les modes d'extinction des obligations ont été aussi rendus accessibles aux pérégrins, l'*acceptilatio* elle-même *(Ulp., D.,* 46, 4, 8, 4 : il faut voir une réminiscence historique dans le texte de Pomponius, *D.*, 50, 17, 77, qui compte l'*acceptilatio* parmi les *actus legitimi*, à supposer qu'il faille prendre l'expression *actus legitimus* pour synonyme de *civile negotium*).

63. — Tels sont les droits des pérégrins. Quant aux actions, nous n'avons pas à revenir sur la compétence du préteur pérégrin, si ce n'est pour ajouter que cette compétence était limitée par la juridiction des édiles curules, qui embrassait les ventes d'esclaves et d'animaux, et que peut-être les sujets des cités libres, quand ils se trouvaient accidentellement à Rome, avaient comme défendeurs le droit de réclamer leurs juges naturels (*revocare domum*), s'ils ne préféraient *alieno foro litigare* (1). Pour ce qui est de la procédure, le pérégrin fut exclu, au moins à l'origine, de la *legis actio*; et c'est dans les *actiones in factum*, qui durent être créées à son intention, qu'il faut sans doute chercher à surprendre les premiers tâtonnements du système formulaire. Un certain nombre d'auteurs admettent que, plus tard, le préteur pérégrin prit sur lui de concéder à ses justiciables, en vertu

______

(1) Rudorff, *Rom. Rechtsgesch.*, II, § 8, p. 34 ; Humbert, *l. c.*, p. 27.

de son *imperium*, la *legis actio* en matière contentieuse (1) : nous avons déjà eu occasion de dire que cet octroi de la *legis actio* n'eut lieu qu'en faveur des Latins, parce qu'on ne dut pas éprouver le besoin d'une concession générale aux pérégrins.

Aussi longtemps que dura le système formulaire, on refusa la qualité de *judicium legitimum* à une instance dans laquelle intervenait une partie ou un juge pérégrins : une telle instance, les Romains l'appellent *judicium imperio continens*, ou *sub imperio* (*Gai.*, IV, 104. 105), pour marquer qu'elle n'est pas organisée par la loi elle-même, mais dépend de l'*imperium* du magistrat. Quand le *judicium* est *legitimum*, l'extinction du droit déduit en justice pourra avoir lieu *ipso jure ;* elle se produira nécessairement et invariablement *exceptionis ope*, si le *judicium* est *imperio continens*. Ce fait s'explique historiquement : par instinct, peut-être par système, les Romains ont distingué l'*ipsum jus*, le droit pur, et les innovations prétoriennes. Or, les *judicia imperio continentia* furent inconnus pendant assez longtemps. En effet, les conditions requises pour qu'il y ait *judicium legitimum* sont au nombre de trois. Il faut que l'instance soit organisée à Rome ou dans le premier mille de Rome ; il faut que toutes les parties soient investies du droit de cité romaine ; il faut enfin que l'affaire soit portée devant un juge unique et romain. A l'origine, ces trois conditions étaient toujours réalisées. Nous n'avons à nous occuper que de la seconde : à ce point de vue, nous constatons qu'au cas de *furtum* commis par ou contre un pérégrin, on emploie le procédé d'une action fictice (*Gai.*, IV, 37) : c'est donc qu'il y eut un temps où le *furtum* commis par ou contre un pérégrin à Rome ne donnait pas lieu à une poursuite ; cela prouve avec évidence que pendant un temps Rome n'admit les pérégrins dans un procès en aucun cas, et où elle admit encore moins un juge pérégrin (2). — Il va de soi que le

(2) Rudorff, *op. cit.*, II, § 20, p. 76, note 9 ; Humbert., *l. c*, p. 27 ; Mommsen, sur la loi *Repetundarum*, 23 : M. Mommsen ne met pas en doute que les pérégrins n'aient la *legis actio*.

(1) Nous tenons cette explication de notre savant maître, M. Accarias, *Cours de Pandectes*, 1880-1881.

préteur pérégrin accordera aux pérégrins les actions qui sanctionnent les droits que nous leur avons reconnus ; elles ont été indiquées chemin faisant, ou n'ont pas besoin de l'être. Il usera, nous l'avons vu, de tous les procédés qui sont à la disposition du préteur urbain.

CHAPITRE V

INFLUENCE DU PRÉTEUR PÉRÉGRIN SUR LE DÉVELOPPEMENT

DU DROIT ROMAIN

64. — A Rome, comme chez tous les peuples de race aryenne (1), on trouve au début les deux systèmes de la personnalité du droit et de l'exclusion des droits étrangers. La loi romaine n'est faite que pour les citoyens et pour leurs rapports entre eux; elle ne concerne en rien les rapports des pérégrins entre eux ou même avec les citoyens romains. D'autre part, sur le territoire romain, aucun droit pérégrin ne peut être appliqué, et le droit propre du pérégrin qui met le pied sur le sol romain n'existe pas aux yeux de la puissance publique romaine. De là, la négation de tout droit par le pérégrin à Rome, comme, d'ailleurs, par une juste réciprocité que les Romains ont pleinement admise, pour le romain à l'étranger : c'est la conséquence naturelle et forcée du système de la personnalité du droit combiné avec le principe de l'exclusion des droits pérégrins. Sur le territoire romain, le pérégrin n'a aucun droit qui le protége, ni la loi romaine, ni sa loi propre : si donc un citoyen romain se jette sur lui et le dépouille, il n'y a ni remède ni palliatif quelconque contre cette injustice. Mais en même temps, cet individu sans protection s'est soumis à la *potestas* de l'État romain en franchissant les frontières de cet État : si donc il lèse un citoyen romain, ce citoyen est assuré d'une protection et d'une réparation, dès que Rome s'emparera de l'auteur de l'offense et pourra exercer efficacement sur lui sa *potestas* ; le pérégrin échappe-t-il au châtiment par la fuite,

(1) Voigt, *Das jus naturale, bonum et æquum und jus gentium der Romer*, II, p. 84 ; p. 610.

il sera réclamé par la voie de la *clarigatio* à sa patrie et subira le traitement que l'État romain jugera bon d'infliger à un individu sans droit. Le citoyen romain est-il lésé à l'étranger ? il n'a à s'en prendre qu'à lui-même de sa mésaventure. Mais s'il lèse le citoyen d'un État étranger sur le territoire de cet État, il en sera de lui exactement comme du pérégrin qui a lésé à Rome un citoyen romain : s'il ne se dérobe pas par la fuite à la *potestas* de l'État étranger, il sera châtié à merci; s'il réussit à regagner sain et sauf le territoire romain, il pourra être livré par Rome à l'État étranger qui le réclamera, et sera à la disposition absolue de l'État dont il a bravé la souveraineté.

Tel est l'état de choses originaire : il équivaut à une exclusion indirecte du pérégrin du territoire de Rome et à une interdiction indirecte faite au citoyen romain de mettre le pied sur le sol étranger (1). Les deux systèmes d'où cet état de choses découlait nécessairement furent, de bonne heure, limités ou écartés. le premier surtout, car un tel état de choses ne pourrait convenir qu'à la vie de peuples encore dans l'enfance. Mais, tout d'abord, prouvons que ces deux systèmes ont existé au début à Rome et s'y sont maintenus pendant des siècles avec une rigueur plus ou moins grande.

Le droit fut primitivement conçu comme une annexe et une dépendance de la religion. Or, on connaît le caractère rigoureusement national de la religion romaine, comme de toutes les religions antiques : le pérégrin, n'ayant aucune part à la religion (2), n'avait aucune part au droit de la cité. L'action *furti* n'a pu, à l'origine, être intentée par un pérégrin ni délivrée contre lui. Il y a plus : la loi *Aquilia,* qui fut portée à une date relativement récente, au plus tôt en 408, (il est des auteurs qui la placent en 467), ne prévoit pas le *damnum injuria datum* émané d'un pérégrin ou dirigé contre lui. Il y a plus encore : lorsque le droit a dépouillé à peu près tout caractère religieux, la loi reste nationale, même en des matières qui touchent de très-près à l'ordre

<hr>

(1) Voigt, *op. cit.,* II, p. 60-61.

(2) Fustel de Coulanges, *La cité antique,* 5ᵉ éd., 1874, p. 233. Cf. Voigt, *op. cit.,* II, p. 61. Le tombeau de l'esclave était sacré, non celui du pérégrin (D., 11, 7, 2 ; 47, 12, 4).

public. La loi *Oppia*, de 541, n'est applicable qu'aux *cives Romanæ*, ce qui permet aux pérégrines, notamment aux femmes des alliés Latins, d'étaler leur luxe sous les yeux des Romaines condamnées à la simplicité (*Liv.*, 34, 7) (1). Concernent encore les seuls citoyens romains : la loi *Orchia*, de 593 (*Macrob.*, *Sat.*, 3, 17), la loi *Fannia*, de 613, la loi *Julia vicesimæ hereditatum* et *legatorum*, de 758 (*Dio Cass.*, 78, 9 ; *Plin.*, *paneg.*, 37. 39), la loi *Junia Norbana*, que beaucoup placent en 772, mais qui serait plutôt de l'an 671 (2), et la loi *Ælia Sentia*, de 757. Il faut des lois spéciales pour rendre applicables aux pérégrins les lois sur l'usure et les lois somptuaires : la loi *Sempronia de fœnore*, en 561, et la loi *Didia de sumptu*, en 611 (3). La loi *Julia vicesimæ hereditatum et legatorum* n'a pas été étendue aux pérégrins : lorsqu'on a voulu atteindre les hérédités et les legs recueillis par eux, on leur a ouvert les portes de la cité. La loi *Junia Norbana* n'a jamais régi que les affranchissements accomplis par les citoyens romains (§ 12, *Frag. de Manum.*) ; il en est de même de la loi *Ælia Sentia*, sauf pour le chef relatif aux affranchissements faits en fraude des droits des créanciers : un sénatus-consulte rendu sous Hadrien et sur sa proposition, a étendu ce chef de la loi *Ælia Sentia* aux affranchissements faits par des pérégrins (*Gai.*, I, 47) (4). Le système de la personnalité a pu être limité dans son application, écarté dans son principe même sur bien des points : le droit privé ne l'a jamais complétement abandonné.

Le principe de l'exclusion des droits pérégrins fut, à l'origine, d'autant plus nettement posé et fermement main-

(1) On sait les paroles que Tite-Live place dans la bouche du tribun Valerius. « *At, Hercule, universis (sc. matronis), dolor et indignatio est, cum sociorum Latini nominis uxoribus vident ea concessa ornamenta, quæ sibi adempta sint ; cum insignes eas esse auro et purpura ; cum illas vehi per urbem, se pedibus sequi.* »

(2) M. Voigt, *op. cit.*, II, p. 63, admet encore la date 772 ; M. Accarias, *Préc.*, I, 2ᵉ éd., p. 113, note 1, allègue de très-bonnes raisons en faveur de la date 671.

(3) Humbert, *l. c.*, p. 16.

(4) M. Mommsen, *Zeitschrift für Rechtsgesch.*, IX, p. 98, rejette, comme une glose, ces mots de *Gai.*, I, 47 « *senatus ita censuit ex auctoritate Hadriani* », sans contester le fait même, bien plus en l'admettant comme incontestable.

tenu, que Rome, tant qu'elle fut un petit État du Latium, et même lorsqu'elle eut soumis l'Italie, se trouvait en présence d'États souverains et indépendants comme elle. Jamais la Rome républicaine n'admit l'application du droit de tels États sur son territoire. La Rome impériale ne l'admit pas davantage. Seulement, sur des points isolés qui ont été signalés au précédent chapitre, elle accueillit le droit des *liberæ civitates* comprises dans l'*orbis Romanus*. Mais ces *liberæ civitates* sont déjà ou deviennent de plus en plus des parties intégrantes de l'Empire, et les membres de ces *liberæ civitates* auxquels Rome concède l'application de certaines règles de leur droit propre sont vraiment ses sujets : ils forment, si l'on veut, une catégorie privilégiée de sujets, mais enfin ce sont des sujets. Aussi cet abandon partiel, quant à eux, du système de l'exclusion des droits pérégrins est-il plus apparent que réel ; à vrai dire, le système n'est pas même atteint, et reste debout dans son inflexible rigueur.

Le maintien absolu et simultané de ces deux systèmes suppose des conditions qui se sont trouvées réalisées en Chine et au Japon, comme le dit M. Voigt, mais non chez les peuples de la famille aryenne (1). Dès que l'un d'eux est supprimé ou restreint, la privation absolue de tout droit qui frappe le pérégrin est écartée, et ce résultat, contemporain du moment où une barbarie relative fait place à la vraie civilisation, c'est-à-dire du moment où les relations commerciales avec le dehors deviennent permanentes, se produit en général d'assez bonne heure, mais plus ou moins complètement, et par des voies différentes. Ainsi l'antiquité hellénique abandonne de bonne heure le principe de l'exclusion du droit pérégrin et accorde à l'étranger la protection juridique d'après son propre droit ; elle abandonne aussi le système de la personnalité de la loi, et ouvre à l'étranger tout d'abord son droit des obligations, puis, peu à peu, tout son droit privé (2). Rome et l'Empire Germanique n'ont abandonné que l'un des deux systèmes, mais n'ont pas abandonné le même : l'Empire Germanique a laissé tomber

---

(1) Voigt, *op. cit.*, II, p. 93.
(2) Voigt, *ibid.*, p. 65 ; p. 610-613.

de très-bonne heure le système de l'exclusion du droit pérégrin (il suffit de signaler comme preuve de ce fait la juxtaposition des *leges Barbarorum* et des *leges Romanorum* dans les États Germains), et a maintenu le système de la personnalité du droit dans toute son intégrité et avec toute ses conséquences, jusqu'à une époque relativement tardive (1) ; Rome écarta, de bonne heure aussi, les étroites conséquences du système de la personnalité du droit, et maintint sans aucune atténuation le système de l'exclusion des droits pérégrins jusqu'au milieu même de l'Empire, époque où il y fut apporté des exceptions bien plus apparentes que réelles.

Parmi ces atteintes que reçut à Rome le système de la personnalité du droit, nous ne signalerons que pour mémoire celles qui tiennent à l'*hospitium privatum* et aux traités de *connubium*, de *commercium* et de *recuperatio*. Nous dirons quelques mots de la protection que trouvèrent dans les interdits tant les *socii*, les *amici* et les *hospites* de Rome, que ses sujets à un titre quelconque, pour concentrer ensuite l'effort de nos recherches sur celle qui dériva pour eux du *jus gentium* ; nous essayerons de marquer quelle est la part du préteur pérégrin dans la constitution, les progrès, les conquêtes et le triomphe de ce *jus gentium* qui introduisit et développa dans le droit romain l'élément universel et cosmopolite auquel le droit de l'Empire romain doit sa merveilleuse destinée à travers les siècles.

65. — Le système des interdits doit nous apparaître à la fois comme le précurseur du *jus gentium*, et comme un moyen complémentaire de protection pour les pérégrins alors même que le *jus gentium* fut constitué. Sans doute, les interdits ne furent pas inventés pour remédier aux inconvénients de toute sorte qui résultaient de l'absence d'un droit commun aux citoyens et aux pérégrins. Le besoin qui suscita ces mesures de police prises administrativement bien plutôt que judiciairement par un magistrat à la fois policier et justicier, naquit au sein même de la cité romaine et non dans les relations internationales : il y avait des rapports entre citoyens qu'une action ne sanctionnait pas,

____

(1) *Id., ibid.*, p. 55 ; p. 64.

parce qu'on ne leur reconnaissait pas un caractère juridique
nettement déterminé ; de là, des désordres et des querelles,
auxquels le préteur coupait court en émettant un interdit,
c'est-à-dire en donnant un ordre relatif à une hypothèse
spéciale. Le préteur ayant rendu une certaine quantité de
ces ordres spéciaux qui intervenaient à propos de cas isolés,
il put se dégager de leur ensemble des règles abstraites et
générales. Elles prirent place dans l'Édit : il était annnoncé
que dans tel cas, le préteur délivrerait tel interdit, dont la
formule était indiquée. Or, il y avait dans les interdits un
moyen tout naturel et tout trouvé de subvenir à une situation
sans issue, comme celle dans laquelle se trouvaient les
pérégrins dans leur rapports entre eux et avec les citoyens
romains : le préteur unique dut, dans les cas les plus urgents
qui lui étaient soumis, rendre des interdits spéciaux, puis
peu à peu il se constitua sans doute un système d'interdits
applicables à ces relations entre pérégrins et entre Romains
et pérégrins. Le préteur pérégrin trouva ce système établi
ou tout au moins élaboré : il le développa, et s'en servit, au
début, pour trancher par voie administrative et par mesure
de police, en vertu de son *imperium*, des différends auxquels le *jus gentium*, en voie de formation, allait apporter
une solution, et, plus tard, pour trancher ceux que le *jus
gentium* déjà constitué laissa en dehors de ses prévisions
et de ces règles. Par là, le préteur pérégrin influa sur le
développement du droit romain. Mais toutes ces considérations ont un caractère plus ou moins conjectural (1) ; et,
d'ailleurs, fussent-elles encore plus vraisemblables, elles
ont une importance beaucoup moindre que celles que nous
avons à présenter sur le *jus gentium*.

66. — Il exista un droit commercial international, une
sorte de droit commun du commerce reposant sur l'usage
commercial, du jour où les relations entre membres de cités

______

(1) Il paraît préférable de le reconnaître franchement, au lieu de s'in-
génier, comme le fait M. Voigt, *op. cit.*, II, § 78, p. 621-625, à la suite
de Hugo et de Keller, à voir un rapport entre les interdits et les récupérateurs. Toutefois, ces conjectures reposent sur le fait que les interdits pouvaient s'appliquer aux matières les plus diverses du droit :
le plus ancien interdit que l'on connaisse est l'interdit émis à propos
du *prodigus* pour lui enlever le *commercium* et les *ircs*. Voigt, *ibid.*,
p. 622, note 760.

différentes atteignirent quelque fréquence et quelque permanence. On peut donner à ce droit le nom de *jus gentium*, et
dire, avec M. Courcelle-Seneuil (1), que l'origine en remonte
probablement au-delà de la fondation de Rome, qu'« il est
né visiblement dès que des hommes appartenant à des cités
différentes ont établi entre eux des rapports volontairement
pacifiques et conclu des pactes sur un terrain neutre ou en
mer très-probablement, puis dans les grands centres commerciaux, *usu exigente et humanis necessitatibus*, comme
dit le jurisconsulte classique. » Mais, ici, nous n'avons qu'à
envisager le *jus gentium* éclos sur le sol romain, élaboré
par le génie juridique romain, reconnu et sanctionné par la
puissance publique romaine. Or, la naissance de ce *jus gentium* des Romains ne se perd pas dans la nuit des temps :
on peut la placer au commencemsnt du vɪᵉ siècle, c'est-à-
dire à la date même de l'institution de la préture pérégrine.
Au premier abord, cette assertion semble en contradiction
flagrante avec les déclarations des jurisconsultes classiques
qui reportent l'origine du *jus gentium* au moment même de
la création de la société humaine ou de la fondation des
États ; mais il faut y voir l'expression d'une réflexion spécu-
lative, non le témoignage d'un fait historique, comme le dit
très-bien M. Voigt ; ces déclarations se rattachent à une
conception philosophique d'un *jus naturale* ou d'un *jus
gentium* identifié avec lui (2). Aussi la science contemporaine a-t-elle abandonné l'idée de la primordialité du *jus
gentium* dans le droit romain, et il n'y a guère que Huschke
qui se soit attardé à la défendre ; presque tout le monde
assigne aujourd'hui au *jus gentium* une origine postérieure.
Pour prouver que cette origine postérieure se place au
commencement du vɪᵉ siècle, il faudrait suivre M. Voigt,
qui l'a établi d'une façon satisfaisante, dans ses longues et
savantes investigations (3) : ce soin serait ici déplacé ; mais il
est indispensable de justifier, au moins sommairement, la date
alléguée, car le fait que la naissance du *jus gentium* ne
remonte pas au-delà de la création du préteur pérégrin est

(1) Sumner-Maine, *L'ancien droit*, trad. Courcelle-Seneuil, Paris, 1874,
Introd., p. XV-XVI.
(2) Voigt, *op. cit.*, II, p. 529 ; Cf. § 66, p. 528-531.
(3) Voigt, *op. cit.*, II, § 68-77, p. 537-622.

d'une importance capitale au point de vue de l'objet spécial de notre étude.

Les textes juridiques nous apportent en cette matière plus d'obscurité que de lumière et nous embarrassent plutôt qu'ils ne nous aident, à l'exception du § 37 du *Comm.* IV de Gaius. Deux passages semblent impliquer l'existence du *jus gentium* à l'époque des XII Tables, en semblant attester qu'à cette époque le droit romain connaissait déjà l'*emptio venditio* et le *depositum*, deux contrats du *jus gentium*. « *Ex causa depositi lege XII Tabularum in duplum actio datur, edicto prætoris in simplum* », dit Paul, *Sent.*, II, 12, 11. Justinien, *Inst.*, II, 1, 41, rapporte aux XII Tables la solution bien connue sur l'effet translatif de la tradition de la chose vendue : « *Quod cavetur quidem etiam lege XII Tabularum, tamen recte dicitur et jure gentium id est jure naturali id effici.* » Le premier de ces deux passages paraît pouvoir être référé sans trop de difficultés à une mancipation avec *fiducia ex causa depositi* : l'action que vise Paul n'est autre chose que l'action *fiduciæ ex causa depositi* (1). Le texte des Institutes est plus difficile à expliquer : on peut bien penser que la solution des XII Tables se référait non à la vente, contrat consensuel et contrat du *jus gentium*, et à la tradition, mais à la mancipation, attendu que la loi des XII Tables emploie maintes fois l'expression *emere vendere* dans le sens de *alienare* ; mais cela ne conduit pas à un résultat bien satisfaisant, comme l'a démontré M. Accarias (2). Aussi préférons-nous admettre que Justinien attribue à la disposition des XII Tables, en en supposant incontestable l'authenticité, un sens dérivant d'une interprétation bien ultérieure et différent de son sens primitif et inconnu. Le texte de Gaius (IV, 37), en nous

____

(1) *Contra*, Rudorff, *Zeitschrift für Rechtsgesch. von Rudorff etc...*, XIV, p. 460 sqq.

(2) Accarias, *Préc.*, 1, 2ᵉ éd., p. 516, note 1. En conséquence, M. Accarias admet que la loi des XII Tables consacrait la tradition parmi les modes d'acquérir. Cette manière de voir ne s'appuie que sur le texte des Institutes ; et, comme elle est démentie par tout ce qu'on sait sur l'histoire du droit romain à ces époques reculées et obscures, et qu'elle soulève contre elle les arguments les plus graves, nous assignons à l'apparition de la tradition dans le droit romain une date bien postérieure. Cf. Voigt, *op. cit.*, II, p. 543-544 ; Sumner-Maine, *op. cit.*, p. 48-49.

apprenant que l'action *furti* des XII Tables et l'action *legis Aquiliæ* ne sont devenues accessibles aux pérégrins que par la fiction de la cité, montre bien qu'à l'époque des XII Tables et même de la loi *Aquilia*, qui est de 408 selon les uns, de 467 selon les autres, le *jus gentium* était encore inconnu des Romains ; mais ce n'est là qu'un indice, et nous n'avons jusqu'ici qu'un résultat négatif. Pour arriver à un résultat positif, il faut considérer que les institutions du *jus gentium* appartiennent toutes sans exception, dès le début, au domaine des relations patrimoniales entre-vifs, et, en particulier, au cercle de ces rapports d'affaires qui sont l'âme même du commerce, par exemple, la vente, le louage de choses et le louage d'ouvrage, la société, le *fœnus nauticum*, le mandat, la gestion d'affaires, avec l'admission de la *conditio* et du *dies* dans les actes juridiques. Le *jus gentium* est donc, dès le commencement, dans la plus étroite connexion avec le commerce, et même doit être compris comme un vrai droit commercial. S'il en est ainsi, il faut placer la naissance du *jus gentium* au moment où le peuple romain passe de la période dans laquelle le commerce n'est qu'un négoce d'échange et un négoce de détail, ne consiste qu'en des relations d'affaires amenées par une circonstance particulière, isolées et transitoires, avec les nationaux ou les plus proches voisins, à la période du véritable commerce, c'est-à-dire du commerce en gros avec la vente pour levier, du commerce international dans ses relations continuelles et permanentes avec des nations lointaines. A la première période correspondent les traités qui établissaient le *commercium* et la *recuperatio* ; ils ne pouvaient suffire à la seconde, et la date de leur disparition est précisément celle où s'accomplit le passage de la première à la seconde période, la date même de la naissance du *jus gentium*. Le *commercium* et la *recuperatio* disparaissant des traités conclus par Rome, à la fin du v° et au commencement du vi° siècle, c'est à cette époque que naît le *jus gentium* (1). Un coup d'œil jeté sur le développement du commerce romain va confirmer cette donnée et la préciser du même coup.

(1) Voigt, *op. cit.*, II, p. 548-549 ; Cf. § 31.

C'est au V⁰ siècle, et non auparavant, qu'il faut placer le moment où le commerce romain acquit une réelle importance et devint un commerce digne de ce nom, un véritable commerce tel qu'il vient d'être défini. Il ne faut pas le placer auparavant, par la raison bien simple que les conditions nécessaires à l'existence de ce commerce ne se réalisèrent pas à Rome avant le v⁰ siècle : M. Voigt l'a très-savamment établi (1). Parmi les faits qui sont à relever, les plus frappants se produisent au vi⁰ siècle : ils attestent tous un mouvement d'affaires très-intense pour cet âge antique. C'est, avant tout, l'affluence vraiment extraordinaire des pérégrins à Rome. Ce fait n'est pas seulement démontré par la création de la préture pérégrine ; il ne repose pas simplement sur le témoignage vague et général, d'ailleurs un peu éloigné des événements, de Pomponius (D., 1, 2, 2, 28) : il est confirmé par bon nombre de renseignements spéciaux. Déjà, avant 550, l'immigration des Latins à Rome commence (*Liv.*, 39, 3) ; de 560 à 567, douze mille Latins viennent s'établir à Rome (*Liv.*, 39, 3) ; et, à côté d'eux, en 581, on mentionne d'autres *socii* comme *inquilini* de Rome (*Liv.*, 35, 7) ; les Latins sont expulsés en 567 ; dix ans après, on retrouve à Rome de nombreux *Latini* et *socii* (*Liv.*, 41, 8) ; une seconde expulsion a lieu (2) ; l'immigration ne se décourage pas ; en 581, nouveau rassemblement de *socii* et de *Latini*, d'où une troisième expulsion (*Liv.*, 42, 10) ; enfin, ce qui nous touche bien plus, en 587, nous rencontrons à Rome beaucoup de Grecs qui y ont leur domicile ou n'y sont que de passage, et de Carthaginois qui viennent y faire leur négoce. Or, tous ces étrangers de passage ne venaient à Rome que pour s'y livrer au commerce, y apporter leurs marchandises, et repartir avec un fret de retour ; quant aux pérégrins qui s'établissaient à Rome à demeure fixe, toute cette population vivait exclusivement du travail manuel, et surtout du commerce, tant du commerce en gros que du commerce de détail. C'est ensuite le témoignage de Tite-Live sur l'effet que produisit la victoire remportée sur

____

(1) Voigt, *op. cit.*, II, § 69-76.

(2) Nous avons déjà fait allusion à ces faits : les reprenant ici, nous les précisons en les appuyant sur le témoignage de Tite-Live et en renvoyant aux autres documents qu'indique M. Voigt.

Hasdrubal à Séna en 547 (*Liv.*, 27, 51). « *Statum quoque civitatis ca victoria movit ut jam inde, haud secus quam in pace, res inter se contrahere, vendendo, emendo mutuum dando, argentum creditum solvendo auderent* » ce qui indique un mouvement commercial assez actif pour l'époque. C'est encore Plaute, qui, dans l'*Amphitryon* (*Prol.*, 1. 15. 32), joué dès 559 ou 560, dépeint l'état florissant du commerce romain pendant la paix conclue en 557, avec Philippe de Macédoine. Enfin, bientôt après la fin de la seconde guerre punique, on dresse le plan de l'*Emporium*, des halles et des entrepôts de marchandises, tous édifices spécialement destinés au commerce d'outre-mer (1).

L'origine de ce mouvement, qui s'accuse comme d'une grande intensité au cours du vi^e siècle, ne remonte pas au-delà du ve : le système des banques fait son apparition à Rome de 406 à 424, plus particulièrement de 419 à 424 ; c'est donc précisément vers cette date que les relations commerciales commencent à se développer, car si l'existence de la banque suppose le commerce, le commerce a un impérieux besoin de la banque pour prospérer. Les changements profonds qui surviennent à la fin du ve siècle dans la monnaie romaine sont dus au développement des relations commerciales. Les réductions de l'as d'argent ne peuvent s'expliquer que par une augmentation très-considérable du prix du cuivre : or, ce phénomène implique que le cuivre était chargé à Rome comme fret de retour par le commerçant étranger ; par suite de la ruine du commerce étrusque, on cessa de tirer ce métal de l'Etrurie, et, d'ailleurs, Rome n'offrait au commerçant étranger pour fret de retour guère rien de mieux que le cuivre. L'introduction de la pièce de monnaie d'argent est due encore plus sûrement à l'essor que prend le commerce romain à la date où elle a lieu, c'est-à-dire en 485 (2). Le second traité que Rome conclut en 406 avec Carthage, stipule dans son article 7 une garantie juridique pour les marchands de Carthage et de Phénicie ; on peut en conclure que les ports romains, en 406,

____

(1) Sur tous ces points, Voigt, *op. cit.*, II, p. 593-595, et les notes.
(2) Voigt, *op. cit.*, II, p. 595-597, sur les banques ; p. 597-598, sur les changements opérés dans la monnaie.

commençaient à prendre de l'importance d'autant plus que le premier traité intervenu entre Rome et Carthage en 245 ne contenait pas de semblables stipulations ; le traité de 406 fut renouvelé en 448, preuve que cette importance s'accrut notablement entre ces deux dates (1). Vers la même époque, le commerce étrusque est ruiné, les villes maritimes de l'Étrurie, dépeuplées et presque désertes, descendent au rang des villes sans importance : le commerçant de Carthage et de Phénicie, de la Grande-Grèce, de Sicile et de Marseille s'en détourna pour naviguer sur Ostie et sur Rome, et y chercher un débit direct pour ses marchandises, qui jusqu'ici n'avaient eu accès à Rome que par l'intermédiaire de l'Étrurie (2). Du jour où le navire étranger aborda régulièrement à Ostie et à Rome, date vraiment l'importance commerciale de Rome. C'est enfin vers la même époque que s'accomplit un revirement dans les idées et dans les conceptions romaines : le mot *hostis* perd son acception primitive, et *peregrinus* signifie désormais ce qu'exprimait *hostis ;* la thèse étroite et barbare de l'exclusion de tout droit, qui s'appliquait à l'*hostis* dans le vieux sens, n'est maintenue que pour l'*hostis* dans le nouveau sens. Ce revirement fut sans doute hâté de la façon la plus puissante par les rapports que nouèrent à l'aide du commerce les pérégrins à Rome. L'influence de cet esprit hellénique si universel et si cosmopolite, se fit ici sentir et déroba toujours plus de terrain à la thèse de la privation de tout droit pour le pérégrin sur le territoire romain. Les villes maritimes que Rome soumit ou avec lesquelles elle forma d'étroites alliances durent exercer sur elles une semblable influence, car ces villes, grâce à leurs relations commerciales avec l'étranger, étaient sans doute arrivées au même degré de civilisation que les États de la Grande-Grèce (3).

Le développement du commerce romain, qui amène le navigateur étranger à Rome, le revirement qui s'accomplit

______

(1) M. Voigt, *op. cit.*, II, p. 598-602, donne le texte du traité de 406 d'après Polybe, et établit entre ce traité et celui de 245 (*Id., ibid.,* § 72, p. 575 sq.) une comparaison intéressante et significative.

(2) Voigt, *op. cit.*, II, p. 603-605.

(3) *Id., ibid.*, p. 606-610.

dans l'esprit populaire, le besoin, éveillé par ces deux phénomènes, d'une réglementation juridique plus large et mieux appropriée à la vie des affaires que celle du *jus civile*, devaient déjà, dans le courant du v° siècle, pousser à la constitution du *jus gentium* et acquérir encore plus d'importance et d'intensité pendant le vi° siècle. Mais il faut essayer d'arriver à une détermination plus exacte de la date de la naissance du *jus gentium*, et chercher, pour cela, dans cet intervalle, quelques points de repère. La loi *Aquilia* nous en a déjà fourni un : cette loi, rendue en 408, suivant les uns, en 467, suivant les autres (1), se tient uniquement sur le terrain du *jus civile* en matière de *damnum injuria datum*, ce qui nous autorise à croire à l'inexistence du *jus gentium* à la date de ce plébiscite. En 469, survient une série ininterrompue de guerres qui durent jusqu'en 512 : ce sont d'abord les guerres avec les Gaulois Cispadans et les Étrusques (469-472) ; puis les guerres avec les Samnites, la Basse-Italie, Pyrrhus, l'Ombrie et l'Étrurie (472-489). Vient enfin la première guerre punique (498-512). Ces luttes concentrent et absorbent toute l'attention de Rome et de ses magistrats ; elles jettent le plus grand trouble dans les transactions civiles et surtout dans les transactions commerciales. Il faut donc reporter l'origine du *jus gentium* à une date postérieure à la période qui court de 469 à 512. Mais, en 512, la première guerre punique prend fin ; le commerce romain se relève aussitôt, prend même un nouvel essor, car Rome sort agrandie et plus puissante de cette longue suite de guerres. La grande affluence des étrangers commence, la préture pérégrine est instituée. C'est dans la période qui suit de très-près 512 que nous devons placer la date de la naissance et de la constitution du *jus gentium*. Rome acquiert la Sicile carthaginoise en 512, la Sardaigne en 516 ; entre ces provinciaux, surtout entre les Siciliens et les Romains, il y a un commerce très-animé dans l'enceinte même de Rome. Pour régler ces relations, il était urgent de créer ou du moins de tirer des usages commerciaux un droit approprié aux besoins du commerce ; et

(4) M. Accarias, *Préc.*, II, p. 644, donne 408 comme date de la loi *Aquilia* ; M. Voigt donne 467 (II, p. 617 ; Cf. not. 243).

le résultat auquel tendaient déjà les autres causes fut encore accéléré par celle-ci (1).

C'est donc immédiatement après la création de la préture pérégrine qu'apparaît le *jus gentium*. Ces deux faits, création de la préture pérégrine, apparition du *jus gentium*, sont dus, sans doute, à une seule et même cause, le développement du commerce romain, suivi d'un élargissement des idées et des conceptions romaines et de l'affluence des pérégrins à Rome. Par là même, il y a entre eux une connexion étroite et nécessaire : ce sont, à tout le moins, deux faits presque contemporains et parallèles, issus tous les deux du même état de choses. Mais il y a plus que cette communauté d'origine, plus que ce synchronisme, plus que ce parallélisme. On pressent que le préteur pérégrin est pour quelque chose dans la constitution du *jus gentium*, et on l'a toujours affirmé. Il s'agit de préciser et de justifier cette affirmation, en montrant qu'elle ne repose pas sur un simple pressentiment.

67. — Dans sa teneur originaire, le *jus gentium* ne régit que les rapports des pérégrins entre eux ou avec les Romains, non ceux des *cives Romani* entre eux. Il doit être défini dans la première période de son existence : un droit privé international, réglant les rapports des pérégrins entre eux ou avec les Romains sur le fondement de la *libertas* inhérente au sujet de ces rapports (2). Assurément, c'est d'une sorte de droit international privé qu'il est question, plutôt que d'un droit international privé proprement dit au sens moderne du mot : et en effet, la science que l'on appelle ainsi, qui commence à peine à se constituer de nos jours, n'existe pas encore chez les Romains, pas même aux plus belles années de la jurisprudence classique, encore moins au VI° siècle de Rome ; de plus, et surtout, le *jus gentium* avait en vue non les relations nouées sur le territoire ro-

---

(1) Voigt, *op. cit.*, II, p. 617-619. — M. Voigt, p. 619-621, place la Publicienne en 516 ou en 519, et voit en elle le premier début du *jus gentium* : c'est tenir pour certaine ou vraisemblable, une date très-problématique, et, de plus, commettre une exactitude sur le caractère réel et originaire de la Publicienne.

(2) Puchta, *Inst.*, 8° éd., I, § 84, p. 206-209 ; Voigt, *op. cit.*, II, § 84, p. 657-662.

main entre eux ou avec des citoyens, par des étrangers membres d'États souverains et indépendants, mais uniquement les rapports formés entre eux-mêmes ou avec des citoyens par les *pérégrins*, c'est-à-dire par les membres de peuples sujets ou alliés, *lato sensu* (*socii, amici, hospites*) de Rome. Cette réserve faite, le *jus gentium*, à l'origine, est un droit international privé, et n'est que cela. Que tel ait été le caractère originaire et tout d'abord exclusif du *jus gentium*, c'est ce qui résulte de la cause même qui provoqua la constitution de ce droit et des besoins auxquels il était destiné à donner satisfaction. Les relations entre citoyens romains étaient réglées d'une façon qui suffisait à leur état actuel, au moment de la constitution du *jus gentium*. Au contraire, les relations entre pérégrins ou entre Romains et pérégrins manquaient d'une protection suffisante, et il n'existait pas de règles suivant lesquelles on pût juger les difficultés dont ces relations étaient l'occasion : il fallait aviser, et c'est ce qu'on fit en constituant le *jus gentium*. Ce droit fut donc inventé et créé uniquement pour régler les rapports internationaux; c'est à eux qu'il s'adressa et c'est eux qu'il voulut protéger : le *jus gentium*, dans sa destination première, laissant de côté les rapports qui relèvent du *jus civile* et qui trouvent en lui leur règle et leur sanction, est exclusivement un droit international, soit que, dans le domaine des relations patrimoniales entre-vifs nées d'un acte licite, il s'atteste comme un vrai droit commercial, réglant les rapports commerciaux entre pérégrins et entre Romains et pérégrins, soit que, dans la matière des délits privés, il protége la personne et les biens du Romain contre les atteintes venant d'un pérégrin, ou la personne et les biens d'un pérégrin contre les atteintes venant d'un pérégrin ou d'un Romain. Suscité par un besoin international, le *jus gentium* fut, au début, un droit international (1).

(1) Sans prétendre en tirer un argument décisif, nous ferons remarquer que l'expression *jus gentium* a sous la plume des historiens de la République, Tite-Live, Quinte-Curce, Salluste, et d'autres écrivains, tels que Sénèque, un sens que semblent à peine connaître les jurisconsultes de l'Empire : celui de droit international. Ce fait, en général négligé, est relevé avec soin par M. Voigt (*op. cit.*, II, p. 24-25 ; Cf. I, App. I, note 1, p. 544 ; II, p. 659 sqq.*)*, par M. Egger (*op. cit.*, p. 173-

C'est ce caractère originaire du *jus gentium* qui peut expliquer dans une certaine mesure ce phénomène étrange, unique dans l'histoire du droit des peuples de l'antiquité classique, unique peut-être dans l'histoire universelle du droit, que le *jus gentium* forma à Rome un droit à part et indépendant et ne fut jamais considéré par les Romains comme le fils légitime de leur génie, pas même après être devenu un droit applicable aux rapports des citoyens entre eux. Sans doute, ce phénomène, dont les preuves abondent — c'est, par exemple, Papinien, qui qualifie le *jus civile* de *jus nostrum*, par opposition au *jus gentium* (D., 48,5, 38, 2) — tient, avant tout, à ce trait distinctif du caractère romain, à cette opiniâtre fidélité aux institutions traditionnelles, qui préférait accueillir de nouvelles règles et de nouvelles institutions à côté des anciennes, au lieu de modifier et d'élargir celles-ci ; mais il peut tenir aussi à ce fait que le *jus gentium* fut primitivement un droit étranger aux rapports des *cives* entre eux et ne concernant que les rapports des *peregrini* ou des *cives* et des *peregrini*.

68. — Le *jus gentium* étant ainsi compris dans son caractère originaire, avec quels éléments fut-il constitué?

Suivant Puchta, les matériaux qui ont servi à élever l'édifice du *jus gentium* ont été tirés des législations nationales des pérégrins ; la base du *jus gentium* ou droit général des pérégrins d'après lequel sont jugés les rapports juridiques auxquels ne s'applique pas le *jus civile*, c'est un amalgame des *jura civilia* des pérégrins; seulement, ces *jura civilia* ont été modifiés et élargis en divers sens suivant le besoin d'une application plus générale et ont subi l'influence des conceptions romaines sur le *quid æquius* et le *quid utilius* (1).

Voici quelle est l'origine du *jus gentium*, d'après M. Sumner-Maine, et voici quels sont les éléments avec lesquels il

175), et par M. Müller Jochmus, faut-il ajouter d'après M. Egger, qui le cite. — Ajoutons, avec M. Egger, qu'il est intéressant de voir Tite-Live (4, 1 ; 7, 6) nous représenter les patriciens invoquant le *jus gentium* contre les envahissements de l'ambition plébéienne, « comme si, dit l'éminent professeur, dans leurs rivalités journalières avec la noblesse, les plébéiens agissaient à titre de nation distincte. »

(1) Puchta, *op. cit.*, I, § 84, p. 205-209.

fut constitué, d'après le même auteur : « L'établissement de la juridiction entre étrangers et entre citoyens et étrangers emportait avec lui la nécessité immédiate de trouver quelques principes d'après lesquels on pût juger et ceux que les juristes romains appliquèrent caractérisent bien l'époque. Ils ne voulurent pas décider ces nouveaux procès d'après le droit civil romain. Ils ne voulurent pas non plus, sans doute parce qu'ils voyaient une espèce de dégradation, appliquer le droit de l'État d'où venait le plaideur étranger. L'expédient auquel ils recoururent fut de choisir des règles de droit communes à Rome et aux différents États italiens dans lesquels les immigrants étaient nés..... Chaque fois qu'on voyait un usage admis par un grand nombre de tribus italiennes, on le considérait comme une part du droit commun à *toutes les nations*..... Ces tribus étaient *toutes les nations* que les Romains avaient le moyen d'observer et qui envoyaient des immigrants sur le territoire romain. Ainsi, bien que le transfert de propriété fût certainement accompagné de formes différentes dans les diverses républiques situées autour de Rome, le transfert effectif, tradition ou remise de l'article transféré, faisait partie de la procédure dans toutes ces républiques. Ce fut, par exemple, une partie secondaire, il est vrai, dans les formes de la mancipation ou transfert particulier aux Romains. La tradition, par conséquent, étant probablement la seule condition commune dans les modes de transfert que les jurisconsultes avaient sous les yeux, fut considérée comme une institution *juris gentium* ou règle de droit commune à toutes les nations. Par conséquent, le *jus gentium* fut la collection des règles et des principes que l'observation signalait comme communs aux institutions qui régissaient les diverses tribus italiennes (1). » M. Sumner-Maine ajoute que « les circonstances dans lesquelles est né le *jus gentium* suffisent pour nous préserver de l'erreur de croire que les juristes romains eurent pour ce droit un respect particulier. Ils l'avaient admis en partie par dédain pour toute loi étrangère, en partie pour ne pas donner à l'étranger les avantages de leur droit civil indigène. Le *jus gentium* était simplement un

(1) Sumner-Maine, *L'ancien droit*, trad. Courcelle-Seneuil. p. 47-49,

système que la nécessité politique imposait au Romain des premiers temps. Il l'aimait aussi peu que les étrangers des institutions desquelles il sortait et pour l'avantage desquels il avait été établi. Il fallait une révolution complète de ses idées pour qu'il respectât ce droit, et, lorsque cette révolution s'accomplit, elle fut si complète que, si nous apprécions le *jus gentium* tout autrement que le Romain primitif, c'est parce que le droit et la philosophie modernes ont hérité des opinions des jurisconsultes romains postérieurs. Il vint un temps où le *jus gentium*, considéré d'abord comme un ignoble appendice du droit civil, fut regardé comme le grand modèle auquel tout droit devait se conformer autant que possible (1). »

Assurément, les débuts du *jus gentium* ont été modestes, et on l'a si souvent méconnu qu'il était bon de le rappeler ; mais M. Sumner-Maine a fait ces débuts par trop modestes. Tout d'abord, il est exagéré de dire que les Romains n'ont vu dans le *jus gentium* que l'ignoble appendice du droit civil ; sans doute, le droit civil avait aux yeux des Romains un prestige qui ne pouvait appartenir au *jus gentium*, mais comme ce droit n'était pas applicable aux seuls pérégrins, mais aussi aux Romains dans leurs rapports avec les pérégrins, il serait tout à fait étrange et inexplicable que le Romain primitif lui-même eût eu pour ce droit le souverain mépris que M. Sumner-Maine se plaît à lui attribuer. Ensuite, la constitution du *jus gentium* n'est pas due uniquement au dédain que les Romains du vi° siècle de Rome éprouvaient pour la loi étrangère et à la répugnance hautaine et invincible qu'ils avaient à communiquer leur droit civil aux étrangers. Que les Romains aient écarté l'admission de la loi étrangère et aient reculé devant la communication de leur droit civil aux étrangers, cela cadre très-bien avec le caractère strictement national du droit comme de la religion chez les peuples de l'antiquité primitive ; mais il faut en chercher la cause la plus tangible dans l'impuissance de tout droit civil, soit étranger, soit romain, à donner satisfaction aux besoins éveillés par un commerce international : avant de faire du droit civil romain un droit adéquat aux nécessités

____

(1) Sumner-Maine, *op. cit.*, p. 49-51.

de la vie des affaires commerciales, il eût fallu jeter par
dessus bord son formalisme et ses cérémonies ; si large
qu'on veuille la supposer, toute loi étrangère eût été, elle
aussi, trop étroite. Et, d'ailleurs, quelle loi appliquer aux
rapports entre deux pérégrins de nationalité différente,
entre un Romain et un pérégrin ? Il y eût eu là des difficultés que la science moderne n'a pu encore complètement
résoudre. Enfin, il est inexact que le *jus gentium* ait été
construit exclusivement à l'aide d'éléments tirés du droit
des diverses tribus italiennes. Le droit de ces tribus, il est
vrai, était, mieux que tout autre, connu des Romains ; c'est
à lui qu'ils empruntèrent beaucoup des matériaux avec lesquels fut édifié le *jus gentium*. Mais, nous l'avons vu, ce
n'étaient pas seulement des Italiens qui affluaient à Rome au
VI° siècle : le commerçant phénicien, carthaginois, massiliote et grec venait y chercher et y trouvait le débit de sa
riche cargaison. Les Romains s'inquiétèrent peu, nous le
voulons bien, de s'enquérir curieusement des règles du
droit national de ces différents peuples : il n'en est pas
moins vrai que de ces relations véritablement internationales dont Rome était le théâtre, se dégagèrent des usages
commerciaux, et ce sont eux qui nous apparaissent comme
les principaux éléments avec lesquels fut façonné le *jus
gentium* (1).

Mais, ici, il faut préciser, et pour cela distinguer dans
le *jus gentium* le droit des délits privés, et celui des affaires
ou droit commercial. Le droit des délits privés fut emprunté
au *jus civile*, et les actions *ex delicto* furent données pour
ou contre le pérégrin au moyen d'une fiction de la cité.
Cette transplantation dans le *jus gentium* de la partie du
jus civile relative aux délits privés était tout indiquée : le
furtum, le *damnum injuria datum* ne pouvaient demeurer

____

(1) M. Courcelle-Seneuil reproche à M. Sumner-Maine de n'avoir pas
« tenu assez de compte de l'énorme importance de l'usage commercial. » Sumner-Maine, *op. cit.*, *Introd. du traducteur*, p. XVI. M. Courcelle-Seneuil ajoute que l'auteur de *L'ancien droit*, s'est montré « trop
jurisconsulte en cela. » — Il faut bien convenir que les jurisconsultes
n'ont pas en général attaché à l'usage commercial l'importance qu'il
mérite, mais il s'en faut que tous soient tombés dans la même erreur :
on peut s'en convaincre en lisant l'ouvrage fréquemment cité de
M. Voigt, notamment II, § 79, p. 625-631 ; § 82.

impunis par cela seul qu'ils émanaient d'un pérégrin ou étaient dirigés contre un pérégrin. Le *jus civile* accordait l'action *furti* et l'action *legis Aquiliæ* au citoyen contre le citoyen ; on introduisit dans la formule de ces deux actions une fiction qui revêtait le pérégrin de la qualité de citoyen, et elles devinrent *juris gentium*, en ce sens qu'elles protégèrent et atteignirent le pérégrin. Il en fut de même de l'action *injuriarum*, selon toute vraisemblance, jusqu'au moment où elle devint prétorienne ; cette transformation de l'action civile d'injures en action prétorienne était un fait accompli dès 584, comme le prouve le *S.-C. de Thisbœis*; et, à moins de la placer très-peu de temps après la création de la préture pérégrine, on doit admettre que l'action *injuriarum* fut donnée *ficta civitate* au pérégrin et contre lui, aussi bien que les deux actions pour lesquelles nous avons le témoignage précis et formel de Gaius (IV, 37). L'action *vi bonorum raptorum* fit son apparition dans l'Édit du préteur pérégrin ; elle fut donc dès son invention délivrée directement au pérégrin et contre lui. Ainsi, la partie du *jus gentium* relative aux délits privés fut tirée du *jus civile* ; elle fut complétée et réglementée à nouveau par le préteur, mais c'est le *jus civile* qui en fournit l'étoffe. — Le droit des affaires ou droit commercial a une tout autre origine. Le transport au pérégrin du *jus civile* avec ses règles sur les actes juridiques et avec les actions qu'il en faisait dériver, eût été absolument impropre à satisfaire les exigences du commerce, qui ne pouvait s'accommoder dans ses allures simples et rapides du formalisme compliqué et des cérémonies plus ou moins longues du *jus civile*. Il fallait un nouveau droit à la fois commercial et international. Avec quels éléments ce droit fut-il constitué? Dans la vie commerciale qui s'agitait à Rome, se firent jour certaines règles sous forme d'usages ou d'usances ; ces règles n'avaient, tout d'abord, aucun caractère obligatoire, mais les commerçants s'y soumettaient d'eux-mêmes, comme si elles eussent constitué un droit proprement dit ; en un mot, le commerce dont Rome était le siége avait donné naissance à de véritables usages commerciaux. Ces usages fournirent pour la création du *jus gentium* les éléments les plus précieux ; c'est en les coordonnant, en précisant les règles qui s'en dégageaient, et en munissant les règles ainsi obtenues et précisées d'une action en justice, qu'on put former le *jus gentium* dans sa partie commerciale. Le droit des tribus italiennes fut bien pour quelque chose dans la formation de ce nouveau droit commercial et international, mais les usages commerciaux nés à Rome de relations déjà presque cosmopolites y entrent pour la plus large part.

69. — Tels étant les matériaux qui ont servi à l'édification du *jus gentium*, la question de savoir qui les assembla et les mit en œuvre se trouve par le fait même résolue en ce qui touche le droit des délits privés.Ici, l'on reconnaît sans effort le droit du préteur pérégrin : c'est ce préteur qui rédigea et proposa dans son Édit les formules fictices au moyen desquelles on put accorder aux pérégrins et délivrer contre eux les actions *ex delicto* que consacrait le *jus civile*; c'est dans son Édit que vit le jour l'action *vi bonorum raptorum* ; c'est aussi son Édit ou celui de son collègue, le préteur urbain, qui créa l'action prétorienne *injuriarum* : Quant à la partie commerciale du *jus gentium*, l'influence du préteur pérégrin est moins palpable ; mais elle n'en est pas moins réelle, et elle s'accuse avec d'autant plus d'originalité qu'ici il ne s'agit plus de calquer le *jus civile* ou de le compléter en des points isolés.Elle est moins palpable. En effet, d'une part, parmi les actions du *jus gentium*, les jurisconsultes de l'époque classique en attribuent un bon nombre, et des plus importantes, au *jus civile* par opposition au *jus honorarium*, telles que les actions nées de l'*emptio venditio*, de la *locatio conductio*, de la *societas*, du *mandatum*, du *mutuum*, du *depositum*, du *commodatum* et du *pignus :* ce qui semble bien indiquer que le préteur, en proposant dans son *album* les formules de ces actions, ne s'en considérait pas comme le créateur, mais comme le dispensateur, et que son rôle se borna à consacrer des postulats déjà proclamés comme droit par les *mores* ou la *consuetudo* et par les *responsa prudentium* (1). D'autre part, on ne sait si les actions prétoriennes, dont l'invention est due à l'Édit, telles que les actions *de constituta pecunia, de jurejurando, de dolo, quod metus causa, exercitoria, institoria,* l'action quasi-servienne, et d'autres

____

(1) Voigt, *op. cit.*, II, p. 629 ; p. 630.

encore, proviennent de l'initiative du préteur pérégrin ou de celle du préteur urbain. Mais cette influence n'en est pas moins réelle. Bien des actions qui, plus tard, devinrent des actions civiviles, furent sans doute tout d'abord délivrées comme actions *in factum* par le préteur pérégrin. A côté de cette conjecture générale, on peut placer la conjecture spéciale qui a été faite pout les actions *commodati* et *depositi* : à l'époque classique, il y a deux formules pour chacune de ces actions, l'une *in jus*, l'autre *in factum* (*Gai.*, IV, 47) ; de toutes les explications qu'on a données de la coexistence de ces deux formules, la plus satisfaisante est encore celle qui prétend que le dépôt et le commodat auraient commencé par être de simples pactes prétoriens, par conséquent n'auraient donné lieu qu'à des actions *in factum* ; puis, qu'à l'époque où ils seraient devenus des contrats sanctionnés par des actions *in jus*, les actions *commodati* et *depositi in factum* se seraient maintenues par la force de l'habitude (1).

(1) Cf. notamment Accarias, *Préc.*, p. II, p. 927, note 1. — En France, M. Alb. Desjardins a développé avec talent et sagacité cette ingénieuse conjecture. La conclusion de son intéressante dissertation sur *Les deux formules des actions depositi et commodati*, est celle-ci : « Si nous avons retracé fidèlement l'histoire des actions *depositi* et *commodati*, elle offre comme une image réduite de l'histoire de la procédure romaine. C'est le préteur pérégrin qui introduit le premier les formules pour régler les rapports des étrangers entre eux ou avec les Romains. Ces formules sont nécessairement rédigées *in factum*. Le droit civil ne peut pas servir à trancher les rapports des personnes qu'il ne régit pas. Il vient un moment où les Romains eux-mêmes abandonnent leur système ancien et sans doute national pour adopter un système plus expéditif et plus commode, qu'ils trouvent établi près d'eux par un des magistrats chargés de l'administration de la justice. Alors le droit civil s'approprie et modifie pour son usage une procédure exclusivement prétorienne : il change la rédaction des formules, notamment pour les contrats dont il a, de longue date, reconnu l'existence ; elles sont désormais rédigées *in jus*. L'œuvre de la législation n'est pas encore complète. Des changements et des additions y seraient nécessaires, à cause des besoins nouveaux d'une vie chaque jour plus compliquée. Mais, si le droit civil n'est pas fermé, du moins n'est-il susceptible de s'ouvrir qu'à de rares intervalles. L'édit, au contraire, reste constamment ouvert aux innovations qu'impose la nécessité ou que recommande l'utilité. Le préteur attache une sanction à des faits qui, malgré leur analogie avec des contrats, n'eussent pas été protégés par une action *in jus*. Ces faits, à la longue, deviennent eux-mêmes des contrats, l'action *in jus* s'ajoute à l'action *in factum*, et l'œuvre du droit prétorien passe dans le droit civil, pour recevoir la forme définitive sous laquelle elle doit

Seulement, ici, on ignore absolument si les formules *in factum* des actions *depositi* et *commodati* sont dues au préteur pérégrin, et il faut bien avouer qu'il n'y a aucune raison sans réplique pour les attribuer plutôt à celui-ci (1).

Sans nous égarer plus longtemps dans ces considérations au caractère conjectural, il est certain que personne n'était mieux placé que le préteur pérégrin pour connaître ces usages commerciaux dont la réunion et la conversion en règles juridiques constitua le *jus gentium*, ou du moins la partie commerciale du *jus gentium* ; c'est devant lui qu'ils étaient invoqués ; c'est au tribunal du préteur pérégrin et en leur qualité d'assesseurs de ce magistrat, que les jurisconsultes pouvaient le mieux en constater la portée exacte. Sans doute, il y a dans la constitution du *jus gentium* une part à faire à l'*auctoritas prudentium*, comme organe de la coutume et source du droit coutumier ; mais l'influence du préteur pérégrin qui, lui aussi, est un organe de la coutume, si elle ne peut être nettement déterminée, s'annonce

nous parvenir. » Dissertation citée, *Mélanges*, p. 19-20, *Extrait de la Rev. de Droit franç. et étr.*, n° de mars-avril 1867. Tout récemment, M. Moriz Wlassak, Privat-docent à Vienne, a dans une remarquable monographie intitulée : « *Zur Geschichte der Negotiorum Gestio* », adopté le même point de vue. Suivant M. Wlassak, la *Negotiorum Gestio* a son origine dans l'Édit du préteur : elle a fait son apparition dans l'Édit avec une formule *in factum* ; puis elle a passé dans le *jus civile* : une formule *in jus* a été substituée à la formule *in factum*. Wlassak, *Zur Geschichte der Negotiorum Gestio*, Iéna, 1879, p. 13-23. « Un assez grand nombre d'institutions de droit privé, ajoute l'auteur (*ibid.*, p. 197), parmi lesquelles figure la *Negotiorum Gestio,* ont leur origine dans l'Édit prétorien, mais ont été accueillies par le droit civil dans le cours du temps. Cette évolution est déjà terminée à l'époque des derniers jurisconsultes classiques : le passage du droit prétorien dans le droit civil s'est effectué dans la plupart des cas par la coutume sous la direction des prudents. Ce phénomène explique la coexistence d'actions prétoriennes et d'actions civiles de bonne foi, et la question célèbre des formules doubles. La formule *in factum concepta* est la plus ancienne ; à sa place, ou à côté d'elle, se rencontre, depuis la réception de l'institution dans le droit civil, une formule avec une *intentio juris civilis*. » On attend de M. Wlassak une seconde étude sur les rapports du droit civil et du droit prétorien. V. compte-rendu de l'ouvrage précité par M. H. Blocher de la Fléchère, R. D. I., 1879, p. 453-454.

(1). L'Édit du préteur pérégrin nous apparaît d'une manière générale comme l'avant-garde du droit romain, de ses innovations et de ses progrès. Mais, de là, à conclure que dans tel cas spécial l'impulsion première ne fut pas donnée par le préteur urbain, il y a un abîme.

comme considérable, et très-vraisemblablement comme prépondérante tout à fait à l'origine du *jus gentium* en tant que droit commercial.

L'apparition du *jus gentium* à Rome forme dans l'histoire de la Ville éternelle un moment d'une importance capitale : le *jus gentium* écartait théoriquement d'une manière directe et radicale, l'antique principe de la privation de droit du pérégrin (1) ; en même temps, il préparait et hâtait l'avénement du point de vue universel dans les conceptions juridiques romaines. On entrevoit par là que la constitution du *jus gentium* eut des suites d'une très-grande portée, et qu'en reconnaissant en partie dans la constitution de ce droit l'œuvre du préteur pérégrin, on attribue à ce magistrat une influence considérable sur le développement et les progrès ultérieurs du droit romain.

70. — Au début, les domaines respectifs du *jus civile* et du *jus gentium* sont nettement séparés ; le *jus civile* est un droit national, régissant uniquement les rapports des *cives Romani* entre eux ; le *jus gentium* est un droit international, étranger aux rapports des *cives Romani* entre eux. Mais cette limite s'effaça de bonne heure devant l'accroissement et l'extension des besoins sociaux : le *jus civile* ne suffisant plus aux exigences des relations entre *cives*, le *jus gentium* déborda sur le domaine de ces relations, et envahit le terrain sur lequel avait jusqu'ici régné sans partage le *jus civile*. Les Romains avaient goûté en quelque sorte du *jus gentium*, dans leurs rapports avec les pérégrins. Pourquoi les principes de ce droit ne leur auraient-ils pas été applicables, même en dehors de leurs rapports avec les pérégrins ? Il n'y avait, comme l'a dit Puchta (2), qu'un petit pas à faire pour reconnaître dans le *jus gentium* un droit général même pour les Romains, et pour conclure : « *quod civile non idem continuo gentium, quod autem gentium idem civile (sc. civium) esse debet.* » (*Cic., de off.*, 3, 17). Le *jus gentium* devint ainsi un droit privé *anational*, qui régla les rapports de tous les hommes libres, Romains et pérégrins, sur le fon-

(1) Voigt, *op. cit.*, II, § 87, p. 676.
(2) Puchta, *op. cit.*, I, p. 207.

dement de la *libertas* qui leur est inhérente (1). Dès ce moment, le préteur urbain exerça une influence sur le développement du *jus gentium*, qui fut sanctionné désormais par son Édit, comme droit applicable aux Romains, et simultanément et parallèlement par l'Édit du préteur pérégrin, comme droit régissant les rapports des pérégrins entre eux ou avec les Romains. Toutes les dispositions du *jus gentium* qui faisaient leur apparition dans l'un de ces Édits, ne pouvaient tarder à passer dans l'autre, et les deux préteurs de la ville conspirèrent pour le perfectionnement et l'universalisation du droit romain. Il est toutefois bien vraisemblable que, n'ayant rien à faire avec le *jus civile* et libre de toutes ses entraves, le préteur pérégrin fut plus prompt que le préteur urbain à accueillir dans son Édit les institutions d'origine étrangère, surtout d'origine hellénique, ou celles qui surgissaient à Rome du sein des relations internationales, et que c'est à lui qu'il faut rapporter les innovations les plus heureuses et les plus profondes : par la nature même de ses attributions et de sa compétence, il était fait pour être le promoteur des réformes et des progrès. Mais toute conquête de l'un des préteurs de la ville était acquise à l'autre, et les deux Édits influèrent et réagirent l'un sur l'autre, de la manière la plus large et la plus féconde (2).

Après avoir marqué la transformation du *jus gentium* d'un droit *international* en un droit *anational*, d'un droit destiné aux pérégrins et à leurs rapports entre eux ou avec les citoyens romains en un droit qui étend désormais son empire sur tous, citoyens ou pérégrins, essayons d'en retracer brièvement les plus importants progrès, sachant que le préteur pérégrin y a une part certaine, quoique difficile à préciser exactement.

71. — Droit essentiellement commercial à l'origine, le *jus gentium* commença de bonne heure à se soumettre le domaine des relations patrimoniales entre-vifs, aussi bien d'ordre civil que d'ordre commercial. Marchant de progrès

____

(1) Voigt, *op. cit.*, II, p. 662.
(2) Cf. Kuntze, *Cursus*, 2e éd., 1879, § 190, p. 114-115. — Pour être ouvert à toutes les influences du dehors, le préteur pérégrin n'en était pas moins versé dans la connaissance du vieux droit national. Kuntze, *l. c.*

en progrès, il a, au temps de Cicéron, envahi à peu près tout le droit des obligations ; de plus, il existe un mariage du droit des gens auquel sont attribués un certain nombre des effets du mariage civil romain. C'est à ce moment où le *jus gentium* a déjà entamé sérieusement la sphère du *jus civile*, que se font jour les théories spéculatives des Romains sur le *jus gentium* : il est conçu, d'abord, comme le *jus quo omnes gentes utuntur*, puis, comme le *jus quod naturalis ratio inter omnes homines constituit*, ou plus simplement *jus naturale*.

Quand il y eut à Rome des institutions juridiques communes aux Romains et aux pérégrins, les Romains durent s'apercevoir sans difficulté que ces institutions se retrouvaient chez tous les peuples, au moins dans leur principe : ils s'élevèrent ainsi à l'idée abstraite d'un droit commun aux Romains et à tous les peuples, et ils virent un *jus quo omnes gentes utuntur* dans le *jus gentium* qui, après tout, était un droit applicable indistinctement aux *cives* et aux pérégrins, un *jus commune omnium liberorum hominum*. Cette conception du *jus gentium* comme d'un *jus quo omnes gentes utuntur*, ne pouvait être rigoureusement exacte : d'abord, les Romains ne connaissaient pas tous les peuples ; ensuite, ils ne s'étaient pas curieusement enquis de savoir si chacun des principes du *jus gentium* était réellement admis chez tous les peuples qu'ils connaissaient (1). De plus, cette conception n'est qu'une simple vue de l'esprit, dont l'application pratique pourrait induire en erreur : le Massiliote et le Parthe peuvent intenter devant le préteur pérégrin l'*actio empti* ou l'*actio furti* et y défendre ; ils ne peuvent intenter l'*actio tutelæ* ou la *petitio hereditatis* ni y défendre (2).

Mais, ce caractère de généralité relative une fois attribué au *jus gentium*, on dut remonter à son origine et on la trouva dans la *naturalis ratio*, c'est-à-dire dans les idées de droit naturellement communes à tous les hommes : on se contenta, dit Savigny, de poser cette origine comme principe, sans en poursuivre les conséquences et soumettre chacune des rè-

(1) Savigny, *Système*, trad. Guénoux, I, § 22, p. 106.
(2) Voigt, *op. cit.*, II, § 107, p. 839.

gles du *jus gentium* à un examen rigoureux (1). Il n'en est pas moins vrai que la théorie grecque du droit naturel, en passant à Rome, y féconda le droit (2) ; ce droit naturel, que

(1) Savigny, *op. cit.*, I, p. 107.

(2) Sumner-Maine, *op. cit.*, p. 55 ; *Introd.* de M. Courcelle-Seneuil, p. XV ; p. XVIII. — On sait combien a été profonde l'influence de la philosophie grecque sur la philosophie romaine, qui manque absolument d'originalité. Dans tous les domaines, Rome a été pénétrée par l'esprit grec. De très-bonne heure, l'hellénisme, « cette résultante des civilisations particulières des peuples groupés autour du bassin de la Méditerranée », comme le définit M. Voigt, *op. cit.*, II, p. 635, ce produit de la fusion de la civilisation asiatique et de la civilisation grecque, attesta son influence dans le domaine du culte et de la foi religieuse, dans celui de la poésie et de l'art plastique, et agit profondément sur les idées populaires et les mœurs romaines (Voigt, *ibid.*, p. 640-641, note 779) ; il ne pouvait manquer d'exercer une influence égale sur le droit. Selon la remarque fort juste de M. Voigt (*ibid.*, p. 642-643), loin de contester l'influence de la civilisation hellénique sur le droit de Rome, il faudrait plutôt expliquer comment le droit romain ne fut pas encore plus affecté par l'hellénisme, et put conserver sa vie propre et indépendante. Or, ce fait s'explique sans trop de difficulté, si l'on songe que le *jus gentium* fut, dès le début, conçu et mis à part comme un droit essentiellement différent du *jus civile*, du « vrai droit des naturels Romains », pourrait-on dire en appliquant au droit propre des Romains l'expression par laquelle Pothier désigne le droit coutumier français, et que la fidélité opiniâtre des Romains aux traditions du passé leur prêta une très-grande force de résistance contre des innovations extrêmes dans la constitution politique et dans le droit. C'est l'influence de la civilisation étrangère, surtout de la civilisation hellénique, sur Rome, qui peut seule expliquer l'extension croissante du domaine du *jus gentium* et le développement de ce droit en principes entièrement nouveaux et directement opposés à ceux du *jus civile*. Cette influence fut singulièrement facilitée et accrue par les deux événements qui, après l'apparition du Christianisme, agirent le plus profondément sur la vie antique : la conquête de l'Orient par Alexandre-le-Grand et l'assujettissement de l'*orbis terrarum* par les Romains. Les barrières qui jusqu'alors avaient isolé les peuples tombèrent devant l'élan irrésistible que ces deux événements imprimèrent au commerce et aux relations internationales. Désormais les éléments ethniques les plus éloignés et les plus opposés sont mis en contact les uns avec les autres : d'après de Guignes (*Mém. sur les liaisons et le commerce des Romains avec les Tartares et les Chinois, Acad. des Inscript. et B. Lettres*, tom. 32, p. 355 sqq.), les sources chinoises démontrent que sous Marc-Aurèle les Romains et les Chinois eurent ensemble des relations, vraisemblablement des relations commerciales. Par la connaissance des institutions et des usages étrangers, par l'échange des idées, l'horizon de la pensée s'élargit et s'élève. Dans ce commerce universel, Rome est surtout en rapport avec les peuples helléniques : c'est l'esprit hellénique, avec ses tendances cosmopolites, qui transforme la conception juridique romaine, l'affranchit de ses vieux préjugés et lui ouvre de nouvelles perspectives. L'hellénisme va jusqu'à fournir direc-

les Romains n'ont point rattaché à un.état primitif du genre
humain, est le droit idéal, le vrai droit et la pure justice
« *Verum jus germanaque justitia* » (*Cic.*, *de off.*, 3, 17), ou
bien le *jus natura constitutum*, ou encore le *jus naturale*.
Les expressions *jus naturale* et *jus gentium* sont, en général,
considérées comme synonymes (*Inst.*, II, 1, 11 ; *Cic.*, *de off.*,
3, 5. 17 ; *Gai.*, I, 1 ; II, 65 sqq.), parce qu'il est présumable
que les institutions répandues chez tous les peuples sont les
plus rationnelles et les plus conformes à la nature humaine ;
toutefois, les Romains ont su déclarer qu'il en est autrement pour l'esclavage et que le *jus naturale*, d'après lequel
tous les hommes sont libres, réprouve cette institution du
jus gentium (*Tryphoninus*, D., 12, 6, 64 ; *Inst.*, I, 2, 2 ; I, 3,
2). Parfois la synonymie de ces deux expressions pourrait
induire en erreur et faire croire que les Romains ont réellement admis dans ce droit positif et pratique qui s'appelle le
jus gentium, telle institution qui s'annonce comme conforme
au droit naturel ou idéal. Ainsi, Quintilien (*Inst. orat.* 7. 1.
46) s'exprime de la façon suivante : « *Qui naturam sequi-*
tur hoc dicturum : pater intestatus nos duos filios reliquit ;
partem (Bonorum possessionis unde liberi) JURE GENTIUM
peto. » Ici la *bonorum possessio* n'est qualifiée d'institution
du *jus gentium* que parce qu'elle dérive de la *naturalis*
ratio; cela résulte avec évidence de ce que Quintilien reproduit le langage que tiendra celui « *qui naturam sequei a.* »
Nous retiendrons de tout cela que les Romains crurent à un
idéal dans le droit ; ils appellent cet idéal *jus naturale*, le
jus gentium leur apparaît comme la réalisation partielle de

tement la matière du *jus gentium* en important dans le droit romain
de nouvelles institutions créées de toutes pièces : par exemple, la *lex*
Rhodia de jactu, le *mutuum*, le *fœnus nauticum*, l'*hypotheca*. Sur tous
ces points, Cf. les développements très-remarquables que donne M. Voigt,
op. cit., II, § 80-81, p. 631-647. — On conçoit, d'après cela, que notre
savant et très-regretté maître M. Gide ait pu dans sa belle *Étude sur*
la condition privée de la femme (p. 144), dire que le préteur, vers la
fin de la République, représenta un double esprit, l'esprit grec et l'esprit romain. M. Faure (*Essai hist. sur le prét. rom.*, p. 68, not. 108)
déclare qu'il n'accepte pas cette idée sans explications et sans réserves.
Disons alors que le préteur, qui représenta toujours l'esprit romain, se
trouva représenter vers la fin de la République l'esprit romain hellé-
nisé, parce qu'à cette époque l'esprit romain était tout imprégné d'hellénisme.

cet idéal ; mais, dans sa portée pratique, le vrai *jus gentium* est cette partie du droit romain positif qui s'applique indistinctement aux *cives* et aux *peregrini.*

72. — En devenant la maîtresse du monde, Rome devint en même temps le siége d'un commerce cosmopolite. « *Quæcunque apud alios crescunt aut parantur*, dit en parlant de Rome le rhéteur Aristide dans son *Éloge des Romains* (p. 326, éd. Dind. ; Cf. p. 323 : nous donnons la trad. latine), *huc etiam semper affluunt. Tam multæ autem huc appelluntur singulis anni temporibus autumnique conversionibus naves onerariæ ut Urbs communis quædam officina totius orbis videatur.* » La domination universelle à laquelle Rome s'éleva sous l'Empire et son commerce universel (1) furent de puissants agents du développement du *jus gentium*. Les conquêtes du *jus gentium* s'affermissent et s'étendent. Elles s'affermissent, en ce sens que les institutions qui déjà sous la République avaient passé dans le *jus gentium* s'y maintiennent et s'y développent sous l'Empire. L'action *rei uxoriæ* avec la théorie des *retentiones dotis* autres que la *retentio propter liberos* est attachée au *matrimonium injustum* ou *juris gentium*, aussi bien qu'au *matrimonium justum* ; d'autres effets sont encore attachés au mariage *juris gentium*, comme la possibilité de *l'accusatio adulterii* (*Ulp.*, D., 48, 5, 13, 1), l'*excusatio tutelæ propter liberos* (*Frag. Vat.*, 194), la certitude de la paternité, l'obligation alimentaire entre l'enfant et les parents, le mari et la femme, l'exception *Quod facere potest* : toutes ces institutions appartiennent donc au domaine du *jus gentium*. Les conquêtes du *jus gentium* s'étendent, et cela de deux manières : des créations récentes sont assignées au *jus gentium*, et des créations du droit civil passent sur le terrain du *jus gentium*. C'est ainsi qu'au premier point de vue les contrats de *depositum* et de *commodatum*, l'action *præscriptis verbis*, l'hypothèque, la quasi-possession, la *præscriptio longi temporis*, font leur apparition dans le droit romain comme institutions du *jus gentium*; il en fut de même en matière de dispositions de dernière volonté, d'abord du fidéicommis, qui devint une institution du *jus gentium* sous Auguste et cessa de

____

(1) Voigt, *op. cit.*, II, p. 681-684.

l'être sous Hadrien, puis de la *mortis causa capio*. C'est ainsi qu'au second point de vue l'*acceptilatio*, après avoir été longtemps une institution du *jus civile*, devient une institution du *jus gentium*, comme l'étaient déjà devenues sous la République au moins quelques formules de stipulation ; un sénatus-consulte, rendu sous Hadrien, déclara que le principe jusqu'alors civil, posé par la loi *Ælia Sentia* : *ut creditorum fraudandorum causa manumissi liberi non fiant*, appartiendrait désormais au *jus gentium* (*Gai.*, I, 47).

Les exemples signalés attestent avec évidence que toutes les sources du droit conspirent pour élargir la sphère du *jus gentium*. Sous l'Empire, plus encore que sous la République, la *consuetudo* apparaît avec l'*auctoritas prudentium* comme le principal organe du *jus gentium* ; en proposant, dans son *album*, les formules des actions *præscriptis verbis, commodati, depositi*, le préteur n'était pas considéré comme puissance créatrice et constitutive, car ces actions ne sont pas honoraires (1) ; le préteur était, au contraire, inventeur et créateur quand il consacrait dans son Édit l'institution de la *præscriptio longis temporis* ; enfin, chose bien remarquable, le Sénat lui-même favorise l'extension toujours plus envahissante du *jus gentium*. Aussi, vers l'époque de la Constitution Antonine, c'est-à-dire au commencement du IIIe siècle, moment où toute trace de la préture pérégrine disparaît, le *jus gentium* règne exclusivement sur le droit des obligations ; il domine concurremment avec le *jus civile* sur le droit des meubles et des immeubles, ainsi que sur le droit du mariage et de la famille, limitant ici la sphère du *connubium*, là celle du *commercium* ; il a singulièrement limité aussi la sphère d'application de la *legis actio* ; en revanche, il n'a entamé le droit des successions testamentaires que dans la matière des fidéicommis, puis, après le sénatus-consulte d'Hadrien qui attribua au fisc les fidéicommis des citoyens romains en faveur des pérégrins, uniquement dans la matière de la *mortis causa capio* ; il laisse tout à fait intacts le droit des successions ab intestat, le droit de

____

(1) C'est vrai absolument pour l'action *præscriptis verbis :* il y aurait des réserves à faire pour les deux autres. V. *sup.*, n° 69, p. 184.

la tutelle, ainsi que la matière de l'affranchissement et du patronat (1).

Avec la Constitution Antonine, le *jus gentium* cesse de régler les rapports nés d'un commerce extrêmement vif entre citoyens romains, provinciaux et membres des *liberæ civitates* de *l'orbis Romanus* ; il perd ainsi ce qui avait constitué sa principale inportance pratique. Mais si l'importance pratique du *jus gentium* est considérablement diminuée, quand « tout ce qui fait partie de l'Empire Romain, depuis l'Espagne jusqu'à l'Euphrate, forme véritablement un seul peuple et un seul État, quand tous les habitants de cet immense Empire sont également Romains, quand il n'y a plus qu'un seul nom, une seule patrie, un seul gouvernement, un seul droit » (2), le *jus gentium* n'en subsiste pas moins comme droit applicable aux citoyens et aux quelques individus auxquels la porte de la cité reste encore fermée ; il n'en continue pas moins à supplanter le *jus civile* dans la sphère même de ces rapports entre *cives*, qui au moment où nous avons assisté à la création de la préture pérégrine et à la constitution du *jus gentium*, ne relevaient que du *jus civile*.

73. — Si l'on pouvait résumer d'un seul trait le caractère de l'œuvre du préteur pérégrin et son influence sur le développement du droit romain, il faudrait dire que, comme le préteur urbain, plus encore que lui, le préteur pérégrin a humanisé le droit, a contribué puissamment à faire du droit romain un droit humain et universel, qui est encore de nos jours un élément considérable de civilisation pour le monde moderne. Le temps est passé pour toujours où l'on saluait dans le droit romain la raison écrite, l'idéal de la justice et le dernier mot de la sagesse humaine ; on sait aujourd'hui que l'idéal est en avant et non en arrière, dans l'avenir et non dans le passé. Mais le droit romain reste un monument impérissable et un objet éternellement digne d'études et de méditations, grâce à son caractère à la fois humain et uni-

(1) Voigt, *op.*, *cit.*, II, p. 867.
(2) Fustel de Coulanges, *La cité antique*, 5ᵉ éd., p. 471 ; Voigt, *op. cit.*, II, § 114, p. 879 sqq.

versel, qu'il doit avant tout à l'action féconde du préteur pérégrin sur son développement (1).

(1) En nous exprimant ainsi, nous ne voudrions pas donner à penser
que nous méconnaissons les influences plus profondes et plus générales qui ont élargi et transformé la loi romaine. Nous nous sommes
déjà expliqué au sujet de l'influence de la philosophie grecque sur le
droit romain (V. *sup.*, p. 189, note 2). C'est l'esprit grec qui a fait du
droit de Rome le droit commun de toutes les nations païennes. C'est
l'esprit chrétien, comme l'a dit avec autorité M. P. Gide, qui en a fait
le droit commun de tous les peuples civilisés. C'est bien à tort que l'é-
cole de Hegel a dénié au christianisme toute influence sur les destinées
du droit romain. V. sur ce point Troplong, *De l'influence du christianisme sur le droit civil des Romains*, Paris, 2° éd., 1855 ; Gide, *Étude
sur la condition privée de la femme*. Ce dernier auteur l'a exposé en
termes élevés et éloquents : il faut distinguer deux périodes dans l'histoire de la législation des Césars, la période païenne et la période chrétienne. Le préteur pérégrin, comme « l'illustre école des jurisconsultes
qui, depuis Labéon jusqu'à Ulpien, remplit les deux premiers siècles
de l'Empire », ne relève que de la philosophie antique. L'esprit chrétien, qui inspire les constitutions impériales à partir de Constantin, se
manifeste surtout dans le droit de la famille et dans le droit des successions.

CHAPITRE VI

DES INSTITUTIONS ANALOGUES A CELLE DE LA PRÉTURE
PÉRÉGRINE CHEZ D'AUTRES PEUPLES DE L'ANTIQUITÉ

74. — Il s'agit ici de rechercher les analogies réelles et
frappantes qui peuvent exister entre la préture pérégrine
et des institutions créées ailleurs qu'à Rome. Il ne sera pas
question de « l'existence plus ou moins latente d'une institution analogue à celle du préteur pérégrin chez tous les peuples (1).» Nous ne parlerons pas non plus — comme l'indique
le titre de ce chapitre, — des institutions modernes, dont aucune ne nous paraît présenter avec celle du préteur pérégrin
quelque analogie qui ne soit pas tirée de trop loin. Nous ne
nous égarerons pas davantage, à la suite de Selden, dans
les arcanes de l'organisation judiciaire chez les Hébreux :
Selden croit y découvrir, après la promulgation de la Loi et
l'entrée dans la Terre Sainte, une juridiction distincte pour
les étrangers ; mais, d'après les renseignements puisés
dans Selden lui-même, il paraît bien n'y avoir pas eu en
Israël un tribunal spécial pour rendre la justice aux étrangers, mais uniquement des jurés spéciaux, choisis, au gré du
tribunal qui les institue, parmi les étrangers ou parmi les
Israélites (2). Selden, croyons-nous, fait preuve d'une éru-
dition plus éclairée et plus judicieuse, quand il compare le
préteur pérégrin des Romains au Polémarque des Athéniens. Il existe, en effet, entre ces deux magistrats une

(1) Rodière, *Du prét. pérégr. et de l'existence plus ou moins latente
d'une institution analogue chez tous les peuples, Acad. de Lég. de Toul.*
1868, p. 339-51. — M. Rodière a traité ce sujet avec plus de poésie que
de profondeur. Il n'avait d'autre but, nous semble-t-il, que d'en montrer l'attrait, ce à quoi il a pleinement réussi.
(2) Selden, *De Synedr. et Præfect. jurid. veter. Ebræor.*, II, p. 79-81.

analogie sérieuse et vraiment saisissante, que nous essaierons de mettre en lumière.

75. — Mais, il faut dire auparavant quelques mots des Xénodiques (ξενοδίκαι), que nous rencontrons en Locride et qui y composent un tribunal chargé de juger les causes dans lesquelles un étranger est intéressé. Une convention conclue entre deux villes de Locride, Œanthéa et Chaléion, après avoir réglé le brigandage et fait une part au droit d'enlever les étrangers ou de piller leurs biens, en frappant d'une forte amende ceux-là seulement qui commettent de tels actes en dehors des cas spécifiés, assure à l'étranger l'exercice de certains droits civils dans chacune des deux cités contractantes. « Le jugement des causes où sa personne est intéressée, dit M. Egger en résumant cette convention, appartient à des magistrats, les *Xénodiques* (ξενοδίκαι), qui ne sont pas sans ressemblance avec le préteur que les Romains appelaient préteur des étrangers (*prætor peregrinus* ou *peregrinorum*) (1). Pour ces mêmes procès, le texte distingue deux degrés de juridiction, d'abord celle de ces *Xénodiques*, puis en cas de partage de voix dans le tribunal, un autre tribunal formé soit de quinze, soit de neuf membres, suivant l'importance de l'objet en litige ; et ces nouveaux juges sont choisis parmi une classe particulière de citoyens (2). »

76. — Bien plus connu et bien plus important à notre point de vue, que ces *Xénodiques* dont le souvenir est perdu dans une convention primitive sur le brigandage entre deux bourgades de la Locride, est le Polémarque de la République Athénienne : c'est en lui que l'on trouve réellement le pendant, s'il est permis de s'exprimer ainsi, du préteur pérégrin des Romains. Bretus, Selden, et quelques autres, n'ont fait qu'indiquer ce point (3) ; grâce à M. Perrot et à son bel ouvrage sur *Le Droit public de la République Athénienne*,

____

(1) Il est à peine besoin de faire remarquer que l'expression *prætor peregrinorum* n'a aucun caractère officiel ; elle ne nous semble même pas romaine : à notre connaissance, aucun texte juridique ou même littéraire, ne la mentionne.

(2) Egger, *Étud. histor. sur les traités publ.*, p. 36-37. Cf. Faure, *op. cit.*, p. 94, note 21.

(3) Bretus, *Ordo perantiq. jud. civil.*, f. 17ᵇ ; Seden, *op. cit.*, II, p. 83-90.

nous pouvons présenter quelques considérations intéressantes sur ce magistrat, et essayer de tracer un parallèle
entre le Polémarque et le préteur pérégrin.

« Il n'est peut-être pas de République ancienne, dit M.
Perrot, qui ait conçu aussi nettement qu'Athènes ce que
nous appelons la séparation des pouvoirs, ou qui du moins
dans la pratique ait mieux ébauché cette naturelle et nécessaire distinction, se soit plus approchée de cet idéal que nos
sociétés modernes aperçoivent plus clairement et qu'elles
poursuivent avec ardeur, non pourtant sans faire bien des
faux pas et sans s'écarter souvent du but » (1). Le Droit
public romain n'a jamais connu d'autre principe que celui
de la confusion absolue de tous les pouvoirs, et n'a jamais
essayé de distinguer les compétences avec quelque netteté.
Aussi, le Polémarque, bien qu'il soit un des premiers
magistrats de la démocratie athénienne (parmi les neuf
Archontes, les trois premiers sont l'Archonte éponyme,
l'Archonte-Roi, et le Polémarque ; les six derniers forment
un groupe à part, sous le nom de Thesmothètes), ne
réunit-il pas, tant s'en faut, toutes les attributions que Rome
accumula sur la tête du préteur pérégrin.

77. — Jadis chef des forces militaires et navales d'Athènes, le Polémarque avait sans cesse affaire aux étrangers,
dans le combat et dans les négociations. On les lui confia,
quand ils venaient dans la cité, marchands ou artisans, sur
la foi des traités ou l'invocation de Jupiter hospitalier. Il fut
leur surveillant et leur protecteur officiel, exerça sur eux la
juridiction que l'Archonte éponyme avait sur les citoyens.
Ce que l'Archonte éponyme était pour les citoyens, le Polémarque l'était pour les étrangers de passage, les métœques,
les isotèles, les affranchis, et les esclaves publics (2).

Sur ces différentes catégories de justiciables, la compétence du Polémarque était loin d'être aussi étendue que celle
du préteur pérégrin. Pour la prestation des cautions que
devait fournir l'étranger, l'intervention du Polémarque était
toujours nécessaire. « Quand on exigeait de l'étranger, dit
M. Perrot, à l'appui d'un engagement quelconque, qu'il

(1) Perrot, *Le droit public de la Rép. Athén.*, Paris, 1867, p. 313-314.
(2) Perrot, *op. cit.*, ch. III, § 13, p. 258 sqq.

fournît une ou plusieurs cautions, c'était le Polémarque seul qui avait qualité pour accepter la caution offerte et pour signifier aux parties cette acceptation..... Cette question des cautions offertes se présentait fréquemment au début de certains procès dont connaissait le Polémarque : par exemple, en cas de contestation d'état contre un affranchi (ἀφαίρεσις εἰς δουλείαν) ; de même en cas de sacrilége : c'était l'Archonte-Roi ou les Thesmothètes qui devaient instruire la cause ; l'inculpé devait cependant comparaître devant le Polémarque, qui décidait si on l'admettrait à rester en liberté sous caution. »

En matière de juridiction proprement dite, le Polémarque avait une compétence tant civile que criminelle. C'est à lui que s'adressent les métœques et les affranchis, en cas de mauvais traitements, de même qu'un citoyen s'adresse à l'Archonte éponyme ; c'est lui qu'on va trouver pour déposer une plainte contre les métœques ; c'est encore le Polémarque qui est compétent pour les obligations spéciales aux métœques en vertu de la loi, pour le procès du patron contre son affranchi. Mais ce serait une grande erreur de croire qu'il suffit qu'un étranger soit partie dans un procès civil ou criminel, pour que ce procès vienne devant le Polémarque. Eschine cite un orphelin, citoyen, qui assigne un étranger devant l'Archonte éponyme (*Esch.*, *c. Timarch.*, 158). C'est devant les Thesmothètes qu'Epœnetos d'Andros dépose sa plainte contre Stephanos, citoyen athénien, qui lui a fait subir une détention illégale en l'accusant d'adultère (*Demosth.*, *c. Neœr.*, 66). D'ordinaire, le Polémarque n'est compétent que lorsque la personne qui se voit troublée ou menacée d'être troublée dans l'exercice de son droit est un étranger. « En thèse générale, dit M. Perrot, ce qui déterminait la juridiction devant laquelle devait être porté le débat, c'était la condition de la personne qui se voyait troublée ou menacée d'être troublée dans l'exercice de son droit, que les circonstances l'amenassent à jouer au procès le rôle de défendeur ou celui de demandeur. »

De plus, la compétence du Polémarque est limitée *ratione materiœ*.

En matière criminelle, on ne saurait dire exactement quelles affaires sont portées devant le Polémarque : on peut

intenter devant lui toutes les actions publiques qui tiennent
au droit personnel, à l'état civil, particulièrement au droit
de la famille et au droit successoral, qui s'y rattache ;
peut-être présida-t-il aussi, comme l'Archonte éponyme, les
débats relatifs à des accusations de faux témoignage ; toujours est-il qu'à Athènes l'action publique avait des formes
très-variées, et qu'il n'est, pour ainsi dire, aucune de ces
formes sous lesquelles l'instance ne puisse être portée au
tribunal des Tesmothètes : cette considération restreint singulièrement la compétence du Polémarque (1).

Quant aux contestations de pur intérêt privé, il s'en faut
que la compétence du Polémarque les embrasse toutes. Le
Polémarque n'avait rien à faire avec les procès commerciaux. Cela résulte avec évidence d'un curieux passage de
Démosthènes (*Demosth., c. Lacritos*, 47-48), où sont mentionnés tous les magistrats *devant lesquels on ne peut pas
songer à porter un procès commercial*. L'orateur nomme
successivement les Onze, l'Archonte, le Roi, le *Polémarque*,
les Stratèges. Athènes eut, en effet, son *tribunal de commerce* (que présidaient, au temps de Démosthènes, les
Thesmothètes), chargé de juger les affaires commerciales
(ἐμπορικαὶ δίκαι), quelle que fut la qualité des plaideurs (2).
Athènes eut même des juges maritimes (ναυτοδίκαι). Au
temps de Lysias, il y avait un tribunal spécial pour les affaires maritimes, plus spécial encore que nos *tribunaux de
commerce*, qui connaissent de toutes les affaires commerciales, maritimes ou non. « Pendant l'hiver, quand les tem-
pêtes de l'Euxin, de la mer Égée et de la mer Ionienne,
retenaient au port marchands et capitaines, le tribunal
jugeait à loisir toutes les contestations qui, pendant la belle
saison, avaient pu naître entre négociants faisant le commerce maritime (3). » Le même tribunal connaissait de
l'accusation (γραφὴ ξενίας) intentée à l'étranger qui usurpait
la qualité de citoyen. Comment expliquer la compétence des
nautodiques en cette matière ? N'eût-il pas été bien plus
naturel de porter cette question d'état devant le Polémar-

____

(1) Sur tout ce qui précède, Perrot, *op. cit.*, ch. III, § 13, p 258-267 ;
sur le dernier point, *Id., ibid.*, p. 269-270.

(2) Perrot, *op. cit.*, p. 276-277, note 1.

(3) *Id., ibid.*, p. 312.

que ? « Voici, sans doute, dit M. Perrot, la liaison secrète, l'idée qui avait fait porter cette question d'état devant ce tribunal spécial : c'était surtout parmi ces trafiquants amenés au Pirée par le négoce, qu'il devait se trouver plus d'un étranger, à qui sa fortune, ses relations et des complicités intéressées inspiraient le désir de s'attribuer la qualité de citoyen, et l'espoir d'y réussir sans trop de difficulté. Or, qui donc était plus à même de contrôler les allégations des parties et de vérifier l'authenticité des pièces citées et des témoignages produits dans le cours du procès, que ceux qui avaient sans cesse à examiner et à terminer des contestations où étaient engagés, tantôt comme acteurs principaux, tantôt comme témoins, des marchands de toutes les nations, des barbares du Pont et de la Chersonèse Taurique, des Phéniciens, des Grecs insulaires, Italiotes, Siciliens (1)? » Les nautodiques n'existaient plus, selon toute apparence, au temps de Démosthènes ; les Thesmothètes, et non le Polémarque, avaient, à cette époque, hérité de leur compétence. Nous avons vu qu'ils existaient encore du temps de Lysias. Pour mettre d'accord Lysias et Démosthènes, on pourrait supposer que ce furent bien toujours les Thesmothètes que l'on dut saisir de ce genre d'affaires, mais qu'en vertu d'un principe de l'organisation judiciaire athénienne, ils prenaient alors les juges seulement parmi les commerçants ? C'est là une hyphothèse fort séduisante, comme le dit M. Perrot, mais que malheureusement aucun texte ne confirme. En tous cas, il est certain que le Polémarque ne fut jamais appelé à jouer un rôle quelconque dans le jugement des affaires maritimes, pas plus que dans celui des procès commerciaux ordinaires.

Le Polémarque, était-il, du moins, compétent pour tous les procès civils proprement dits ? Nullement. En matière civile, la compétence du Polémarque est aussi restreinte que celle de l'Archonte éponyme ; comme celle-ci, elle n'embrasse que les questions ayant trait au statut personnel, à l'état civil, au droit de la famille, et au droit successoral, qui y a été rattaché. Toutes les affaires qui se rapportent au

(1) Perrot, *op. cit.*, p. 312-313, et, pour tout ce qui a trait aux nautodiques, ch. III, § 22, p. 311-313.

statut réel, à l'exception des débats qui naissent du droit successoral, sont portées devant les Thesmothètes : ils connaissent de tous les procès auxquels donnent lieu, soit des questions de propriété, soit des difficultés soulevées à propos de l'exécution d'un contrat. « Leur compétence, dit M. Perrot, nous est attestée par toutes ces obligations que le droit romain appelle obligations *ex contractu*, et dont chacune à Athènes empruntait son nom à l'objet qui faisait la matière de l'engagement (1). » Ainsi, c'est la juridiction des Thesmothètes, à laquelle ressortissaient, d'ailleurs, le plus d'affaires, qui constitue la juridiction de droit commun en matière civile, aussi bien pour les étrangers que pour les citoyens ; la compétence du Polémarque n'est, à vrai dire, qu'une compétence tout à fait restreinte et exceptionnelle.

78. — Supposons le Polémarque compétent, et régulièrement saisi dans un procès qui relève de sa juridiction, tant à cause de la condition des parties ou de l'accusé que de l'objet du litige.

Quel sera son rôle ? Connaîtra-t-il lui-même de l'affaire, et, après l'avoir instruite, la jugera-t-il ? ou la renverra-t-il devant un jury quelconque ? Il faut distinguer suivant les époques.

Avant la constitution de ces grands jurys athéniens qui sont en pleine activité au milieu du v⁰ siècle av. J.-C., le Polémarque, comme tous les Archontes, pouvait, si bon lui semblait, terminer lui-même le différend par une sentence, qu'il rendait seul ou avec le concours d'assesseurs volontairement choisis. « Mais, de bonne heure, dit M. Perrot, le Polémarque et les autres magistrats athéniens prirent l'habitude de se décharger sur un tiers, qu'ils désignaient ou que tout au moins ils agréaient, du soin d'examiner à fond les raisons de part et d'autre alléguées, et, par un arrêt motivé, de mettre fin au débat. Cet arbitre à qui était remis, du consentement des parties et au nom de la cité, le droit d'entendre les intéressés et de juger entre eux, c'était ce que les Athéniens appelaient ὁ διαιτητής, et les Romains *judex privatus, arbiter, recuperator* (2). » Le diætète est un

<hr>

(1) Perrot, *op. cit.*, p. 269-270 ; Cf. p. 252-256 ; p. 257-268.
(2) *Id., ibid.*, p. 284-285.

arbitre public, investi par l'État, ayant un caractère officiel ;
il se distingue aussi nettement de l'arbitre privé ou choisi
(αἱρετὸς), chargé par les parties de les juger ou de les concilier, que l'*arbiter* romain se distingue de l'*arbiter ex
compromisso*. Malgré ce renvoi devant un diætète, on ne
peut pas dire qu'Athènes ait connu précisément la division
romaine de la procédure en deux phases, le *jus* et le *judicium* (1) ; encore moins a-t-elle connu le système formulaire. Le magistrat athénien se borne à instituer le diætète ;
il ne lui donne pas d'instruction, dans une formule savam-
ment rédigée ; c'est aux parties qu'incombe le soin d'exposer
au diætète la question qui s'agite entre elles, et le diætète
se posera à lui-même les termes de la question qu'il doit
résoudre.

Jusque vers le milieu du v⁰ siècle, époque à laquelle les
jurys athéniens furent complètement organisés, et répartis
en sections, ce qui leur permit d'expédier annuellement
un grand nombre d'affaires, ce furent les diætètes, qui,
auxiliaires des magistrats dans l'administration de la justice,
terminèrent la plupart des litiges privés. « Quand le jugement par jury fut entré dans les mœurs, dit encore M. Perrot, beaucoup de citoyens n'en conservèrent pas moins
l'habitude de préférer cette justice arbitrale, qui n'exigeait
point de plaidoiries en forme, qui était plus rapide et moins
coûteuse, qui consultait plutôt l'équité que la loi ou les textes écrits. Jusqu'à la fin, à côté ou plutôt au-dessous des
Héliastes, continuèrent à siéger les arbitres ; l'arbitre était
comme un juge de première instance devant lequel on
pouvait porter tous les procès civils, la partie qui se croyait
lésée par sa décision conservant toujours le droit d'en
appeler au jury de cette sentence arbitrale (2). » Tous les
ans, on désignait pour remplir ces fonctions d'arbitres ou
diætètes, au moins cent quatre citoyens âgés de plus de

____

(1) M. Perrot, *op. cit.*, p. 285-286, en comparant la procédure athénienne à la procédure romaine, voit dans la distinction du *jus* et du
judicium la séparation de la question de droit et de la question de fait.
C'est là une inexactitude commise par des romanistes eux-mêmes,
et que nous avons relevée au ch. III (V. *sup.*, p. 86).

(2) Perrot, *op. cit.*, p. 286-287 ; Cf., pour tout ce qui concerne les
arbitres publics ou diætètes, ch. III, § 19, p. 284-305.

soixante ans, n'ayant subi aucune condamnation infamante. Les étrangers ne pouvaient exercer les fonctions d'arbitres, mais ils pouvaient paraître devant les diætètes, bien que quelques commentateurs aient soutenu le contraire, en dépit des vraisemblances et des faits, sur la foi d'un passage mal interprété de Suidas. (1) Chaque tribu avait ses arbitres : c'est que le diætète était avant tout un juge de conciliation. Il jugeait seul et était responsable de sa décision ; parfois, on essayait de le corrompre : Midias offrit à son arbitre, Straton, cinquante drachmes pour qu'il se prononçât en sa faveur et contre Démosthènes, qui a immortalisé cette tentative de corruption (*c. Midiam*, 93). Le diætète ne peut être saisi directement, cela va de soi : les parties doivent s'adresser au magistrat, par exemple au Polémarque, lui déclarer leur intention de recourir à la juridiction arbitrale : le magistrat désigne un arbitre, ou celui qu'ont choisi les parties, ou un qu'il tire au sort parmi ceux de la tribu des parties ou du défendeur.

Le jugement par jury en matière criminelle fut la règle à Athènes dès avant la date de la constitution des grands jurys athéniens de la seconde moitié du v⁰ siècle. L'Aréopage était à la fois un Sénat politique et un tribunal criminel qui garda toujours le jugement de l'homicide volontaire et des crimes qui y sont assimilés ; le tribunal des Éphètes, disparu sous Démosthènes, était un jury criminel aristocratique composé de cinquante-un juges choisis parmi les nobles (2).

En face de l'Aréopage et sur les ruines du tribunal des Éphètes, s'organisent, entre l'âge de Solon et celui de Périclès, ces grands jurys athéniens dont l'ensemble forme l'Hèliée. Tous les ans, les neuf Archontes tiraient au sort six mille citoyens, six cents de chaque tribu, parmi ceux qui avaient atteint l'âge de trente ans. Ces six mille citoyens prêtaient serment entre les mains des Archontes : ce sont

---

(1) Ces commentateurs, parmi lesquels Samuel Petit, ont fait dire à Suidas que l'étranger ne pouvait comparaître devant les arbitres, ce qui serait étonnant et est démenti par les faits, tandis qu'il dit simplement que les étrangers ne pouvaient être arbitres, ce qui est naturel et ce qu'aucun fait ne contredit. Perrot, *op. cit.*, p. 287, note 3.

(2) Perrot, *op. cit.*, ch. III, § 3, p. 205-212 ; Cf. ch. III, § I, p. 188-199.

désormais des jurés. Des six mille jurés, on formait dix sections composées chacune de cinq cents personnes ; il y avait ainsi mille jurés disponibles, qui correspondent à nos *jurés supplémentaires*. Les sections entre lesquelles étaient répartis les cinq mille Hèliastes désignés pour être jurés titulaires s'appelaient δικαστήρια. Le nombre des jurés appelés à décider une affaire déterminée variait suivant l'importance de cette affaire. Le magistrat convoquait les jurés, et il avait le droit de ne convoquer qu'une partie de la section, comme de réunir plusieurs sections. Les jurys les moins nombreux sont formés de deux cents ou quatre cents membres, en chiffres ronds, car il y avait toujours un nombre impair, 501 par exemple ; parfois, mais par exception, 700, 1500, 2000 Hèliastes siégeaient dans un même procès. En général, c'était une section qui jugeait : cinq cents jurés ou plutôt cinq cent un, tel est donc le chiffre ordinaire.

A ces tribunaux populaires, plus nombreux que ne le sont en général nos assemblées délibérantes contemporaines, il fallait des présidents. Cette présidence appartenait toujours à un magistrat : à Athènes, comme à Rome, selon la remarque de M. Perrot, le magistrat seul ouvrait la porte du tribunal (1).

Les parties se sont d'abord présentées devant le magistrat, qui siége avec deux assesseurs ou parèdres (πάρεδροι) choisis par lui, mais agréés par la cité, s'il s'agit de l'un des trois premiers Archontes (l'Archonte éponyme, l'Archonte-Roi, le Polémarque), ou qui siége sans assesseur proprement dit, tout en pouvant s'entourer et en s'entourant en fait d'auxiliaires non reconnus ni investis par l'État, au caractère officieux strictement privé, s'il s'agit des Thesmithètes (2). Après avoir donné l'action, le magistrat, le Polémaque, puisque c'est lui que nous avons surtout en vue, fait l'instruction (ἀνάκρισις), sans doute une instruction qui devait être tout à fait sommaire et qui ne pouvait être que simplement préparatoire, convoque les jurés, les saisit de la cause (δίκην ou γραφὴν εἰσάγειν εἰς τὸ δικαστήριον) et, a la

---

(1) *Id., ibid.*, ch. III, § 10, p. 251 ; — Cf. sur l'origine, l'organisation, la compétence, le salaire des Hèliastes, ch. III, § IV, p. 212-224 ; p. 233-245.

(2) *Id., ibid.*, ch. III, § 15, p. 270-271.

présidence du jury (ἡγεμονια δικαστήριου) qui doit prononcer entre les parties, ou rendre un verdict s'il s'agit d'un procès criminel. Les Archontes étaient les présidents ordinaires du jury athénien : ce sera l'Archonte éponyme, l'Archonte-Roi, le Polémarque, ou les Thesmothètes, suivant la nature du procès ou la condition des parties ; celle-ci est à considérer pour savoir si la compétence appartient à l'Archonte éponyme ou au Polémarque. Après avoir introduit et organisé l'instance, assuré la comparution des parties, présidé les débats, l'Archonte contemporain de Lysias ou de Démosthènes promulguait le jugement et lui donnait force exécutoire : à cela se bornait son rôle ; à vrai dire, ce n'est pas une juridiction réelle et sérieuse : dans la démocratie athénienne, non-seulement toute justice en matière civile ou criminelle émanait du peuple, mais encore était rendue directement par le peuple.

Un grand changement s'est donc produit entre l'époque où le jury athénien n'existait pas encore et celle où il était en pleine activité. A cette dernière époque, qui est celle des orateurs, d'une part, chacun des trois premiers Archontes, d'autre part, le collége des Thesmothètes conservaient, à peu de choses près, la juridiction qu'ils avaient au temps de Solon ou de Clisthènes ; seulement, là où autrefois chacun d'eux décidait par lui-même avec ou sans le secours d'assesseurs volontairement choisis, ou renvoyait les parties devant un diætète qu'il instituait, l'Archonte contemporain de Lysias ou de Démosthènes n'avait que le rôle surtout extérieur qui vient d'être retracé.

Comment cette révolution s'est-elle accomplie ? Il est probable qu'aucune loi n'est intervenue pour la décréter et que cette révolution n'est en réalité qu'une évolution plus ou moins lente ou rapide, dont voici sans doute la marche. Quand l'Héliée fut constituée, elle nous apparaît investie du droit de réviser et de réformer sur appel les décisions des Archontes, ou les sentences des arbitres publics ou diætètes institués par eux. La compétence des diætètes subsiste, et le magistrat continue à renvoyer devant eux, si les parties le demandent, tous les procès privés ; les diætètes rendent une sentence qui était jadis souveraine, dont on peut maintenant appeler à l'Héliée. Si les parties ne demandaient pas un diætète, le magistrat eût pu, au début et peu après l'organisation du jury, rendre lui-même sur le fond du débat un jugement désormais susceptible d'appel devant les Héliastes. Mais, lorsque les Archontes eurent au-dessus d'eux une cour d'appel, ils perdirent le désir et l'habitude de juger eux-mêmes les procès dont on les saisissait. De leur côté, les plaideurs avaient tout intérêt à ne pas perdre leur temps en faisant un détour et en sollicitant une décision en première instance ; n'était-il pas plus court et plus simple de passer en quelque sorte par dessus ce magistrat, de ne s'adresser à lui que pour s'ouvrir l'accès de l'Héliée, et de se présenter de prime-abord, *rebus integris*, à ce jury dont la décision était souveraine ? Et puis, l'instinct démocratique, selon la remarque judicieuse de M. Perrot, poussait les citoyens à réclamer l'exercice de ce droit d'être jugés par leurs pairs : à Athènes, une classe privilégiée ne fut jamais maîtresse de la justice, comme le fut à Rome le Sénat, d'abord, puis l'ordre équestre (1). « Jusqu'au décret d'Aristide, les neuf Archontes furent exclusivement pris parmi les citoyens de la première classe, et plus tard encore les Stratèges continuèrent à être presque toujours choisis parmi les riches et les nobles, parmi les descendants des vieilles familles. Par l'exercice du pouvoir judiciaire, le parti aristocratique aurait pu reconquérir le terrain qu'il avait perdu et qu'il était en train de perdre sur le Pnyx. » Il est donc vraisemblable que ce ne fut pas une loi qui enleva aux magistrats, et notamment au Polémarque, le droit de juger en première instance tout litige qui leur serait déféré : il suffit pour cela de la force même des choses. L'Archonte, après avoir pris connaissance des prétentions des parties ou des griefs imputés à l'inculpé, instruit sommairement l'affaire, saisit directement les Héliastes, qui, après des débats dirigés par lui, rendent la décision.

79. — Ainsi, le Polémarque n'a rien qui ressemble à *l'imperium* du préteur pérégrin, à ce pouvoir général qui l'habilitait à remplir les missions les plus hautes et les plus diverses : il n'a pas d'attributions importantes dans l'ordre politique ou administratif, bien qu'il soit un des premiers

(1) Perrot, *op. cit.*, ch. III, p. 278-284.

magistrats de la cité ; ce n'est pas à lui, mais à l'Archonte-Roi, qu'incombe le soin de préparer et de diriger la célébration des fêtes publiques, notamment des Grands Mystères Éleusiniens, des Lénéennes, et de tous les jeux Gymniques, ainsi que celui de faire régler par les tribunaux tous les différends auxquels donnaient lieu ces solennités nationales, source fréquente d'ardentes rivalités (1).

Originairement chef des forces militaires et navales d'Athènes, le Polémarque ne fut pas créé principalement et essentiellement, comme le préteur pérégrin, en vue de la juridiction ; quand il est devenu une fois le magistrat des étrangers, il n'a eu que des attributions relatives à l'administration de la justice ou qui en dépendent plus ou moins directement dans l'esprit athénien, comme un droit général de surveillance et de police sur ses justiciables, le droit de recevoir les prestations de cautions. Sa compétence juridictionnelle n'est pas limitée, comme celle du préteur pérégrin, aux affaires civiles. Elle embrasse certains procès criminels, mais surtout ceux qui se rattachent au droit personnel, à l'état civil, au droit de famille et au droit de succession ; ce n'est pas devant lui, mais devant les Nautodiques ou les Thesmothètes qu'est portée l'accusation intentée à l'étranger qui usurpe la qualité de citoyen, bien que sa compétence en un tel procès criminel paraisse tout indiquée.

Mais si, sous ce rapport, la compétence du Polémarque est plus étendue que celle du préteur pérégrin, il s'en faut qu'elle en ait l'ampleur en matière de procès privés : tandis que le préteur pérégrin est compétent pour tous les procès privés entre pérégrins ou entre citoyens et pérégrins, procès civils ou commerciaux quelconques, le Polémarque est absolument incompétent en matière commerciale et maritime. Nous avons vu qu'Athènes a un *tribunal de commerce*, présidé par les Thesmothètes, qu'elle a même, au moins pendant un certain temps, un *tribunal maritime;* jamais, à aucune époque, quelle que soit la condition des parties engagées dans un procès commercial ou maritime, le Polémarque n'a été saisi d'un tel procès. Bien plus, la compétence du Polémarque n'embrasse même pas l'ensemble des affaires civiles

____

(1) Perrot, *op. cit.*, p. 236-238.

proprement dites ; c'est devant les Thesmothètes que seront portées toutes les questions de propriété et d'obligations : le Polémarque ne sera saisi que des questions relatives à l'état civil, au droit de la famille et au droit successoral que les Athéniens ont rattaché au droit de la famille.

Le Polémarque a-t-il, au moins, dans la sphère si restreinte de sa compétence, quelque chose qui ressemble à ce pouvoir si considérable du préteur pérégrin sur la formation et le développement du droit? Pas plus que les autres magistrats athéniens, le Polémarque n'a une juridiction comparable à ce que les Romains entendaient par le mot de *jurisdictio* : il se borne à constater les diverses prétentions des parties, renvoie les plaideurs devant un diætète ou arbitre public, ou devant les Hèliastes ; le diætète agit seul, mais après la constitution de l'Hèliée le Polémarque ne renvoie devant cet arbitre public que si les parties le veulent ; il préside lui-même le jury des Hèliastes, organise l'instance de l'affaire qu'il a au préalable instruite, sommairement sans doute, promulgue le jugement et lui donne force exécutoire. Rien, dans les attributions judiciaires du Polémarque, ne rappelle même de loin cette *jurisdictio* du préteur pérégrin qui, en un sens large, comprend le droit de publier une sorte de loi annuelle, un Édit, dont la portée fut immense et l'influence sur le développement du droit romain éminemment féconde.

80. — Telles sont les ressemblances, et les différences plus profondes et plus nombreuses, qu'on peut relever entre le préteur pérégrin et le Polémarque. Comme Rome, Athènes a eu parmi ses plus hauts dignitaires et ses premiers magistrats un magistrat des étrangers : seulement, dans l'aristocratie romaine, ce magistrat est investi de tous les attributs de la souveraineté, et, en ce qui concerne la juridiction, est juge et quasi législateur des pérégrins en matière civile et commerciale ; dans la démocratie athénienne, il n'est que le surveillant et le protecteur officiel des étrangers, sur lesquels il exerce une juridiction d'une nature bien inférieure et cantonnée dans quelques points isolés du droit civil.

CONCLUSION

81. — Le préteur pérégrin fut un magistrat judiciaire. Mais
en vertu de cette confusion des pouvoirs qui est le trait
caractéristique de la Constitution Romaine, et par suite du
petit nombre des magistrats supérieurs, il fut appelé à jouer
un rôle politique et administratif des plus considérables. Le
préteur pérégrin vécut la vie militaire de Rome : comme
général ou amiral, à la tête des légions ou de la flotte, il fut
associé à ses défaites et à ses victoires, surtout pendant les
guerres puniques et celles de la fin du vi^e siècle ; il contribua
pour sa part à fonder et à étendre la puissance de la République. Il fut aussi diplomate, à l'occasion, comme ambassadeur
ou comme ministre des affaires étrangères, suivant les cas. Au
sein de la cité, dont il est un des premiers magistrats, son
action politique et administrative fut des plus variées. On a
comparé les magistrats supérieurs de la République Romaine, notamment les préteurs et les consuls, aux ministres
d'un même cabinet. La comparaison est acceptable, pourvu
qu'on ne néglige pas de faire observer que ces ministres
n'ont pas chacun un département nettement distinct, et que
leur rôle ne consiste pas à parler devant les Chambres ou à
envoyer des circulaires, mais qu'ils paient de leur personne
à la guerre, vont à l'étranger comme ambassadeurs, expédient par eux-mêmes des affaires que nos ministres modernes confieraient à leurs subordonnés. Entre tous ces ministres, c'est le préteur pérégrin que le Sénat désignera le
plus volontiers pour remplir une mission importante et
lointaine, ou inopinée : c'est le magistrat le plus alerte et le
plus universel, si l'on peut ainsi parler, de tous les magistrats Romains.

C'est encore comme dispensateur de la justice aux pérégrins et aux Romains dans leurs rapports avec les pérégrins

qu'il est le plus intéressant à étudier : dire le droit dans les procès entre pérégrins ou entre Romains et pérégrins, tel a été le but principal et essentiel, sinon absolument exclusif, de la création du préteur pérégrin (1). A ce point de vue, il exerce, par sa juridiction et par son Édit, une influence profonde sur la constitution et le développement du *jus gentium*. L'Édit du préteur pérégrin nous est apparu comme le berceau du *jus gentium*. Autant que permettent d'en juger les documents qui nous sont parvenus, c'est sous l'influence de l'Édit pérégrin que s'accomplirent les modifications les plus profondes du droit privé romain, surtout dans la sphère des rapports pécuniaires entre-vifs : le préteur pérégrin fut, dans cette sphère, le promoteur des progrès et des innovations qui ont élargi et transformé le droit de l'antique Rome. Il est l'organe attitré (*viva vox*) du *jus gentium*. Primitivement étranger aux rapports des citoyens romains entre eux, puis devenu le droit commun à tous les hommes libres qui ont accès des tribunaux romains, le *jus gentium* envahit le domaine originairement régi par le *jus civile*, engage avec lui un combat victorieux, le supplante et l'absorbe, et constitue sous le nom de *jus Romanum* ce droit à la fois humain et universel qui a traversé les siècles. Sans doute, ce grand œuvre de l'humanisation et de l'universa-

(1) Nous n'irons pas cependant jusqu'à dire, comme le fait M. Fustel de Coulanges, *La cité antique,* 5ᵉ éd., p. 233 : « Lorsqu'on est arrivé à sentir le besoin d'avoir une justice pour l'étranger, il a fallu établir un tribunal exceptionnel ; à Rome, pour juger l'étranger, le préteur a dû se faire étranger lui-même (*prætor peregrinus*). » — Il est bien vrai que, quand les étrangers ont eu un magistrat attitré, leur condition juridique à Rome s'en est trouvée sensiblement améliorée. Mais, l'accès de la justice leur a été ouvert avant la création du préteur pérégrin ; le tribunal de ce magistrat n'est en aucune façon un tribunal exceptionnel ; quant à l'idée que le préteur, pour juger l'étranger, a dû se faire étranger lui-même, elle ne repose que sur le titre abrégé, au caractère semi-officiel, usité seulement à partir de Vespasien, de *prætor peregrinus*. Pourtant, il est vrai que « l'étranger, comme le dit M. Fustel de Coulanges, n'ayant aucune part à la religion, n'avait aucun droit » ; c'est pour cela que le *jus gentium*, même lorsqu'il eut cessé d'être uniquement le droit des pérégrins pour devenir le droit commun aux Romains et aux pérégrins et applicable aux Romains jusque dans leurs rapports entre eux, fut conçu comme un droit indépendant et distinct du *jus civile* que Papinien lui-même oppose comme « *jus nostrum* » au *jus gentium* (*Pap.*, D., 48, 5, 38, 2).

lisation (1) du droit romain est le fait des deux préteurs de la ville, et aussi des jurisconsultes : ceux-ci, quoi qu'on en ait dit, n'ont point, d'après tout ce que nous savons, développé le droit dans un sens national, mais plutôt dans un sens humain et universel ; assesseurs des préteurs, préteurs eux-mêmes, — témoin Labéon, le plus grand peut-être de tous les jurisconsultes romains, — ils n'ont point travaillé sous une autre inspiration que les deux grands magistrats de la République : bien plus, lorsque l'Empire a, pour ainsi dire, fermé la bouche aux préteurs, les jurisconsultes, qui, plus heureux, conservèrent le droit de parler, portèrent la parole à leur place, et comme les préteurs l'eussent fait eux-mêmes ; par leurs savants commentaires sur le droit prétorien, ils contribuèrent puissamment à en amener le plein épanouissement. Mais c'est le préteur pérégrin qui donna le branle à ce mouvement vers l'humain et vers l'universel, et lui imprima une impulsion vigoureuse et énergique. Nous ne pouvons ici que résumer et préciser sommairement les principaux résultats acquis ; il serait oiseux de les reprendre et de les répéter tous.

82. — Ce que nous voudrions nous demander en quelques mots, c'est si ces résultats ne pourraient pas nous être de quelque profit, dans nos sociétés modernes.

Sans doute, il ne saurait être question de constituer un magistrat spécial pour les étrangers ; à nos yeux les tribunaux civils de chaque État moderne cumulent, aussi bien que les tribunaux de commerce, la compétence du préteur urbain et celle du préteur pérégrin. Sans doute aussi, les États contemporains, à ne s'en tenir qu'aux grandes lignes, ont des idées autrement larges que Rome : tout étranger, en sa qualité d'homme, a droit à la protection, pour sa personne et pour ses biens, et, en fait, cette protection ne lui fait pas défaut ; les étrangers ont d'une manière générale le droit d'ester en justice, que leur pays soit ou non en relations diplomatiques avec celui sur le territoire duquel ils se trouvent momentanément. Mais on s'est montré souvent

---

(1) Nous demandons grâce pour ce néologisme, que nous avons déjà employé une fois : **M.** Littré lui a donné droit de cité dans son *Supplément*.

peu généreux, parfois même dur et inhumain, envers les étrangers, la loi les a frappés d'incapacités spéciales, en leur qualité d'étrangers ; les tribunaux se sont déclarés incompétents dans des cas où vraiment cette déclaration d'incompétence était un déni de justice. Au premier point de vue, aujourd'hui encore, quand il s'agit d'examiner la condition des étrangers, deux questions se posent : 1° l'étranger a-t-il la jouissance de tel droit, c'est-à-dire l'aptitude à exercer ce droit ? 2° Suivant quelle loi l'exercera-t-il ? La première question est diversement résolue selon les pays : il en est même où l'on exclut l'étranger de la propriété immobilière ; dans d'autres pays on distingue, en essayant d'opérer un triage qui n'est pas toujours aisé, les droits qui appartiennent au *jus gentium* ou au droit naturel, et les droits civils proprement dits, pour accorder les uns aux étrangers et leur refuser les autres : cette théorie, qui n'est pas nouvelle, n'est pas non plus bien satisfaisante, malgré le perfectionnement que lui ont donné en France deux savants jurisconsultes (1). A vrai dire, cette question devrait cesser de se poser, et la solution de la seconde question, qui se cherche et se trouvera un jour dans la science du droit international privé, devrait seule préoccuper les esprits. Au second point de vue, on a dit souvent que les tribunaux sont faits pour les nationaux, non pour les étrangers. Partant de cette idée, les tribunaux français avaient, jusqu'à ces derniers temps, limité en général leur compétence pour les différends entre étrangers, au cas où une obligation s'est formée en France, et à des mesures simplement conservatoires et protectrices des personnes (2). Il est vrai que c'est pour les nationaux, avant tous autres, qu'un État institue des magistrats ; mais, c'est aussi pour quiconque réside ou se trouve momentanément sur le territoire de cet État. L'État doit la justice à tous, sur le territoire dans lequel s'exerce sa souveraineté. L'administration de la justice aux étrangers n'est pas simplement une affaire de pure courtoisie et un échange de bons procédés, c'est

____

(1) Nous avons nommé MM. Aubry et Rau. *Droit civil français*, 4ᵉ éd., I, § 78, p. 291 sqq.

(2) Rodière, *Du prêt. pérégr.*, *Acad. de Lég. de Toul.*, 1868, p. 340-341.

un devoir international qui, pour avoir été longtemps méconnu ou négligé, n'en est pas moins certain.

La tendance visible de l'âge contemporain est d'assimiler de plus en plus les étrangers aux nationaux, au point de vue de la juridiction et de la législation, et l'on peut tout attendre de ces belles études de législation comparée et de droit international privé qui sont à l'ordre du jour et ont commencé à prendre possession de la place d'honneur qui leur appartient dans la science du droit. C'est grâce à elles, grâce aussi au droit romain, ce droit humain et universel qu'on a pu appeler le trésor commun de l'humanité, que pourra être un jour atteint ce suprême idéal, salué par tant de générations: l'unité du droit dans le monde.

ERRATA

Page 9, ligne 4, *au lieu de* plus au moins, *lisez* plus ou moins.
— 9, ligne 22, *au lieu de* essort, *lisez* essor.
— 14, note 1, ligne 9, *au lieu de* 1, 65, *lisez* 1, 55.
— 14, note 1, ligne 23, *au lieu de* 20, 1, *lisez* 30, 1.
— 15, ligne 1, après le mot *peregrinos*, ajoutez *jus dicit.*
— 15, note 4, ligne 5, *au lieu de* I, 62, *lisez* l. 62.
— 16, note 1, ligne 10, *au lieu de* 41, 1, *lisez* 40, 1.
— 16, note 1, ligne 11, *au lieu de* 22, 25, *lisez* 22, 35.
— 19, note 4, ligne 2, *au lieu de* p. 42-42, *lisez* p. 42-43.
— 28, ligne 24, *avant ces mots* : Mais à côté, *suppléez* 10. —
— 35, note 3, ligne unique, *après* p. 207, note 2, *ajoutez* p. 217, note 3.
— 37, note 1, ligne 1, *après* VI, 2, *ajoutez* p. 27.
— 51, note 1, ligne 1, *au lieu de* 4, 43, *lisez* 43, 4.
— 64, ligne 23, *au lieu de* notamment de 605 à 631, *lisez* notamment,
     de 605 à 631.
— 67, note 1, ligne 16, *au lieu de* 212), note 1 ; (Cf., *lisez* 212, note 1; Cf.
— 72, ligne 13, *au lieu de* commandemant, *lisez* commandement.
— 77, note 1, ligne 1, au lieu de *contrat*, lisez *contra.*
— 78, ligne 7, au lieu de *quod*, lisez *quoad.*
— 78, note 2, ligne 2, *au lieu de* note 99, *lisez* note 19.
— 95, ligne 10, *au lieu de* 68, 70, *lisez* 63. 70.
— 95, note 1, ligne 5, *au lieu de* note *h*, *lisez* note *k.*
— 101, ligne 4, *au lieu de* 42, *lisez* 47.
— 103, note 1, ligne 1, *au lieu de* Leist, I *Versuch*, lisez Leist, *Versuch.*
— 112, ligne 7, *avant* scientifique, *suppléez* de curiosité.
— 113, note 3, ligne 1, *au lieu de præs.* p. 8, *lisez præf.*, p. 8.
— 114, ligne 14, au lieu de *judicium, recuperatorium*, lisez *judicium*
     recuperatorium.
— 129, titre courant, *au lieu de* applicaple, *lisez* applicable.
— 130, ligne 11, *au lieu de* assimiliés, *lisez* assimilés.
— 135, ligne 28, *au lieu de* d'État, *lisez* d'un État.
— 139, ligne 9, *au lieu de* une toute autre, *lisez* une tout autre.
— 159, ligne 3, au lieu de *conductio*, lisez *condictio.*
— 168, note 1, ligne 7, *au lieu de* les *ires*, *lisez* les *res.*
-- 174, ligne 8, *au lieu de* des villes, *lisez* de villes.
— 179, ligne 8, *au lieu de* ils voyaient, *lisez* ils y voyaient.
— 183, ligne 12, *au lieu de* le droit, *lisez* le doigt.
— 184, ligne 4, *au lieu de* civiviles, *lisez* civiles.

BIBLIOGRAPHIE

Forster. — *De Historia juris civilis Romani libri tres*, 1 vol. in-4,
Basileæ, 1565, *lib.* II, p. 207-218.

Pighius. — *Annales Magistratuum et Provinciarum S. P. Q. R.*,
Antverpiæ, 1599-1600, 3 vol. in-fol.

Hotmanus. — *Opera*, 1599-1600, 3 vol. in-fol., III, 1600, *Antiquitatum Romanorum libri quinque, lib.* II, *pars* II, *De Magistratibus
Romanorum eorumque institutione*, col. 262 sqq.

Bretus. — *Ordo perantiquus judiciorum civilium*, Parisiis, 1604,
cap. VIII, fol. 16ᵇ sqq.

Freherus. — *Parergon libri duo, Norimbergæ*, 1622, *lib.* II,
cap. XVII, p. 135 sqq.

Seldenus. — *De Synedriis et Præfecturis veterum Ebræorum libri
duo*, Londres, 1653, II, *lib.* II, *cap.* III, p. 79-104.

Campanius. — *De Officio et potestate Magistratuum Romanorum
et jurisdictione*, Genève, 1725, *cap.* 67-68, p. 207 sqq.

Gravina. — *Opera, seu Originum juris civilis libri tres*, 1737,
passim.

Conradi. — *De prætore peregrino, Parerga*, Hemst. 1740, p. 1-42.

Wieling (1). — *Lectionum juris civilis libri duo*, Traj. ad Rhenum,
1740, *lib.* II, *cap.* 28, p. 228 sqq.

Mylius. — *De prætore peregrino* (2), *Theophili Paraphrasis*, éd. Reitz,
1751, II, p. 1081-1089.

Bachius. — *Historia jurisprudentiæ Romanæ*, 2ᵉ éd., Leips., 1765,
lib. II, *cap.* I et II.

Sell. — *Die Recuperatio der Romer*, Braunsweig, 1837.

Becker-Marquardt. — *Handbuch der Romischen Alterthümer*,
II (*Theil* 2), 2 (*Abtheil.* 2), par Becker, Leips., 1846, p. 181-170 ; II, 3,
par Marquardt, Leips., 1849, p. 260 sqq.

Leist. — *Versuch einer Geschichte der Romischen Rechtssysteme*,
1850.

---

(1) En 1734, parut de cet auteur une *Diatribe de Edicto prætoris peregrini*.
Nous n'avons pas réussi à nous la procurer. — Schweppe, *Rom. Rechtsgesch.*,
3ᵉ éd., Gottingen, 1832, § 182, p. 351, note 4, mentionne une dissertation d'Ottaviano Guasco sur le préteur pérégrin *in Saggi di Diss. ac publ. lette nella Acad.
Etrusca il Cortano*, VII, Rome, 1758 : nous n'avons pas été plus heureux pour
cette dissertation que pour la précédente.

(2) Cette dissertation a été publiée pour la première fois à Leipsig en 1732. Elle
figure aussi dans les *Opuscula* de Mylius.

Puchta. — *Kleine Civilistische Schriften*, éd. Rudorff. 1851, p. 518-544.

— *Institutionen*, 8ᵉ éd., par Krüger, Leips., 1875, I, *præs.* p. 184-211.

Rein. — *Pauly's Real-Encyclopædie der classischen Alterthumswissenschaft*, VI, 2, Stutt., 1852, *v° Prætor*, p. 23 sqq.

Voigt. — *Das jus naturale, bonum et æquum und jus gentium der Romer*, 4 vol. in-8, 1856-1875, *præs.* II.

Zumpt. — *Das Criminal-Recht der Romischen Republik*, 4 vol. in-8, Berlin, 1868-1869, *præs.* I, 2, p. 103 sqq.

Perrot. — *Le Droit public de la République Athénienne*, Paris, 1867, ch. III, p. 189-328.

Labatut. — *Histoire de la préture*, Paris, 1868, ch. II, p. 43 sqq., et *passim.*

Rodière. — *Du préteur pérégrin et de l'existence plus ou moins latente d'une institution analogue à la sienne chez tous les peuples, Rec. de l'Acad. de Législ. de Toul.*, 1868, XVII, p. 324-365.

Rudorff. — *De jurisdictione edictum. Edicti perpetui quæ reliqua sunt*, Leips., 1869.

Humbert. — *De la condition des pérégrins chez les Romains, Rec. de l'Acad. de Législ. de Toul.*, 1870, XIX, p. 10-37.

Giraud. — *Compte-rendu de l'Edictum perpetuum* de M. Rudorff, *Rev. de Législ. anc. et mod.*, 1870-1871, p. 173-217.

Willems. — *Le Droit public romain*, 3ᵃ éd , Louvain, 1874.

Mommsen. — *Romisches Staatsrecht*, I, 2° éd., Leips., 1876, p. 182-187, 193-200, 623-649 ; II, 2ᵉ éd., Leips., 1877, p. 185-228.

Dupond. — *De la Constitution et des Magistratures romaines sous la République*, Paris, 1877, ch. VII, p. 156-199.

Faure. — *Essai historique sur le préteur romain*, Paris, 1878, *passim.*

TABLE DES MATIÈRES

LE PRÉTEUR PÉRÉGRIN

(1) Ce paragraphe, dont le numéro a été omis, commence au milieu de la page
28 à ces mots : « *Mais à côté de ce pouvoir spécial...* »

CHAPITRE II

ATTRIBUTIONS D'ORDRE POLITIQUE ET ADMINISTRATIF
DU PRÉTEUR PÉRÉGRIN

CHAPITRE III

LA JURIDICTION DU PRÉTEUR PÉRÉGRIN

I. COMPÉTENCE

(1) Ce § est désigné, par erreur, sous le n° 42, à la page 101.

CHAPITRE V

INFLUENCE DU PRÉTEUR PÉRÉGRIN SUR LE DÉVELOPPEMENT DU DROIT ROMAIN

CHAPITRE VI

DES INSTITUTIONS ANALOGUES A CELLES DE LA PRÉTURE PÉRÉGRINE CHEZ D'AUTRES PEUPLES DE L'ANTIQUITÉ

CONCLUSION

Laval. — Imp. et Stér. E. JAMIN, quai d'Avesnières, 49.

Laval, imprimerie et stéréotypie E. JAMIN, quai d'Avesnières.

9 782329 133997